Mathematik verstehen 5

Univ.-Prof. Mag. Dr. Günther Malle
Prof. Mag. Dr. Maria Koth
Prof. Mag. Dr. Helge Woschitz
Prof. Mag. Sonja Malle
Prof. Mag. Dr. Bernhard Salzger
MMag. Dr. Andreas Ulovec

Unter Mitarbeit von:
Assoz. Prof. MMag. DDr. Esther Ramharter
Univ.-Ass. Mag. Susanne Kandl

Lösungen

öbv

www.oebv.at

Hinweise zum Gebrauch des Lösungshefts:

- Das Lösungsheft ist zur Kontrolle und nicht zum Abschreiben gedacht. Arbeite deshalb ehrlich, löse jede Aufgabe selbständig und kontrolliere erst dann die Ergebnisse!

- Die Figuren im Lösungsheft sind zum Teil verkleinert dargestellt. Es können daher im Allgemeinen keine Längen aus den Figuren entnommen werden.

- Die mit gekennzeichneten Aufgaben sind vollständig durchgerechnet bzw. wird bei diesen Aufgaben der Lösungsweg genau beschrieben.

- Bei einigen Aufgaben sind Verweise zu jenen Buchseiten zu finden, die die entsprechende Theorie enthalten.

- Bei der Erstellung der Lösungen wurde mit gespeicherten Zwischenergebnissen gerechnet.

Dieses Lösungsheft wurde mit großer Sorgfalt erstellt. Sollten trotzdem Fehler passiert sein, so bitten wir, dies dem Verlag (Österreichischer Bundesverlag Schulbuch GmbH & Co.KG, Frankgasse 4, 1090 Wien, E-Mail: ahs@oebv.at) mitzuteilen. Wünsche und Anregungen werden ebenfalls gerne entgegengenommen.

1 Einige Wiederholungen aus der Unterstufe

1.01 a) Jedes Quadrat ist ein Rechteck, weil es die Definition eines Rechtecks erfüllt (Viereck mit vier rechten Winkeln).
b) Jedes Rechteck ist ein Parallelogramm, weil es die Definition eines Parallelogramms erfüllt (Viereck mit zwei parallelen und gleich langen Seiten).
c) Jedes Quadrat ist ein Rhombus, weil es die Definition eines Rhombus erfüllt (Viereck mit vier gleich langen Seiten).
d) Jeder Rhombus ist ein Parallelogramm, weil er die Definition eines Parallelogramms erfüllt (Viereck mit zwei parallelen und gleich langen Seiten).

1.02 (1) Wahr. Jeder Rhombus ist ein Deltoid, weil er die Definition eines Deltoids erfüllt (Viereck mit zwei Paaren benachbarter, gleich langer Seiten).
(2) Falsch. Gegenbeispiel: Rechteck mit ungleich langen Seiten.
(3) Wahr. Jedes Rechteck ist ein Trapez, weil es die Definition eines Trapezes erfüllt (Viereck mit zwei parallelen Seiten).
(4) Wahr. Jedes Parallelogramm ist ein Trapez, weil es die Definition eines Trapezes erfüllt (Viereck mit zwei parallelen Seiten).
(5) Falsch. Gegenbeispiel: Parallelogramm mit ungleich langen Seiten.
(6) Falsch. Gegenbeispiel: Trapez mit vier ungleich langen Seiten.

1.03 ZB:

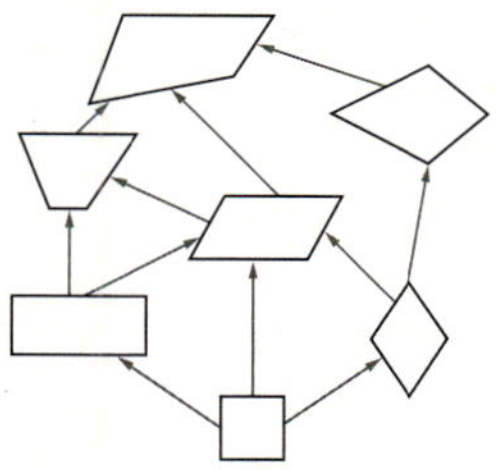

1.08 a) 90 g b) 11 % c) 1200 Geldscheine

1.09 645 am Arm, ca. 239 am Handgelenk, 75 am Kopf

1.10 247,5 g

1.11 in 125 kg Milch

1.12 570 Arbeitsplätze

1.13 45 600 €

1.14 37 000 €

1.15 1) 80 % Acker, 15 % Wald, 5 % Wiese
2) 15,12 ha für Weizen, 12,6 ha für Raps, 5,4 ha für Mais und 2,88 ha für Erdäpfel
3) 3,24 ha Fichtenbestand, 48 % der gesamten Waldfläche

1.16 75 Lose bringen Trostpreise, 405 Nieten

1.17 a) 90 € b) 1625 €

1.18 Die Materialkosten sind insgesamt um 1,44 % gefallen.

1.19 12 %

1.20 7429 Stimmen für A, 5814 Stimmen für B, 2907 Stimmen für C

1.21 a) 419 € b) 95 €

1.22 a) um 23 % vergrößert b) um 19 % vermindert c) um 9 % vergrößert d) um 28 % vermindert

1.23 Das stimmt nicht. Die Ware wird um 10,21 % teurer.

1.25 a) ca. 7168,47 € b) ca. 6743,17 €

1.26 1) 3 % 2) nach ca. 4 Jahren

1.27 a) $K_2 = 1{,}023^2 \cdot K$ b) $K_3 = 1{,}045^3 \cdot K$ c) $K_4 = 1{,}034^4 \cdot K$ d) $K_5 = 1{,}0125^5 \cdot K$

1.28 1) $G = x \cdot p + y \cdot q$ (€)
2) $G' = x \cdot (p + 1) + y \cdot (q + 0{,}5)$ (€)
3) $G'' = x \cdot (p + a) + y \cdot (q + b)$ (€)
4) $G''' = (x - m) \cdot (p + a) + (y - n) \cdot (q + b)$ (€)

1.29 1) $G = x \cdot p + y \cdot q$ (€)
2) $G' = (x + m) \cdot p + (y + n) \cdot q$ (€)
3) $G'' = \frac{x}{2} \cdot 2p + \frac{y}{2} \cdot 2q = x \cdot p + y \cdot q$ (€). Es wird gleich viel gespendet.

1.30 1) $P = \frac{a}{n}$ (€) 2) $P' = \frac{a}{n-5}$ (€); um $\frac{a}{n-5}$ € $- \frac{a}{n}$ € $= \frac{5a}{n \cdot (n-5)}$ €

1.31 a) Theaterkosten für alle Jugendlichen
b) Gesamtkosten für alle Jugendlichen
c) Buskosten für einen Jugendlichen
d) Gesamtkosten für einen Jugendlichen

1.32 a) Heizölkosten
b) Literpreis des Heizöls
c) Gesamtkosten für Heizöl und Zustellung
d) Zustellgebühr

1.33 a) Zinsen für 7 Monate ohne Berücksichtigung der KESt
b) Kapital nach einem Jahr mit Berücksichtigung der KESt
c) effektive Zinsen nach einem Jahr
d) Kapital nach 4 Jahren mit Berücksichtigung der KESt

1.34 a) Gesamtzahl der Ehepaare
b) Gesamtzahl der Kinder
c) Gesamtzahl aller Personen (Eltern und Kinder)
d) Buskosten für alle

1.35 a) 116 € b) $\frac{a + b + c + d}{4}$ €

1.36 $x_4 = 4\bar{x} - (x_1 + x_2 + x_3)$

1.37 1) $\bar{x} = \frac{x_1 + x_2 + \ldots + x_n}{n}$
2) $x_1 + x_2 + \ldots + x_n = \bar{x} \cdot n$. Die gesamte monatliche Verdienstsumme wäre dieselbe, würde jeder der n Angestellten monatlich $\bar{x}$ € verdienen.
3) Eine solche Berechnung ist sinnvoll, wenn alle ungefähr gleich viel verdienen.
Eine solche Berechnung ist sinnlos, wenn einige Ausreißer (zB Verdienst der Firmenleitung) stark von den anderen Verdiensten abweichen.

1.38 $E = \frac{24100 \cdot a_1 + 31250 \cdot a_2 + x_3 \cdot a_3}{3}$

1.39 1) $\overline{m} = \frac{a}{k}$ (€) 2) Erhöhung um $\frac{1000}{k}$ €; $m_1 = \frac{a + 1000}{k}$ (€) 3) $a_1 = 12 \cdot (\overline{m} + 33) \cdot k$ (€)

1.40 1) $\bar{p} = \frac{p_1 + p_2 + p_3 + p_4}{4}$
2) Es ist nicht möglich, denn sonst wäre die Gesamtpunktezahl kleiner als $4\bar{p} = p_1 + p_2 + p_3 + p_4$.

1.41 1) 6 300 € 2) 525 € 3) $\frac{6300 + a}{60}$ (€)

1.42 Ja. $\bar{x} = \frac{x_1 + x_2 + \ldots + x_n}{n}$; $\bar{x}' = \frac{2x_1 + 2x_2 + \ldots + 2x_n}{n} = 2 \cdot \frac{x_1 + x_2 + \ldots + x_n}{n} = 2\bar{x}$

1.43 1) $m = \frac{x_1 + x_2 + x_3}{3}$
2) $m' = m + 1$. Der Mittelwert erhöht sich um 1.
3) $m'' = m + k$. Der Mittelwert erhöht sich um k.

1.44 a) Flächeninhalt der Grundfläche bzw. Deckfläche
b) Volumen des Zylinders
c) Flächeninhalt der Grund- und Deckfläche zusammen
d) Mantelflächeninhalt
e) Umfang der Grundfläche bzw. Deckfläche

1.45 a) A_1 ist dreimal so groß wie A_2.
b) A_1 ist um $4\,m^2$ größer als A_2.
c) A_2 ist um $3\,m^2$ kleiner als die Hälfte von A_1.
d) A_2 beträgt ein Fünftel von A_1.

1.46 a) $u = 2 \cdot (a + d),\ A = a \cdot b + c \cdot (d - b)$
b) $u = a + d + \sqrt{(a+b)^2 + (c-d)^2} + \sqrt{b^2 + c^2},\ A = \frac{a \cdot c + (a+b) \cdot d}{2}$
c) $u = 2 \cdot \left(\sqrt{b^2 + c^2} + \sqrt{(a+b)^2 + c^2}\right),\ A = a \cdot c$
d) $u = 2 \cdot r \cdot (\pi + 2\sqrt{2}),\ A = r^2 \cdot (\pi - 2)$

1.47 $V = \frac{a^2 \cdot h}{3}$ 1) $V^* = \frac{4a^2 \cdot h}{3}$ 2) $V^* = 4 \cdot V$

1.48 1) Ja. Für $a = c$ gilt: $A = a \cdot h$ (Flächeninhalt eines Parallelogramms mit der Seitenlänge a und der zugehörigen Höhe h)
Für $a = c = h$ gilt: $A = a^2$ (Flächeninhalt eines Quadrats mit der Seitenlänge a)
Für $c = 0$ gilt: $A = \frac{a \cdot h}{2}$ (Flächeninhalt eines Dreiecks mit der Grundlinie a und der Höhe h)
2) Rechteck und Quadrat sind Trapeze, da sie zwei gegenüberliegende parallele Seiten haben.
Ein Dreieck wird im Allgemeinen nicht als Spezialfall eines Trapezes aufgefasst, da es kein Viereck ist.

1.52 $\frac{1}{100} \cdot (p_1 \cdot x_1 + p_2 \cdot x_2 + \ldots + p_n \cdot x_n)$

1.53 1) 944 Personen 2) $\frac{1}{100} \cdot (a \cdot x + b \cdot y)$ Personen

1.54 a) $G = a \cdot \left(x + \frac{y}{2}\right)$ (€) b) $G = a \cdot (0{,}975 \cdot x + 0{,}5 \cdot y)$ (€)

1.55 1) $\frac{x}{x+y+z}$ 2) $\frac{y}{x+y+z}$ 3) $\frac{x+y}{x+y+z}$ 4) $\frac{z}{x+y+z}$

1.56 relative Anteile am Vermögen: Anna erbt $\frac{a}{v}$, Berta erbt $\frac{b}{v}$, Christa erbt $\frac{c}{v}$ des Vermögens.
in Prozent: Anna erbt $\frac{100 \cdot a}{v}$%, Berta erbt $\frac{100 \cdot b}{v}$%, Christa erbt $\frac{100 \cdot c}{v}$% des Vermögens.

1.57 1) Herr Huber: $\frac{x}{x+y}$; Frau Meier: $\frac{y}{x+y}$ 2) Herr Huber: $\frac{x}{x+y} \cdot G$; Frau Meier: $\frac{y}{x+y} \cdot G$

1.58 1) $\frac{1}{100} \cdot (a \cdot x + b \cdot y)$ 2) relativer Anteil: $\frac{a \cdot x + b \cdot y}{100 \cdot (a+b)}$; in Prozent: $\frac{a \cdot x + b \cdot y}{a+b}$%

1.59 1) $(100 - p)$%
2) $\frac{p}{100} \cdot a$ männliche Jugendliche; $\left(1 - \frac{p}{100}\right) \cdot a$ weibliche Jugendliche

1.60 1) 1235,52 € 2) $a \cdot \left(1 + \frac{b}{100}\right) \cdot \left(1 + \frac{c}{100}\right)$ €

1.61 Sei x der Preis der Ware zu Beginn. Dann gilt für den Preis E am Ende:
$E = x \cdot \left(1 + \frac{p}{100}\right) \cdot \left(1 - \frac{p}{100}\right) = x \cdot \left(1 - \frac{p^2}{10\,000}\right) < x$
Die Ware ist also billiger als am Anfang.

1.62 a) ZB: Eine Ware kostet A €. Nachdem sie um p% verteuert und anschließend um 3% verbilligt worden ist, kostet sie B €.
b) ZB: Eine Ware kostet A €. Nachdem sie um p% verteuert und anschließend um q% verbilligt worden ist, kostet sie B €.

1.63 1) $\frac{b}{1 + \frac{a}{100}}$ € $= \frac{100b}{100 + a}$ € 2) $\frac{b}{1 - \frac{a}{100}}$ € $= \frac{100b}{100 - a}$ €

1.64 1) um 4% 2) um $100 \cdot \left(\frac{b}{a} - 1\right)$%

1.65 1) 125 € 2) $\frac{c}{\left(1+\frac{a}{100}\right)\cdot\left(1-\frac{b}{100}\right)}$ €

1.66 (3), (4), (6)

1.67 $E \approx 1{,}20 \cdot K$

1.68 um ca. 9,20 %

1.69 a) um ca. 3,53 % b) um ca. 15,76 % c) um ca. 13,65 % d) um ca. 25,70 %

1.70 a) $E = K \cdot \left(1+\frac{p}{100}\right)^3$ b) $K = \frac{E}{\left(1+\frac{p}{100}\right)^3}$ c) $p = 100 \cdot \left(\sqrt[3]{\frac{E}{K}} - 1\right)$

1.71 a) $a = \frac{w+1-u\cdot v}{b}$; $b = \frac{w+1-u\cdot v}{a}$; $u = \frac{w+1-a\cdot b}{v}$; $v = \frac{w+1-a\cdot b}{u}$; $w = u\cdot v + a\cdot b - 1$

b) $r = s\cdot(t - x\cdot y)$; $s = \frac{r}{t-x\cdot y}$; $t = x\cdot y + \frac{r}{s}$; $x = \frac{1}{y}\cdot\left(t-\frac{r}{s}\right)$; $y = \frac{1}{x}\cdot\left(t-\frac{r}{s}\right)$

c) $a = \frac{e+b\cdot d}{c}$; $b = \frac{a\cdot c-e}{d}$; $c = \frac{e+b\cdot d}{a}$; $d = \frac{a\cdot c-e}{b}$; $e = a\cdot c - b\cdot d$

d) $u = y - 1 - \frac{v\cdot w}{x}$; $v = \frac{x\cdot(y-u-1)}{w}$; $w = \frac{x\cdot(y-u-1)}{v}$; $x = \frac{v\cdot w}{y-u-1}$; $y = u + \frac{v\cdot w}{x} + 1$

e) $a = \frac{2-x\cdot y+b}{u}$; $b = x\cdot y + a\cdot u - 2$; $u = \frac{2-x\cdot y+b}{a}$; $x = \frac{2-a\cdot u+b}{y}$; $y = \frac{2-a\cdot u+b}{x}$

f) $a = r + s + \frac{b}{c+d}$; $b = (c+d)\cdot(a-r-s)$; $c = \frac{b}{a-r-s} - d$; $d = \frac{b}{a-r-s} - c$; $r = a - s - \frac{b}{c+d}$; $s = a - r - \frac{b}{c+d}$

g) $x = \frac{2zu}{y}$; $y = \frac{2zu}{x}$; $z = \frac{xy}{2u}$; $u = \frac{xy}{2z}$

h) $a = c - \frac{x-y}{d}$; $c = a + \frac{x-y}{d}$; $x = d\cdot(c-a) + y$; $y = x - d\cdot(c-a)$; $d = \frac{x-y}{c-a}$

1.72 a) $x_1 = \frac{x_2}{x_3} - 1$; $x_2 = x_3(x_1+1)$; $x_3 = \frac{x_2}{x_1+1}$

b) $a_1 = a_3\cdot(a_4+1) - a_2$; $a_2 = a_3\cdot(a_4+1) - a_1$; $a_3 = \frac{a_1+a_2}{a_4+1}$; $a_4 = \frac{a_1+a_2}{a_3} - 1$

c) $u_1 = u_2 + \frac{v_1}{v_2} - 1$; $u_2 = u_1 - \frac{v_1}{v_2} + 1$; $v_1 = (u_1 - u_2 + 1)\cdot v_2$; $v_2 = \frac{v_1}{u_1-u_2+1}$

d) $y_1 = y_2 + y_3\cdot y_4$; $y_2 = y_1 - y_3\cdot y_4$; $y_3 = \frac{y_1-y_2}{y_4}$; $y_4 = \frac{y_1-y_2}{y_3}$

1.73 a) $y = \sqrt{(2-x)\cdot z}$ $(x \leq 2)$ b) $r = s$ c) $r = \frac{4}{s}$ d) $a = \frac{1}{b}$ e) $u = \sqrt{\frac{1}{a+b+1}}$ f) $v = \frac{1}{4\cdot(x-y)^2}$ $(x \neq y)$

1.74 a) $R = \frac{p\cdot V}{n\cdot T}$ b) $m_1 = \frac{F\cdot r^2}{G\cdot m_2}$ c) $t = \pm\sqrt{\frac{2\cdot s}{a}}$ d) $T_1 = T_2 - \frac{q\cdot(m-1)}{c_v\cdot(m-k)}$ e) $Q_1 = \frac{4\pi\varepsilon_0 r^2 F}{Q_2}$ f) $F = \alpha G A$ g) $D = 4\pi^2 m f^2$ h) $l = \frac{mgL}{4\pi^2 f^2}$ i) $U_1 = \frac{n_1}{n_2}\cdot U_2$ j) $v = \pm\sqrt{\frac{2\cdot(E-GH)}{m}}$ k) $L = \frac{1}{\omega^2 C}$ l) $\mu = \frac{1}{\varepsilon\varepsilon_0\mu_0 c^2}$

1.75 a) $7a - 11b$ b) $-x + 5y + z$ c) $-u^2 - 5v^2 + u$ d) $19a^2 + 6ab + 6b^2$ e) $2r(6-s)$ f) $r + 7s - 11t$ g) $d - e$ h) $(y-z)^2$

1.76 a) $3ab(a - 3b + 4)$ b) $2x(4yz - z + 2xy)$ c) $7mn(m-n)$ d) $2uv(4v + u + 2)$ e) $3rs^2t(3rt - 1 + 4t)$ f) $(x-y)\cdot 2a$ g) $2(x-y)(3u + 3v - 1)$ h) $(a-b)\cdot(5+a)$

1.77 a) $d = -\frac{r}{2(3r+1)}$ b) $s = \frac{4t-1}{3-t}$ c) $x = \frac{1}{p-q} + y$ d) $u = \frac{3v}{2}$

1.78 a) $s = \frac{O}{r\pi} - r$ b) $r = \frac{V}{h^2\pi} + \frac{h}{3}$ c) $h = \frac{3V}{\pi(r_1^2 + r_1 r_2 + r_2^2)}$

1.79 a) $c = \frac{b}{2}$ b) $b = \frac{a\cdot(c-d)}{1-a}$ c) $y = x - 3$ d) $r = \frac{s}{t-1}$ e) $x = \frac{4y}{3}$ f) $e = \frac{1}{f+g-1}$ g) $b = -\frac{cd}{a+d}$ h) $y = \frac{x\cdot(x-1)}{x+1}$

1.80 a) $u=\frac{4v-1}{4-v}$ c) $z=\frac{y^2-2x^2}{2(x-y)}$ e) $e=\frac{f}{2}$ g) $a=\frac{b^2}{2}$
b) $x=\frac{y}{5(y-3)}$ d) $m=\frac{n^2+1}{2}$ f) $p=\frac{q}{q-1}$ h) $r=\frac{x^2+2}{5}$

1.81 a) $\frac{a-10}{2}$ d) $\frac{2r-1}{s+1}$ g) $\frac{d-3c}{2c}$ j) $\frac{u-v}{2}$
b) $\frac{2(a+2b)}{3}$ e) $\frac{2(u-2v)}{3w}$ h) $\frac{3x-1}{6}$ k) $\frac{a^2-12}{6}$
c) $\frac{r+3s-2}{2}$ f) $\frac{2x}{y}$ i) $\frac{1}{3}$ l) $\frac{ab}{2}$

1.82 a) $\frac{2(4y-1)}{1-y^2}$ c) $\frac{8r}{r^2-4}$ e) $\frac{(a-b)^2}{2y}$
b) $\frac{(a+b)^2+x^2-y^2}{(x-y)(a+b)}$ d) $\frac{18}{f+s}$ f) $\frac{(j-h)(7g+5h)}{3(g^2-h^2)}$

1.83 a) $f=\frac{Vg}{V+1}$ b) $R=\frac{R_1R_2R_3}{R_1R_2+R_2R_3+R_1R_3}$ c) $g=\frac{bf}{b-f}$ d) $\lambda_1=\frac{f_2}{f_1}\cdot\lambda_2$

1.84 (4)

1.85 a) $\frac{a(1+x)}{b(1-x)}$ b) $\frac{a^2}{b^2}$ c) $\frac{x}{x-1}$ d) $-\frac{1}{w}$ e) $\frac{3r}{2(r+1)}$ f) $\frac{3}{2}$

1.86

☒	☒	☐
☐	☒	☐
☒	☐	☐

1.88 a) $x=4$, ja b) $x=8$, ja c) $x=\frac{3}{5}$, nein

1.89 a) $x=11$ b) $x=0$ c) $x=3$ d) $x=7$

1.90 a) $x=14$ b) $x=2$ c) $x=5$ d) $x=-15$ e) $x=1$ f) $x=8$

1.91 a) $a=-4$ b) $y=9$ c) $x=5$ d) $z=-2$ e) $u=\frac{1}{5}$ f) $n=7$

1.92 a) ja, $z=2$
b) Jede Zahl $z\in\mathbb{Z}$ ist Lösung dieser Gleichung.
c) nein, $z=\frac{1}{2}$ und $\frac{1}{2}\notin\mathbb{Z}$

1.93 a) $u=-\frac{7}{6}$ b) $x=\frac{29}{8}$ c) $v=-\frac{1}{12}$ d) $y=8$

1.94 Die Ware kostet 2,80 €, die Verpackung 0,70 €.

1.95 $\alpha=93°$, $\beta=66°$, $\gamma=21°$

1.96 X erhält 120 000 €, Y erhält 90 000 € und Z erhält 80 000 €.

1.97 a) A: $\frac{5}{11}a$; B: $\frac{6}{11}a$ b) A: $\frac{1}{5}a$; B: $\frac{4}{5}a$ c) A: $\frac{2}{3}a$; B: $\frac{1}{3}a$ d) A: $\frac{10}{19}a$; B: $\frac{9}{19}a$

1.98 A erhält $\frac{100}{331}r$ €, B erhält $\frac{110}{331}r$ €, C erhält $\frac{121}{331}r$ €.

1.99 74 und 47

1.100 84 Jahre

1.101 12 Gesellen

1.102 54 Jahre

1.103 3458; 3459; 3460; 3461; 3462

1.104 6 km bzw. 20 min nach dem Start

1.105 nach 16 Jahren

1.106 $x=6$

2 Aussagen und Mengen

2.01 ☐ ☐ ☐ ☒

2.02 ☐ ☐ ☒ ☐

2.03 a) $n < 3 \lor n > 7$ b) $n \neq 1 \land n < 4$ c) $n^2 \neq 4 \lor n \leq 0$ d) $n \neq 5 \land n \neq 7$

2.04 (1) gilt für jedes Deltoid (4) Quadrat

2.05 (1) f; Gegenbeispiel: Rechteck mit ungleich langen Seiten
(2) wahr, (3) wahr, (4) f; Gegenbeispiel: Deltoid mit ungleich langen Seiten

2.06 (1) $\Rightarrow$ (2) $\Leftrightarrow$ (3) $\Leftrightarrow$ (4) $\Rightarrow$

2.07 a) $a < b \land b < c \Rightarrow a < c$ b) $a < b \Leftrightarrow -b < -a$

2.08 a) Wenn der Angeklagte geständig ist oder genügend viele Indizien vorliegen, wird der Angeklagte verurteilt.
b) Es ist nicht der Fall, dass der Angeklagte im Fall einer Verurteilung auch geständig ist.
c) Wenn es nicht der Fall ist, dass der Angeklagte geständig ist oder genügend viele Indizien vorliegen, dann wird der Angeklagte nicht verurteilt.
d) Wenn der Angeklagte nicht geständig ist, aber genügend viele Indizien vorliegen, dann wird der Angeklagte verurteilt.

2.09 1)

A	B	$A \Rightarrow B$	$\neg A$	$\neg B$	$\neg B \Rightarrow \neg A$	$(A \Rightarrow B) \Leftrightarrow (\neg B \Rightarrow \neg A)$
w	w	w	f	f	w	w
w	f	f	f	w	f	w
f	w	w	w	f	w	w
f	f	w	w	w	w	w

2)

A	B	$A \land B$	$A \lor B$	$(A \land B) \Rightarrow (A \lor B)$
w	w	w	w	w
w	f	f	w	w
f	w	f	w	w
f	f	f	f	w

3) Nein. Gegenbeispiel: $x = 5 \lor x = 6 \Rightarrow x = 5 \land x = 6$ ist eine falsche Aussage.

2.10 $A \Rightarrow B$, $A \Leftrightarrow \neg E$, $F \Leftrightarrow B$, $F \Leftrightarrow \neg C$, $\neg C \Leftrightarrow B$, $\neg E \Rightarrow F$, $\neg A \Leftrightarrow E$

2.11 a) $\exists x \in \mathbb{Z}: x^3 < 0$ b) $\forall x \in \mathbb{Z}: x^2 \leq 0$

2.12 a) falsch; Gegenbeispiel: $x = 0$ b) wahr; zB: $x = -1$

2.13 ☐ Gegenbeispiel: $a = b = 3$ ☐ Gegenbeispiel: $a = -2,\ b = -3$
☒ ☒

2.15 a) $\{4, 5, 6, \ldots, 12\}$

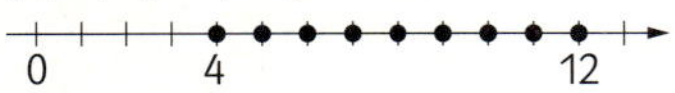

b) $\{\ldots, -8, -7, -6\}$

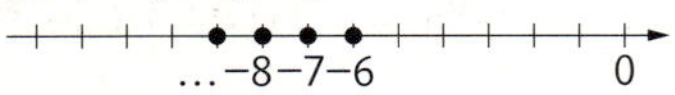

c) $\{\ldots, -3, -2, 5, 6, 7, \ldots\}$

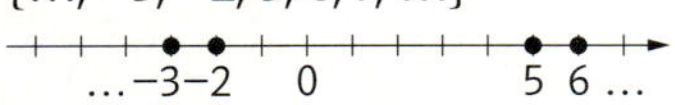

d) $\{0\}$

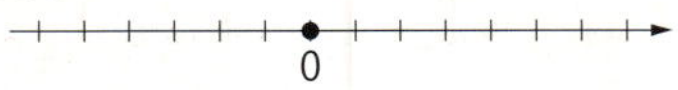

e) $\{1, 2\}$

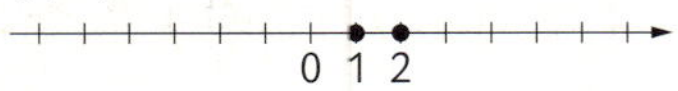

f) $\{3\}$

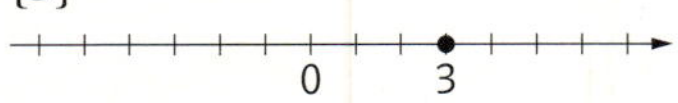

g) {12, 13, 14, 15, 16}

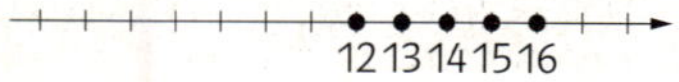

h) {–1, 4, 5, 6, …}

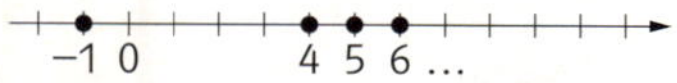

i) {27, 64, 125}

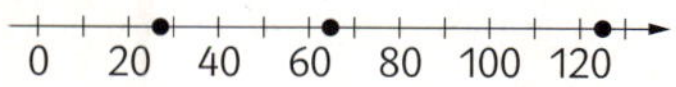

j) {1, 2, 7, 14}

k) { }

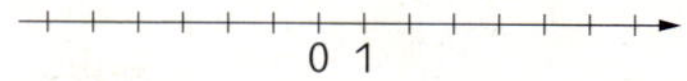

l) {1, 2, 3, 4, 5, 6}

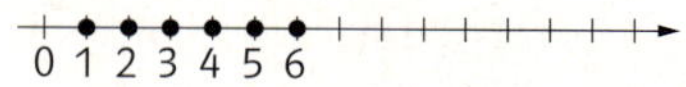

2.16 a) {48, 50, 52, 54, 56, 58, 60, 62, 64}
b) {7, 11, 13, 17, 19, 23, 29, 31, 37, 41, 43, 47, 53, 59, 61, 67, 71, 73, 79, 83, 89, 97}
c) {1, 3, 5, 7, 9, 11, 13, 15, 17, 19, 21, 23, 25, 27, 29, 31, 33}
d) {6, 12, 18, 24, 30, 36, 42, 48}

2.17 a) $A = \{n \in \mathbb{N}_g \mid 2 \leq n \leq 12\}$
b) $M = \{x \in \mathbb{P} \mid 4 < x < 21\}$
c) $B = \{x \in \mathbb{Z} \mid x \geq -22\}$
d) $C = \{n \in \mathbb{N} \mid n \geq 65\}$
e) $E = \{n \in \mathbb{N} \mid n \text{ ist Quadratzahl } \wedge\ n < 50\}$
f) $G = \{z \in \mathbb{Z} \mid -12 < z < -6\}$

2.18 a) $A \subset B$ b) $B \subset A$ c) $A \subset B$ d) $A = B$ e) $A = B$ f) $A \subset B$ g) $B \subset A$ h) keine der drei Mengenbeziehungen

2.19 a) Jedes Element von A ist Element von B, aber nicht umgekehrt: $1 \in B$, aber $1 \notin A$.
b) Jedes Element von A ist Element von B, aber nicht umgekehrt: $10 \in B$, aber $10 \notin A$.
c) Jedes Element von A ist Element von B, aber nicht umgekehrt: $14 \in B$, aber $14 \notin A$.
d) Die leere Menge $\varnothing$ ist Teilmenge jeder Menge, also auch der Menge B.
Umgekehrt ist B keine Teilmenge der leeren Menge: $4 \in B$, aber $4 \notin \varnothing$.

2.20 a) $A \cap B = \{0, 1\}$, $A \cup B = A$, $A \setminus B = \{-3, -2, -1\}$
b) $A \cap B = \{4, 9\}$, $A \cup B = \{3, 4, 5, 6, 7, 8, 9, 10, 16, 25\}$, $A \setminus B = \{3, 5, 6, 7, 8, 10\}$
c) $A \cap B = \{3\}$, $A \cup B = A$, $A \setminus B = \{-3, -2, 2\}$
d) $A \cap B = \{0, 1, 4, 9, 16, 25, 36, 49\} = B$
$A \cup B = \{-1, 0, 1, 2, 3, 4, \ldots, 47, 48, 49\}$
$A \setminus B = \{-1, 2, 3, 5, 6, 7, 8, 10, 11, 12, 13, 14, 15, 17, 18, 19, 20, 21, 22, 23, 24, 26, 27, 28, 29, 30, 31, 32, 33, 34, 35, 37, 38, 39, 40, 41, 42, 43, 44, 45, 46, 47, 48\}$
e) $A \cap B = \varnothing$, $A \cup B = \{2, 3, 4, 5\}$, $A \setminus B = A$
f) $A \cap B = \{5, 6, 7, 8\}$, $A \cup B = \mathbb{N}$, $A \setminus B = \{0, 1, 2, 3, 4\}$
g) $A \cap B = \varnothing$, $A \cup B = \{1, 2, 3, 4\}$, $A \setminus B = A$

2.21 Man gibt ein Element von A an, das nicht in B liegt.

2.22 a) A b) A c) $\varnothing$ d) A

2.23 a) { }, {1}, {2}, {3}, {1, 2}, {1, 3}, {2, 3}, {1, 2, 3}
Alle bis auf {1, 2, 3} sind echte Teilmengen von A.
b) zB {1} und {2, 3}

2.24 a) Menge aller natürlichen Zahlen, die keine Primzahlen sind
b) Menge aller negativen ganzen Zahlen
c) Menge aller Vierecke, die keine Trapeze sind
d) Menge aller Wählerinnen und Wähler in der Gemeinde Wien, die die Partei P nicht gewählt haben.

2.25 a) A' = {0, 1, 4, 9, 36, 49, 64}
b) A' = {2}

2.26 A

2.27 a) $A \setminus B = \{0, 1\}$; $B \setminus A = \{6, 7, 8\}$
b) $A \setminus B = B \setminus A = \{\ \}$

2.28 **a)** Menge der männlichen Pendler

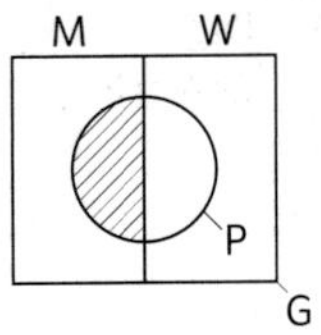

b) Menge der weiblichen Pendler

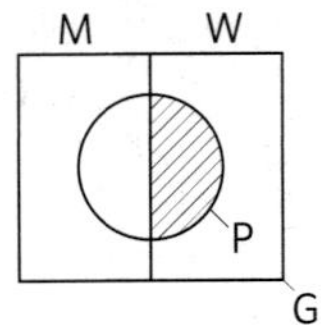

c) Menge der Beschäftigten, die männlich sind oder pendeln

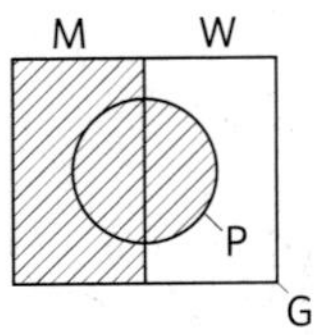

d) Menge der Beschäftigten, die weiblich sind oder pendeln

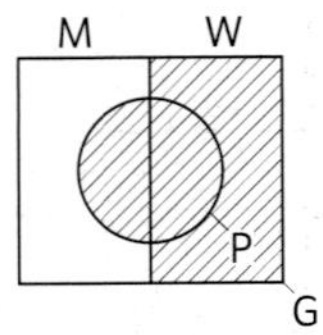

e) Menge der männlichen Nichtpendler

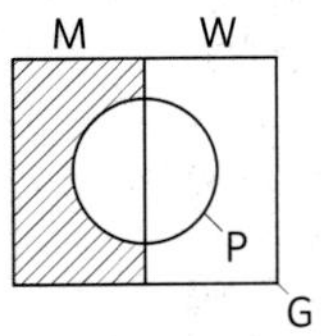

f) Menge der weiblichen Nichtpendler

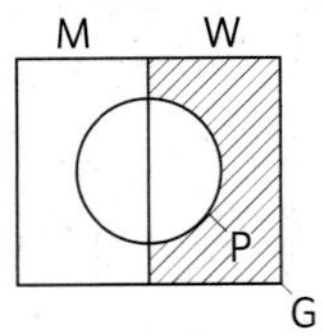

g) Menge der nicht pendelnden Beschäftigten

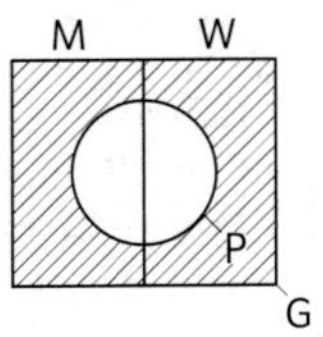

h) Menge aller Beschäftigten

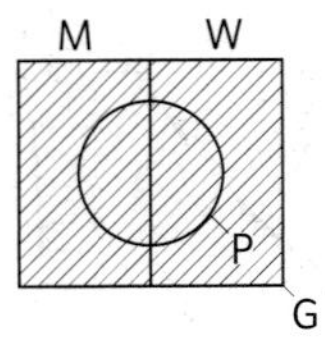

2.29 **a)** $W \cap H$ **b)** $W' \cap H$ **c)** $W \cap H'$ **d)** $W' \cap H'$ **e)** H' **f)** $W' \cup (W \cap H)$ oder $S \setminus (W \cap H')$

2.30 **a)** $(B \cap C) \setminus A$ = Menge derer, die gern Dance Floor und Hip Hop hören, aber nicht Klassik
b) $A \cap B \cap C$ = Menge derer, die gern Klassik, Dance Floor und Hip Hop hören
c) $B \setminus (A \cup C)$ = Menge derer, die gern Dance Floor hören, aber nicht Klassik oder Hip Hop
d) $(B \cup C) \setminus (A \cap C)$ = Menge derer, die gern Dance Floor oder Hip Hop hören, aber nicht Klassik und Hip Hop

2.31 **a)** Beispiele: Es gibt niemanden, der gern Pop und Klassik hört.
Es gibt niemanden, der gern Klassik und Punk hört.
Es gibt welche, die gern Punk und Dance Floor hören.
b), **c)**, **d)** analog zu a).

2.33 **a)**

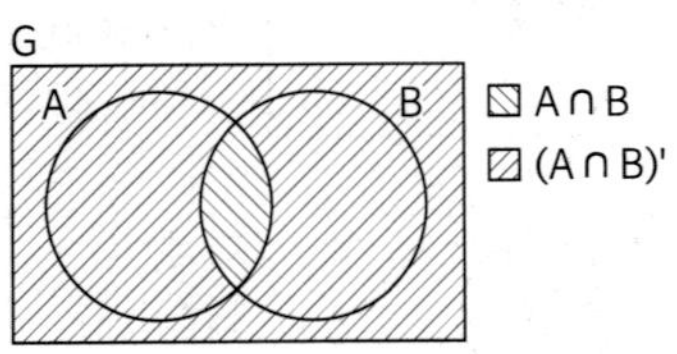

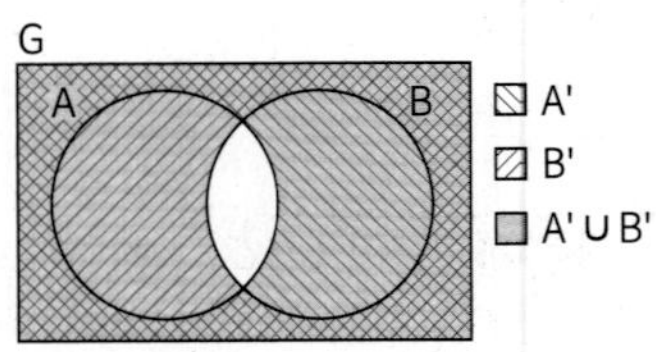

b)

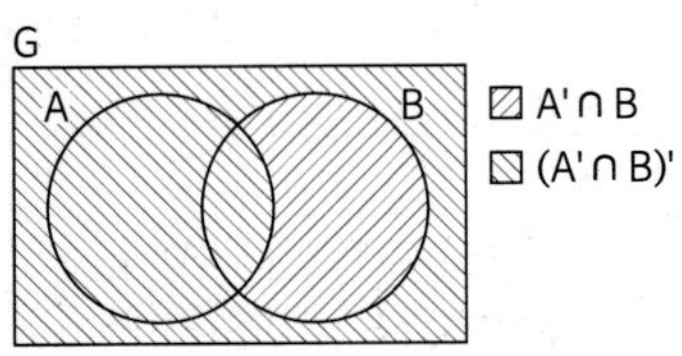

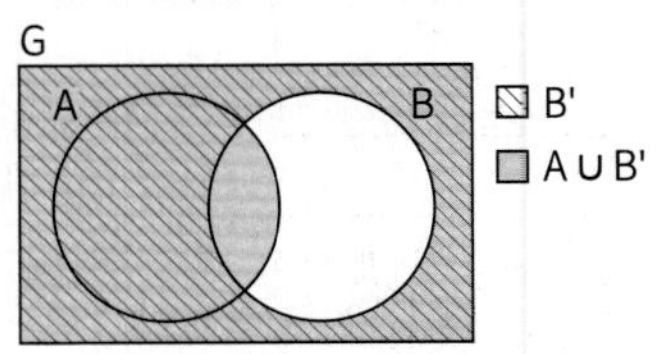

c)

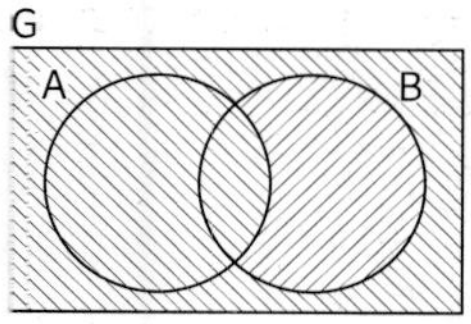

- A ∪ B'
- (A ∪ B')'

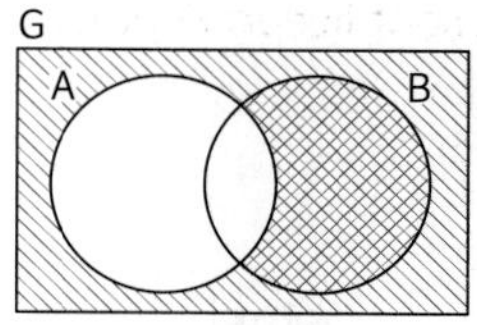

- A'
- A' ∩ B

d)

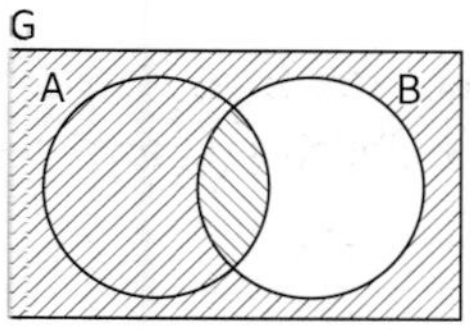

- B'
- A\B'

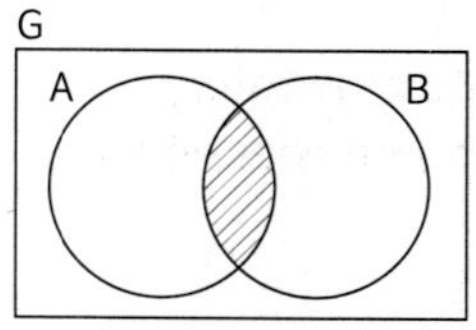

- A ∩ B

e)

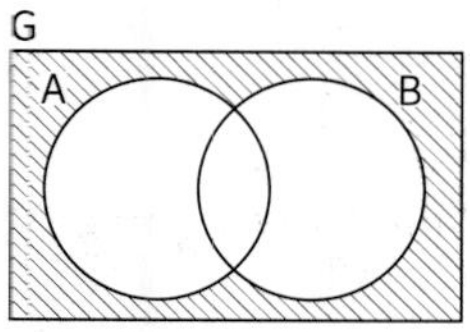

- A'\B

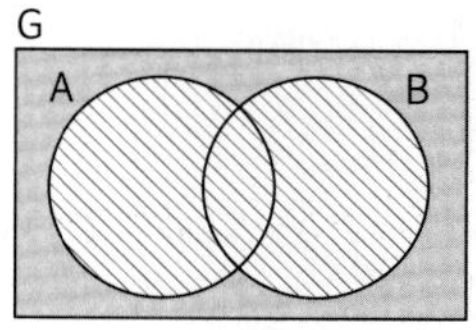

- A ∪ B
- (A ∪ B)'

f)

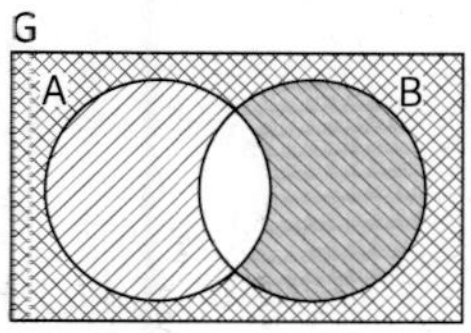

- A'
- B'
- A'\B'

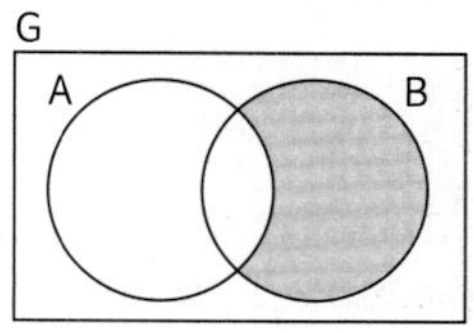

- B\A

2.34 a)

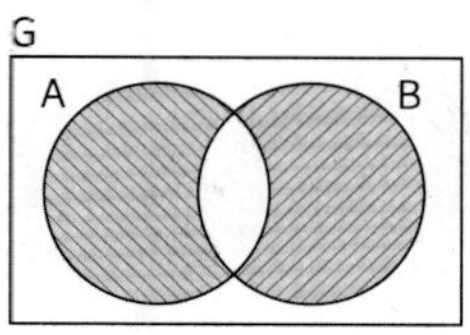

- A\B
- B\A
- A △ B

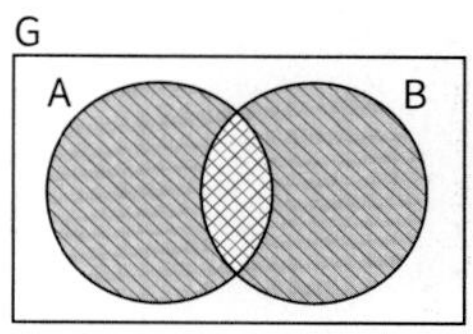

- A ∪ B
- A ∩ B
- (A ∪ B)\(A ∩ B)

b)

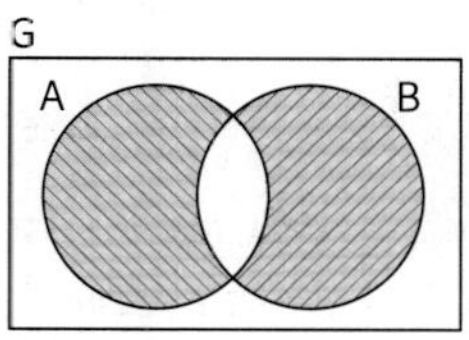

- A\B
- B\A
- A △ B

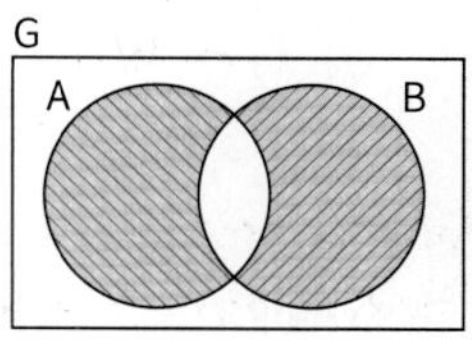

- A ∩ B'
- B ∩ A'
- (A ∩ B') ∪ (B ∩ A')

2.35 a)

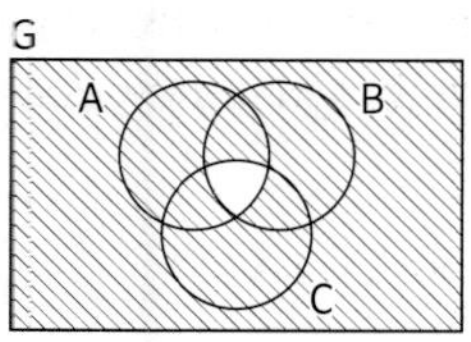

- (A ∩ B ∩ C)'

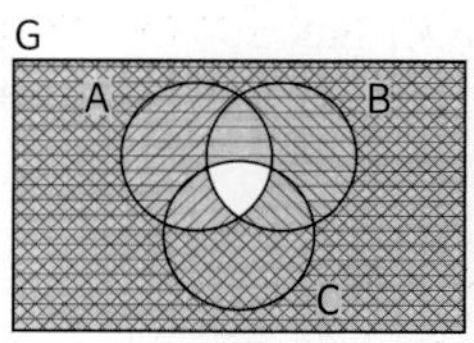

- A'
- B'
- C'
- A' ∪ B' ∪ C'

b)

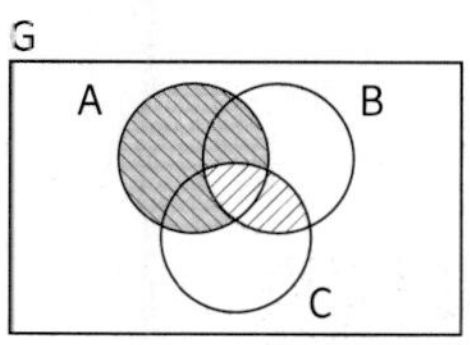

- B ∩ C
- A\(B ∩ C)

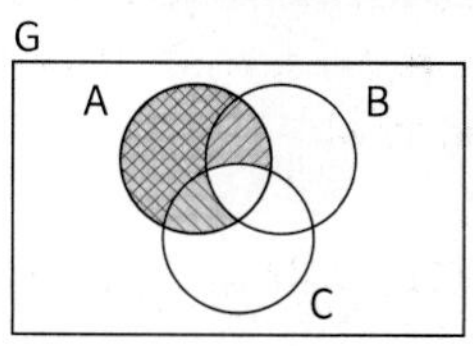

- A\B
- A\C
- (A\B) ∪ (A\C)

c)

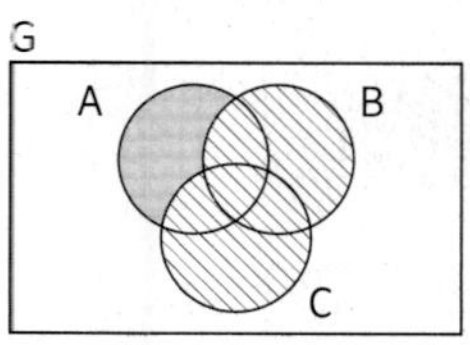

- B ∪ C
- A\(B ∪ C)

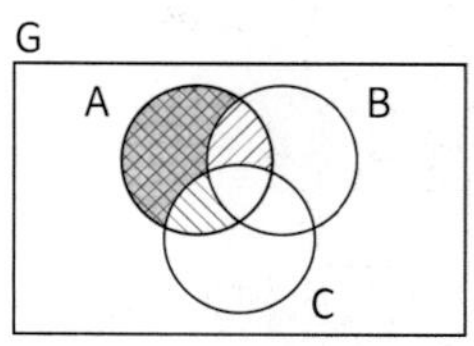

- A\B
- A\C
- (A\B) ∩ (A\C)

d)

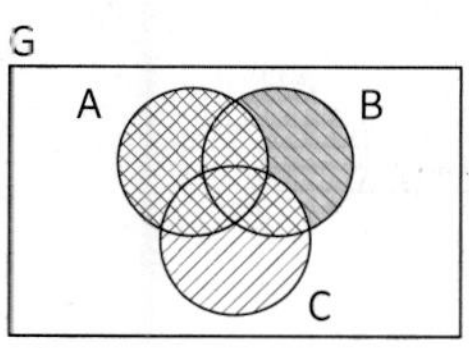

- A ∪ B
- A ∪ C
- (A ∪ B)\(A ∪ C)

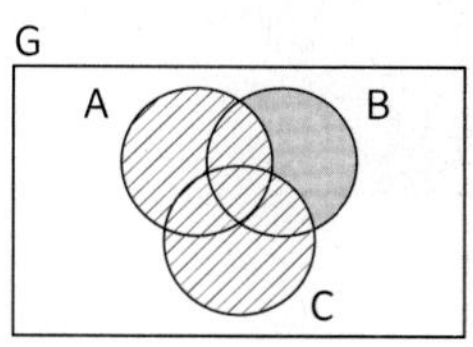

- A ∪ C
- B\(A ∪ C)

2.36 **a)** $A \wedge B$ ist genau dann wahr, wenn sowohl A als auch B wahr sind.
$A \vee B$ ist genau dann wahr, wenn mindestens eine der Aussagen A bzw. B wahr ist.
b) $A \wedge B$ ist genau dann falsch, wenn mindestens eine der Aussagen A bzw. B falsch ist.
$A \vee B$ ist genau dann falsch, wenn sowohl A als auch B falsch sind.

2.37 **a)** $\neg A \vee \neg B$ **b)** $\neg A \wedge \neg B$ **c)** $A \vee \neg B$ **d)** $\neg A \wedge B$

2.38 $A \Rightarrow B$ bedeutet: Wenn A wahr ist, dann ist auch B wahr.
Wenn A falsch ist, dann kann B wahr oder falsch sein.
$A \Leftrightarrow B$ bedeutet: Entweder sind A und B beide wahr oder A und B beide falsch.
Unterschied: Aus $A \Leftrightarrow B$ folgt $A \Rightarrow B$ und $B \Rightarrow A$. Aus $A \Rightarrow B$ folgt nicht unbedingt $B \Rightarrow A$.

2.39 Allaussage: durch Angabe eines Gegenbeispiels
Existenzaussage: durch Angabe eines Beispiels

2.40 „oder“, „und“, „wenn …, dann …“, „ein“, „einige“, „höchstens“, „mindestens“, „für alle“, „es gibt“, „nie nicht“ … (siehe Seite 27).

2.41 Für $A, B \subseteq G$ kann man den Durchschnitt, die Vereinigung und die Differenz bilden.
$A \cap B = \{x \in G \mid x \in A \wedge x \in B\}$, $A \cup B = \{x \in G \mid x \in A \vee x \in B\}$, $A \setminus B = \{x \in G \mid x \in A \wedge x \notin B\}$

2.42 **a)** Zwei Mengen A und B nennt man gleich, wenn sie dieselben Elemente enthalten.
b) A heißt Teilmenge von B ($A \subseteq B$), wenn jedes Element von A auch Element von B ist.
A heißt echte Teilmenge von B ($A \subset B$), wenn $A \subseteq B$ und $A \neq B$.

2.44 **a)** Er verliert die Wette, wenn er in einem oder beiden Gegenständen kein „Sehr gut“ erhält.
b) Sie gewinnt die Wette, wenn sie in Englisch oder in Französisch oder in beiden Fächern ein „Sehr gut“ erhält.

2.45 ☐ ☒

2.46 **a)** B **b)** D

2.47 **a)** $S \cap M$: Menge der männlichen Senioren dieser Stadt
$B \setminus M$: Menge der Frauen dieser Stadt
$M \setminus A$: Menge der nicht alteingesessenen Männer dieser Stadt
S': Menge der Bürger in dieser Stadt, die höchstens 60 Jahre alt sind
M': Menge der Frauen dieser Stadt
$A' \setminus M$: Menge der nicht alteingesessenen Frauen dieser Stadt
$(M \cap A)'$: Menge aller Bürger dieser Stadt, die nicht alteingesessene Männer sind
$(S \setminus A)'$: Menge der Bürger mit Ausnahme der nicht alteingesessenen Senioren dieser Stadt
$(S \cup A)'$: Menge der jungen nicht alteingesessenen Bürger dieser Stadt
b) $M \cap A$, $S \setminus M$, S', $S \setminus A$, $(S \cup A)'$

2.48 $A \cap B = \{2, 4, 6, 8\}$, $A \cup B = \{1, 2, 3, 4, \ldots, 9, 10, 12, 14, 16, \ldots\}$, $A \setminus B = \{1, 3, 5, 7, 9\}$

3 Zahlen

3.01 zB: $\mathbb{N}$: Wie viele Personen sind in einem Raum?
zB: $\mathbb{Z}\backslash\mathbb{N}$: Wie lautet die Höhenangabe eines Orts unter dem Meeresspiegel (auf Einer gerundet)?
zB: $\mathbb{Q}\backslash\mathbb{Z}$: Wie groß ist der relative Anteil der Mädchen in einer (gemischten) Schulklasse?
zB: $\mathbb{R}\backslash\mathbb{Q}$: Wie lang ist die Diagonalenlänge eines Quadrats mit der Seitenlänge 1?

3.02 a) zB: $x + 3 = 8$ b) zB: $x + 3 = -2$ c) zB: $3 \cdot x = 4$ d) zB: $x^2 = 2$

3.03 Wir führen einen indirekten Beweis.
Wir nehmen an, dass es eine rationale Zahl x mit $x^2 = 3$ gibt. Die Zahl x ist dann von der Form $\frac{z}{n}$ (mit $z \in \mathbb{Z}$ und $n \in \mathbb{N}^*$). $\frac{z}{n}$ ist so weit wie möglich durchgekürzt. Es ist $n > 1$, denn wäre $n = 1$, so gäbe es eine ganze Zahl x mit $x^2 = 3$. Es gibt aber keine ganze Zahl, deren Quadrat 3 ist. Da $\frac{z}{n}$ so weit wie möglich durchgekürzt ist, kann man auch $\frac{z}{n} \cdot \frac{z}{n}$ nicht mehr kürzen und somit ist x^2 keine ganze Zahl. Widerspruch zur Annahme, dass $x^2 = 3$ ist.

3.04 a) $4 \in \mathbb{N}$ c) $\frac{3}{2} \in \mathbb{Q}$ e) $\sqrt{2} \notin \mathbb{Q}$ g) $0 \in \mathbb{R}$ i) $-\frac{3}{4} \notin \mathbb{Z}$
b) $1 \in \mathbb{Q}$ d) $1{,}45 \in \mathbb{Q}$ f) $\sqrt{3} \in \mathbb{R}$ h) $-5 \in \mathbb{Z}$ j) $-1{,}25 \in \mathbb{R}$

3.05 a) $\mathbb{Z}$ b) { } c) $\mathbb{N}$ d) $\mathbb{N}^*$ e) $\mathbb{N}$ f) { } g) $\mathbb{Q}^*$ h) { }

3.06 ☒ ☐ ☒
☐ ☒ ☐

3.07 a) $7 \cdot \sqrt{6{,}25} = 17{,}5$ rational c) $4 \cdot \sqrt{2} - 3 \cdot \sqrt{2} = \sqrt{2}$ irrational
b) $-10 \cdot \sqrt{169} + 1 = -129$ rational d) $\frac{5 \cdot \sqrt{2} - 0{,}5 \cdot \sqrt{2}}{\sqrt{2}} = 4{,}5$ rational

3.08 b) Angenommen $\frac{\sqrt{2}}{3}$ wäre rational, dh. $\frac{\sqrt{2}}{3} = \frac{z}{n}$ (mit $z \in \mathbb{Z}$ und $n \in \mathbb{N}^*$).
Dann wäre $\sqrt{2} = \frac{3z}{n}$ (mit $3z \in \mathbb{Z}$ und $n \in \mathbb{N}^*$), dh. $\sqrt{2}$ wäre rational. Widerspruch!
c) Angenommen $\sqrt{2} - 1$ wäre rational, dh. $\sqrt{2} - 1 = \frac{z}{n}$ (mit $z \in \mathbb{Z}$ und $n \in \mathbb{N}^*$).
Dann wäre $\sqrt{2} = \frac{z}{n} + 1 = \frac{z+n}{n}$ (mit $(z+n) \in \mathbb{Z}$ und $n \in \mathbb{N}^*$), dh. $\sqrt{2}$ wäre rational. Widerspruch!
d) Angenommen $3 \cdot \sqrt{2} - 2$ wäre rational, dh. $3 \cdot \sqrt{2} - 2 = \frac{z}{n}$ (mit $z \in \mathbb{Z}$ und $n \in \mathbb{N}^*$).
Dann wäre $\sqrt{2} = \frac{1}{3} \cdot \left(\frac{z}{n} + 2\right) = \frac{z+2n}{3n}$ (mit $(z+2n) \in \mathbb{Z}$ und $(3n) \in \mathbb{N}^*$), dh. $\sqrt{2}$ wäre rational. Widerspruch!

3.09 1)
- Ist $x = \frac{z}{n}$ (mit $z \in \mathbb{Z}$ und $n \in \mathbb{N}^*$), dann ist $2x = \frac{2z}{n}$ (mit $(2z) \in \mathbb{Z}$ und $n \in \mathbb{N}^*$). Also ist 2x rational.
- Ist $x = \frac{z}{n}$ (mit $z \in \mathbb{Z}$ und $n \in \mathbb{N}^*$), dann ist $x + 1 = \frac{z}{n} + 1 = \frac{z+n}{n}$ (mit $(z+n) \in \mathbb{Z}$ und $n \in \mathbb{N}^*$). Also ist $x + 1$ rational.
- Ist $x = \frac{z}{n}$ (mit $z \in \mathbb{Z}$ und $n \in \mathbb{N}^*$), dann ist $x^2 = \frac{z}{n} \cdot \frac{z}{n} = \frac{z^2}{n^2}$ (mit $z^2 \in \mathbb{Z}$ und $n^2 \in \mathbb{N}^*$). Also ist x^2 rational.

2)
- Sei x irrational. Wäre 2x rational, dann wäre $2x = \frac{z}{n}$ (mit $z \in \mathbb{Z}$ und $n \in \mathbb{N}^*$). Dann wäre aber $x = \frac{z}{2n}$ (mit $z \in \mathbb{Z}$ und $(2n) \in \mathbb{N}^*$), im Widerspruch zur Voraussetzung, dass x irrational ist.
- Sei x irrational. Wäre $x + 1$ rational, dann wäre $x + 1 = \frac{z}{n}$ (mit $z \in \mathbb{Z}$ und $n \in \mathbb{N}^*$). Dann wäre aber $x = \frac{z}{n} - 1 = \frac{z-n}{n}$ (mit $(z-n) \in \mathbb{Z}$ und $n \in \mathbb{N}^*$), im Widerspruch zur Voraussetzung, dass x irrational ist.
- Nein. Gegenbeispiel: $\sqrt{2}$ ist irrational, aber $(\sqrt{2})^2 = 2$ ist rational.

3.10 (1) Die Behauptung ist wahr.
Beweis: Seien $\frac{a}{b}$ und $\frac{c}{d}$ zwei rationale Zahlen (mit $a, c \in \mathbb{Z}$ und $b, d \in \mathbb{N}^*$). Dann ist $\frac{a}{b} + \frac{c}{d} = \frac{ad+bc}{bd}$ (mit $(ad+bc) \in \mathbb{Z}$ und $(bd) \in \mathbb{N}^*$). Somit ist $\frac{a}{b} + \frac{c}{d}$ rational.
(2) Die Behauptung ist falsch. Gegenbeispiel: $\sqrt{2} - \sqrt{2} = 0 \in \mathbb{Q}$.
(3) Die Behauptung ist falsch. Gegenbeispiel: $\sqrt{2} \cdot \sqrt{8} = \sqrt{16} = 4 \in \mathbb{Q}$.
(4) Die Behauptung ist falsch. Gegenbeispiel: $\frac{\sqrt{8}}{\sqrt{2}} = \sqrt{\frac{8}{2}} = \sqrt{4} = 2 \in \mathbb{Q}$.

3.11 Seien $\frac{a}{b}$ und $\frac{c}{d}$ zwei rationale Zahlen (mit $a, c \in \mathbb{Z}$ und $b, d \in \mathbb{N}^*$). Die Zahl $\frac{1}{2} \cdot \left(\frac{a}{b} + \frac{c}{d}\right)$ liegt genau in der Mitte zwischen $\frac{a}{b}$ und $\frac{c}{d}$. Diese Zahl ist rational, denn es gilt:

$\frac{1}{2} \cdot \left(\frac{a}{b} + \frac{c}{d}\right) = \frac{1}{2} \cdot \frac{ad + bc}{bd} = \frac{ad + bc}{2bd}$ (mit $(ad + bc) \in \mathbb{Z}$ und $(bd) \in \mathbb{N}^*$).

3.12 Unendlich viele. Denn zwischen zwei rationalen Zahlen z_1 und z_2 liegt nach Aufgabe 3.11 eine weitere rationale Zahl z_3, zwischen z_1 und z_3 eine weitere rationale Zahl z_4, zwischen z_1 und z_4 eine weitere rationale Zahl z_5, usw.

3.13 abgeschlossen gegenüber der Addition: $\mathbb{N}, \mathbb{Z}, \mathbb{Q}, \mathbb{R}, \mathbb{Z}^+, \mathbb{Z}^-, \mathbb{Q}^+, \mathbb{Q}^-, \mathbb{R}^+, \mathbb{R}^-, \mathbb{N}_g$
abgeschlossen gegenüber der Multiplikation: $\mathbb{N}, \mathbb{Z}, \mathbb{Q}, \mathbb{R}, \mathbb{Z}^+, \mathbb{Q}^+, \mathbb{R}^+, \mathbb{N}_g, \mathbb{N}_u, [0; 1]$

3.14 a) 0,875 b) $0{,}5\dot{3}$ c) 0,4 d) $0{,}1\dot{6}$ e) 0,96 f) $0{,}\dot{5}$ g) 0,24 h) $1{,}\overline{68}$

3.15 a) $\frac{19}{50}$ c) $\frac{7}{9}$ e) $\frac{21}{40}$ g) $\frac{7}{22}$ i) $\frac{4559}{9990}$
b) $\frac{1469}{200000}$ d) $\frac{3092639}{900}$ f) $\frac{19}{37}$ h) $\frac{3251}{1980}$ j) $\frac{605129}{99000}$

3.16 a) 1,732… b) 2,236… c) 2,645… d) 3,316…

3.17 a) zB: 43,01; 43,09 d) zB: 0,112; 0,113 g) zB: 0,0002; 0,0003
b) zB: 8,38; 8,39 e) zB: 1,5; 1,6 h) zB: 1,32; 1,33
c) zB: 123,3005; 123,3006 f) zB: 0,0008; 0,0009

3.18 a) zB: x = 7,01 b) zB: x = 36,18 c) zB: x = 5,22 d) zB: x = 0,38

3.19 a) zB: $\frac{19}{30}; \frac{2}{3}; \frac{7}{10}; \frac{11}{15}; \frac{23}{30}$ c) zB: 3,79; 3,80; 3,81; 3,82; 3,83
b) zB: 0,011; 0,012; 0,013; 0,014; 0,015 d) zB: 1,56; 1,57; 1,58; 1,59; 1,595

3.20 1)
$$-\begin{cases} x = 1{,}9999\ldots \\ 10x = 19{,}9999\ldots \end{cases}$$
$$9x = 18 \quad \Leftrightarrow \quad x = 2$$
2) Man müsste Endnullen nach dem Komma weglassen und Neunerperioden ausschließen.

3.21 1) Nach dem Komma folgt 1, dann einmal 0, dann 1, dann zweimal 0, dann 1, dann dreimal 0, dann 1, dann viermal 0, usw.
2) ZB: 1,08008000800008… und 3,03003000300003…

3.22 a) x = 7,071… b) x = 10,954… c) x = 3,162… d) x = 1,259… e) x = 4,308… f) x = 4,728…

3.23 a) periodisch; $\frac{57}{99} = 0{,}\overline{57}$ c) periodisch; $\frac{23}{198} = 0{,}1\overline{16}$ e) periodisch; $-\frac{58}{45} = -1{,}2\dot{8}$
b) endlich; $-\frac{77}{1232} = -0{,}0625$ d) periodisch; $\frac{37}{60} = 0{,}61\dot{6}$ f) endlich; $-\frac{64}{125} = -0{,}512$

3.24 a)
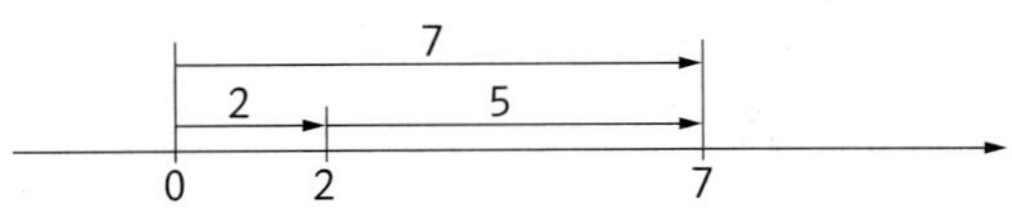

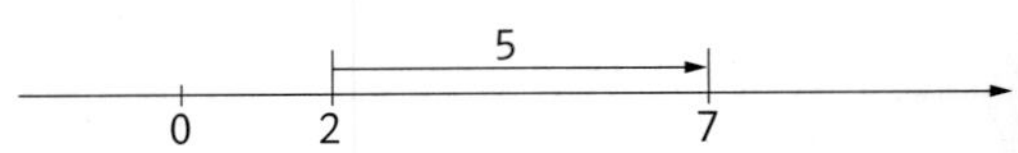

b)
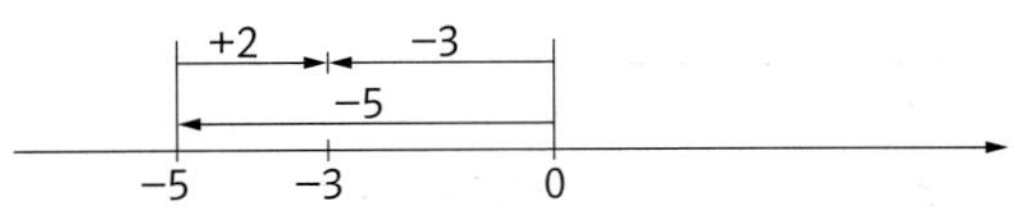

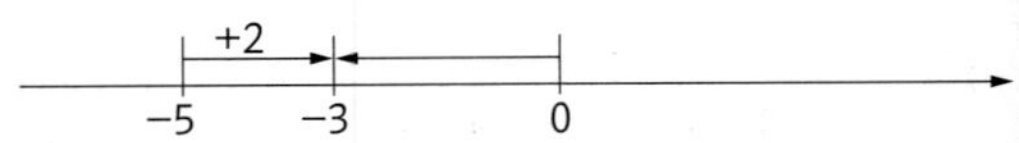

c)
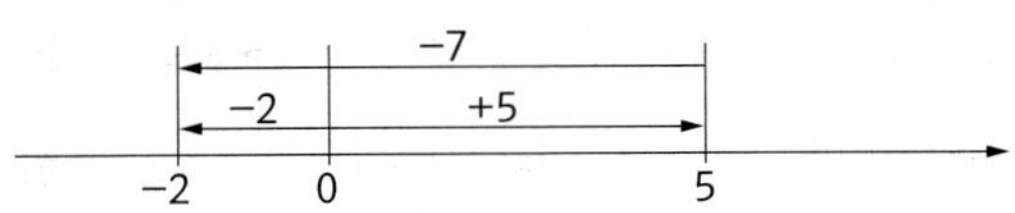

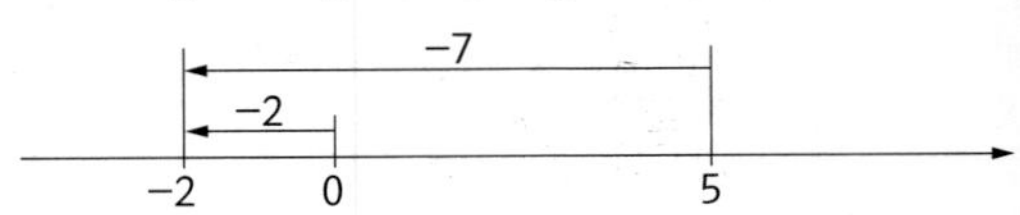

d)
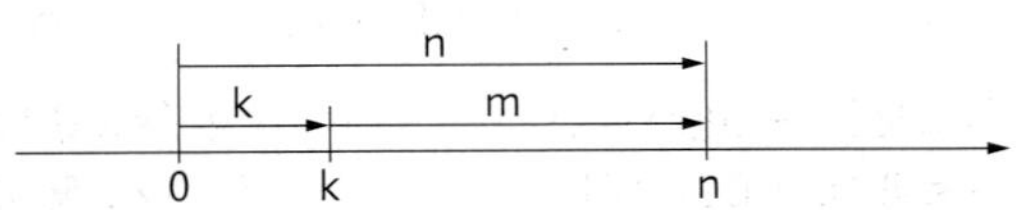

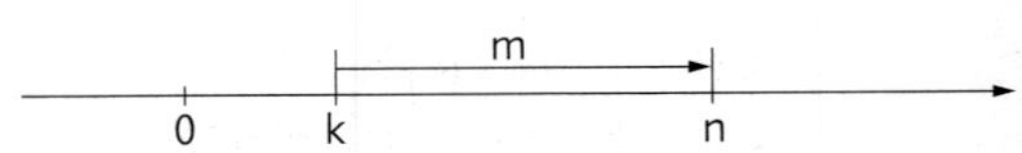

3.25 **1)** $1^2+1^2=(\sqrt{2})^2$, $(\sqrt{2})^2+1^2=(\sqrt{3})^2$, $(\sqrt{3})^2+1^2=(\sqrt{4})^2$, usw.

2)

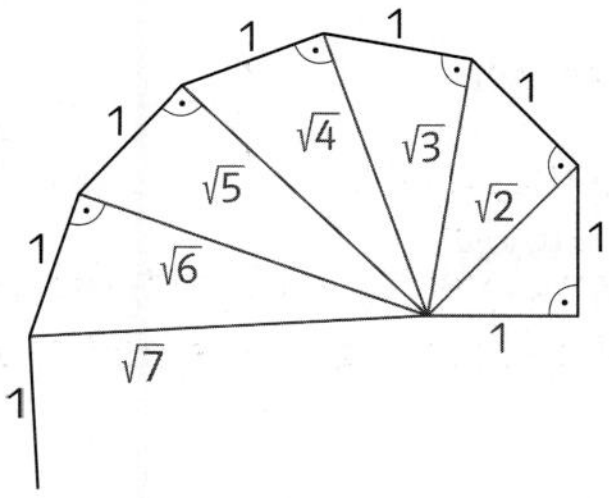

3) Konstruiere Strecken der Längen $\sqrt{2}$, $\sqrt{3}$, $\sqrt{5}$ und $\sqrt{7}$ mit der „Wurzelschnecke" und trage die entsprechenden Längen auf der Zahlengeraden von 0 aus ab!

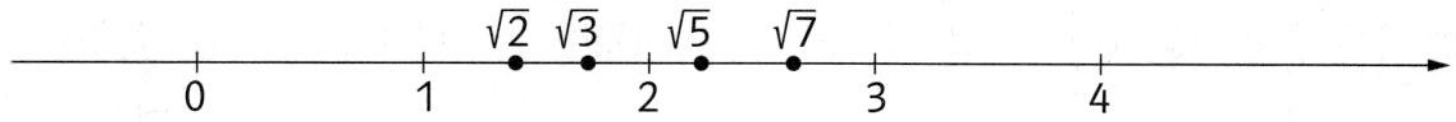

3.26 **a)** $10=3^2+1^2$

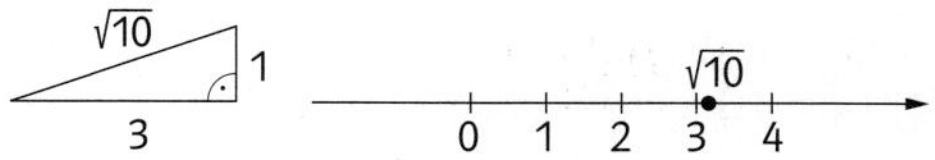

b) $5=2^2+1^2$

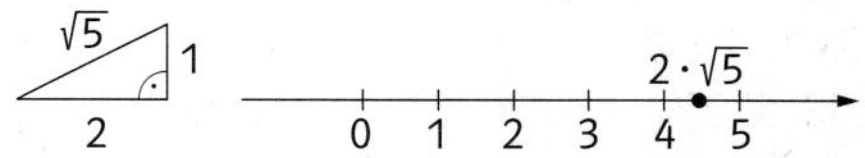

c) $17=4^2+1^2$

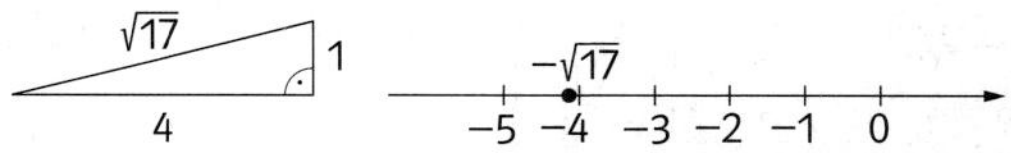

d) $13=3^2+2^2$

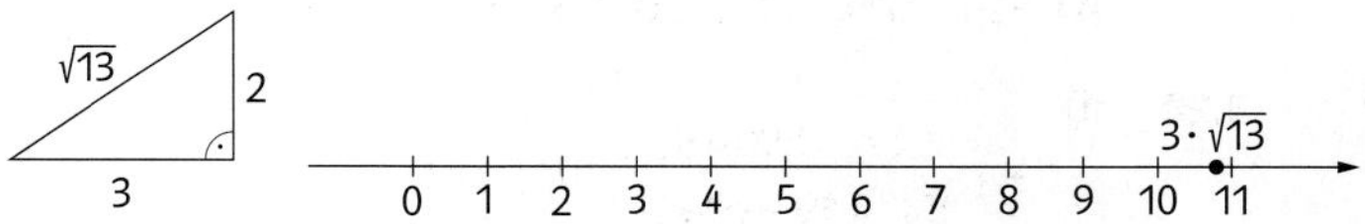

e) $29=5^2+2^2$

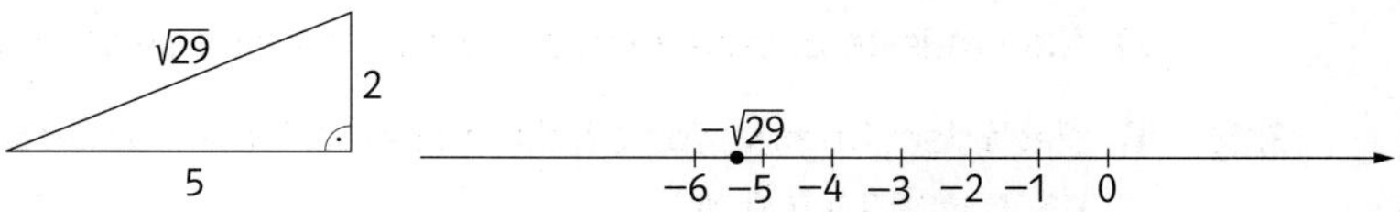

f) $109=10^2+3^2$

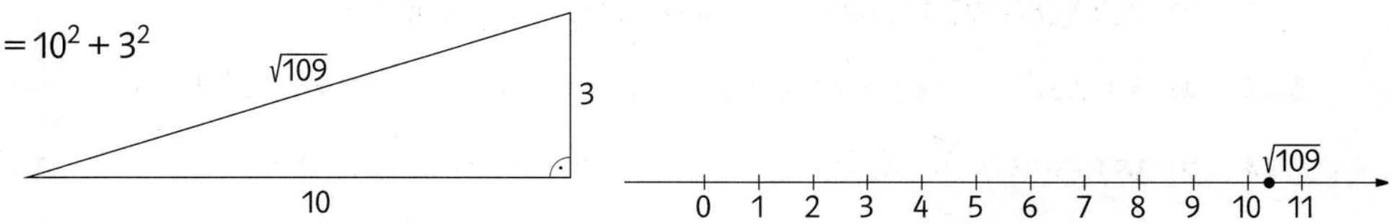

3.27 Höhensatz: $(\sqrt{3})^2=3\cdot 1$

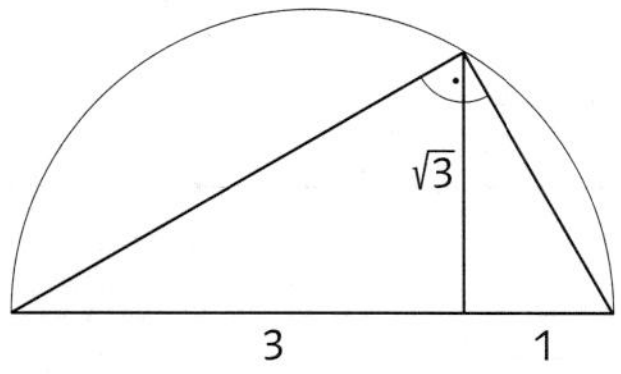

3.29 **a)** $-\frac{3}{2}<x<\frac{3}{2}$ **b)** $x\leq -3 \lor x\geq 3$ **c)** $-1\leq x\leq 3$ **d)** $-1{,}5\leq x\leq 7{,}9$ **e)** $-10<x<8$ **f)** $x\leq -3{,}5 \lor x\geq 4{,}5$ **g)** $x<-2 \lor x>0$ **h)** $x<-1 \lor x>1$

3.30 **a)** $|x|<5$ **b)** $|x|\leq 10$ **c)** $|x-5|<1$ **d)** $|x+3|\leq 6$ **e)** $|x-4|\geq 1$ **f)** $|x-1{,}5|>0{,}8$ **g)** $|x|\geq 4$ **h)** $|x-2|>7$

3.31 **a)** $\{x\in\mathbb{R} \mid |x|<1\}$ **b)** $\{x\in\mathbb{Z} \mid |x-6|\leq 1{,}5\}$ **c)** $\{x\in\mathbb{N} \mid |x-100|>10\}$ **d)** $\{x\in\mathbb{Q} \mid |x+0{,}5|\leq 4\}$ **e)** $\{x\in\mathbb{Q} \mid |x|<1\}$ **f)** $\{x\in\mathbb{R}\setminus\mathbb{Q} \mid |x|\leq 1\}$

3.32

a) 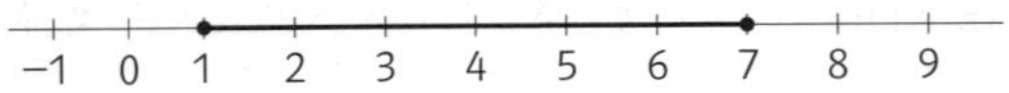

b) 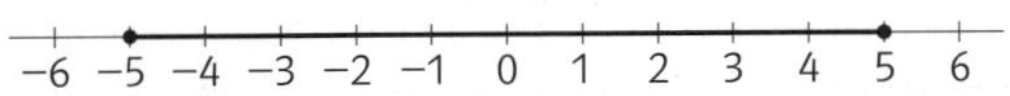

c) 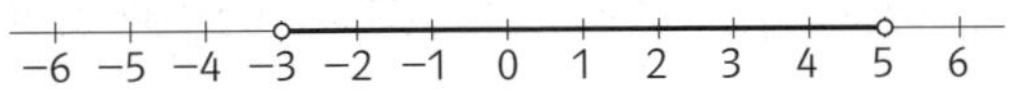

d) 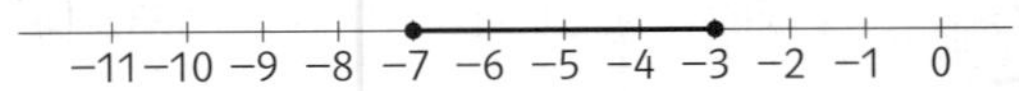

e) 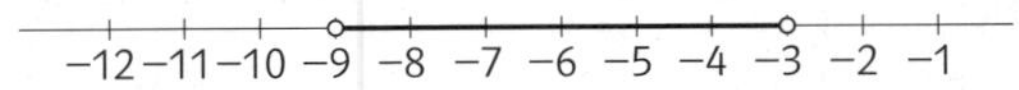

f) 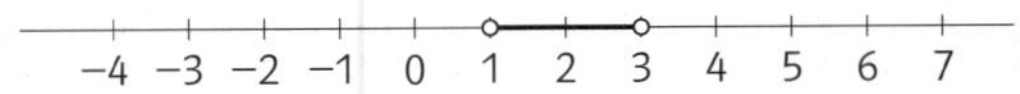

3.33

a) 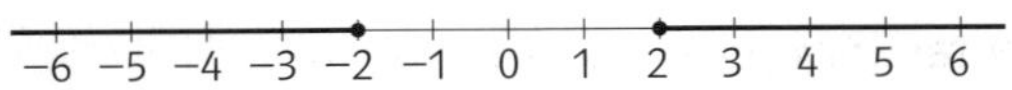

b) 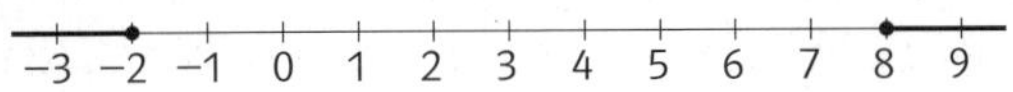

c) 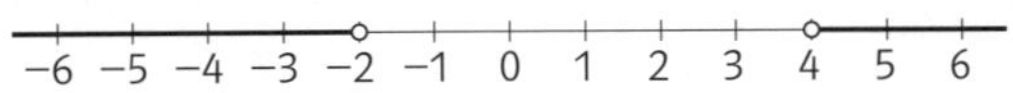

d) 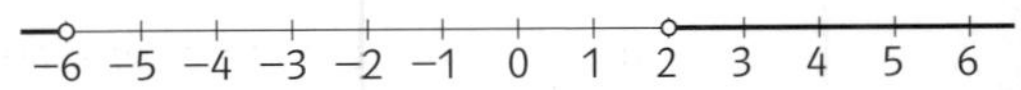

e) 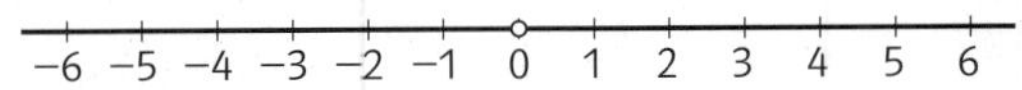

f) 

3.34

a) $\{x \in \mathbb{R} \mid 2 \leq x \leq 5\}$
b) $\{x \in \mathbb{R} \mid -2 < x \leq 7\}$
c) $\{x \in \mathbb{R} \mid -2 \leq x < -1 \vee 1 < x < 4\}$
d) $\{x \in \mathbb{R} \mid 5 \leq x \leq 7\}$
e) $\{x \in \mathbb{R} \mid -3 \leq x < 5\}$
f) $\{x \in \mathbb{R} \mid -2 \leq x < -1 \vee -1 < x < 5\}$
g) $\{x \in \mathbb{R} \mid -2 \leq x < 10\}$
h) $\{x \in \mathbb{R} \mid -2 \leq x \leq 1\}$

3.35

a) $M = \{x \in \mathbb{R} \mid -1 \leq x \leq 4\} = [-1; 4]$
b) $M = \{x \in \mathbb{R} \mid -4 \leq x \leq 0\} = [-4; 0]$
c) $M = \{x \in \mathbb{R} \mid -3 \leq x \leq 3\} = [-3; 3]$
d) $M = \{x \in \mathbb{R} \mid -2 \leq x \leq 3\} = [-2; 3]$

3.36

a) $A =]-5; 5[$ 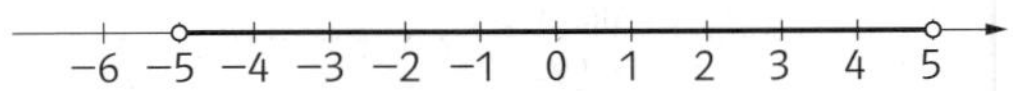

b) $M = [-2{,}5; 2{,}5]$ 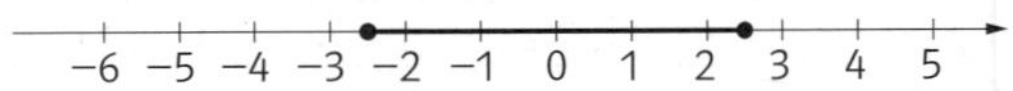

c) $R = [0; 4]$ 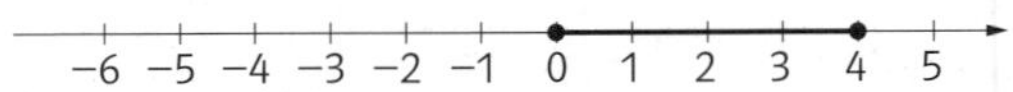

d) $Z = [-7{,}5; -0{,}5]$ 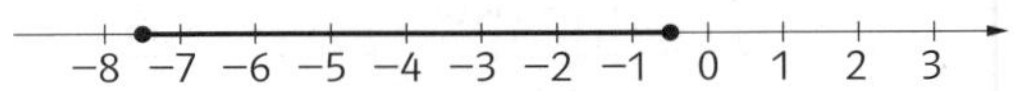

e) $Y =]1; 7[$ 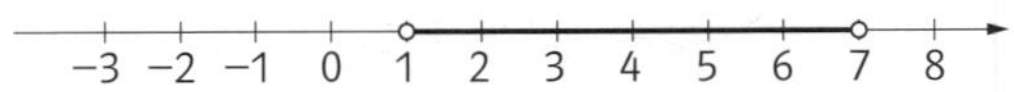

f) $B =]-5{,}3; 2{,}7[$ 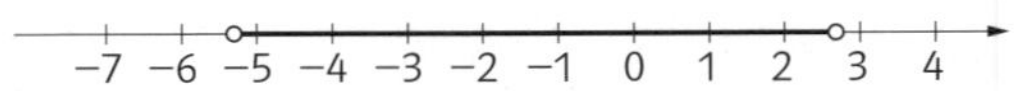

3.37

a) $]-4; 4[$

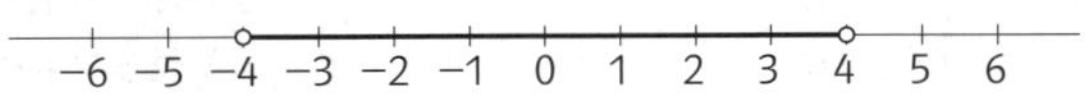

b) $]-4; -2[\cup]2; 4[$

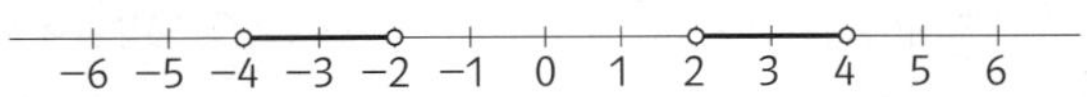

c) $]-\infty; -1[\cup]3; \infty[$

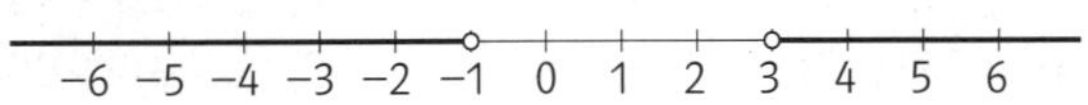

d) $]-\infty; 2[\cup]2; \infty[$

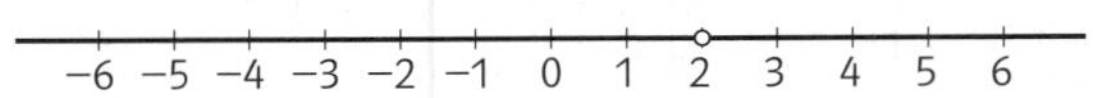

e) $]-9; -6[\cup]-2; 1[$

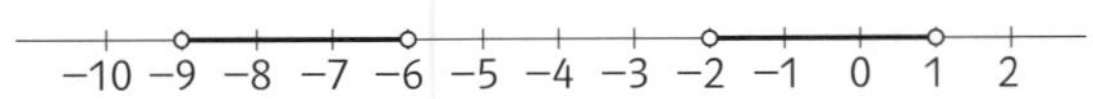

f) $]-\infty; -2] \cup [2; \infty[$

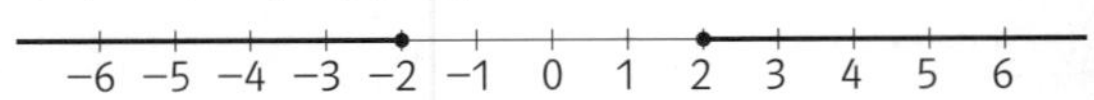

3.38 (2), (3), (6)

3.39

a) $0 \leq x \leq 3$ 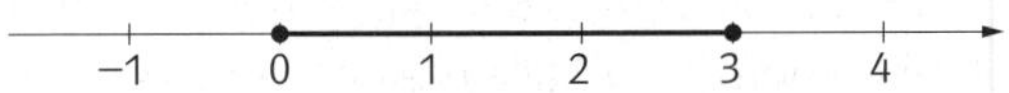

b) $-3 \leq x \leq 7$ 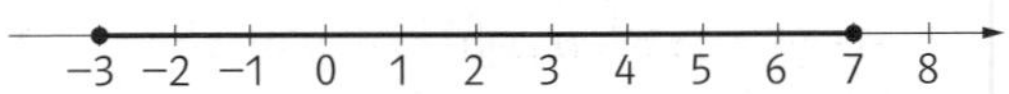

c) $-10 \leq x \leq -1 \vee 0 \leq x \leq 10$ 

3.40 a) $x = b$ b) $a \leq x \leq c$ c) für kein $x \in \mathbb{R}$ d) für alle $x \in \mathbb{R}$

3.41

☒ ☒ ☐
☐ ☐ ☒

3.42 a) $A \cup B = [1; 15]$, $A \cap B = [4; 11]$, $A \setminus B = [1; 4[$ b) $A \cup B = A$, $A \cap B = B$, $A \setminus B =]0; 2,1] \cup [7,9; 10[$

3.43 a) Es gilt keine dieser Beziehungen. b) $B \subseteq A$

3.44 Seien a und b zwei irrationale Zahlen (mit $a < b$). Wir wählen zwei ganze Zahlen m und n mit $m < a < b < n$. Teilt man [m, n] in 10 gleich lange Teilintervalle, erhält man die Teilungspunkte

$$m,\ m + \frac{m-n}{10},\ m + 2 \cdot \frac{m-n}{10},\ m + 3 \cdot \frac{m-n}{10},\ \ldots,\ n$$

Jeder Teilungspunkt entspricht einer rationalen Zahl, denn es gilt $m + k \cdot \frac{m-n}{10} = \frac{10m + k(m-n)}{10}$ (mit $(10m + k(m-n)) \in \mathbb{Z}$ und $10 \in \mathbb{N}^*$). Dieselbe Überlegung kann man durchführen, wenn man [m, n] in 100, 1000, 10 000, … gleich lange Teilintervalle teilt. Dabei wird die Länge eines Teilintervalls schließlich kleiner als die Länge des Intervalls [a; b] und somit liegt mindestens eine rationale Zahl zwischen a und b.

3.45 Beispiele für sinnvolle Rundungen: Einwohnerzahl eines Landes, Volumen eines Sees, Entfernung einer Galaxie
Beispiele für nicht sinnvolle Rundungen: Telefonnummer, Postleitzahl, PIN-Code

3.46 a) 0,05 b) 0,005 c) 0,000 5

3.47

	Zahl	1) gerundet	2) abgeschnitten	Fehler beim Runden	Fehler beim Abschneiden
a)	67,485	67,5	67,4	0,015	0,085
b)	0,539 72	0,540	0,539	0,000 28	0,000 72
c)	158,001	158,00	158,00	0,001	0,001
d)	0,07	0,1	0,0	0,03	0,07
e)	42,905 059	42,905 1	42,905 0	0,000 041	0,000 059
f)	9,653 010 8	9,653 011	9,653 010	0,000 000 2	0,000 000 8

3.48 a) 25 345 m b) 13 954 cm c) 405 a d) 55 361 910 mm^3 e) 341 859 mm^2 f) 15 cl

3.49 a) 344,6 b) 2 200 c) 0,299 d) 0,345 e) 110 f) 0 g) 123,8 h) 0,07 i) 12 000 j) 1,45 k) 767 l) 40

3.50 a) $34,995 \leq a < 35,005$ b) $16,5 \leq a < 17,5$ c) $13,195 \leq a < 13,205$ d) $13,0065 \leq a < 13,0075$ e) $5599,5 \leq a < 5600,5$ f) $34,985 \leq a < 34,995$

3.51 a) $343 \leq a \leq 347$ b) $443 \leq a \leq 445$ c) $12,9 \leq a \leq 13,9$ d) $29,7 \leq a \leq 30,1$ e) $33,99 \leq a \leq 34,03$ f) $77,769 \leq a \leq 77,771$ g) $35,222 \leq a \leq 35,224$ h) $73,998 \leq a \leq 74,004$

3.52 a) $x = 76,5 \pm 0,5$ b) $x = 12,4 \pm 0,1$ c) $x = 84,348 \pm 0,002$ d) $x = 99,013 \pm 0,001$ e) $x = 628,50 \pm 0,50$ f) $x = 0,00005 \pm 0,00005$

3.53 a) zB: $3,141 < \pi < 3,142$ b) zB: $7,071 < \sqrt{50} < 7,072$

3.54 1) Untere Schranken von x sind zB 4,56 und 4,57. Obere Schranken von x sind zB 4,82 und 4,83.
2) Untere Schranken von x sind alle reellen Zahlen $\leq 4,58$. Obere Schranken von x sind alle reellen Zahlen $\geq 4,81$. Von den reellen Zahlen y mit $4,58 < y < 4,81$ kann man nicht entscheiden, ob sie untere Schranken von x sind oder nicht, weil man nicht weiß, wo x in]4,58; 4,81[liegt.

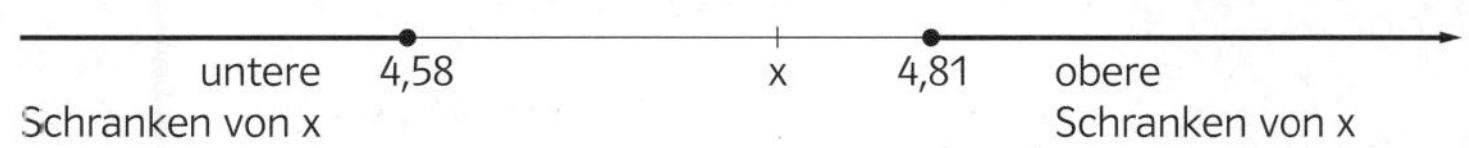

3.55 a) zB: $1,414 \leq \sqrt{2} \leq 1,415$ b) zB: $3,141 \leq \pi \leq 3,142$ c) zB: $-3,142 \leq -\pi \leq -3,141$ d) zB: $0,666 \leq \frac{2}{3} \leq 0,667$

3.58 a) $15{,}4 \leq x + y \leq 15{,}6$ b) $0{,}7 \leq x - y \leq 0{,}9$ c) $59{,}13 \leq x \cdot y \leq 60{,}68$ d) $\frac{81}{74} \leq x : y \leq \frac{82}{73}$ e) $65{,}61 \leq x^2 \leq 67{,}24$ f) $53{,}29 \leq y^2 \leq 54{,}76$

3.59 $0{,}49 \leq t \leq 0{,}51$

3.60 $357{,}2 \leq A \leq 364{,}9$

3.61 $10{,}6 \leq b \leq 10{,}8$

3.62
a) $168\,432 = 1 \cdot 10^5 + 6 \cdot 10^4 + 8 \cdot 10^3 + 4 \cdot 10^2 + 3 \cdot 10^1 + 2 \cdot 10^0$
b) $627{,}36 = 6 \cdot 10^2 + 2 \cdot 10^1 + 7 \cdot 10^0 + 3 \cdot 10^{-1} + 6 \cdot 10^{-2}$
c) $0{,}562\,91 = 5 \cdot 10^{-1} + 6 \cdot 10^{-2} + 2 \cdot 10^{-3} + 9 \cdot 10^{-4} + 1 \cdot 10^{-5}$
d) $67{,}430\,021 = 6 \cdot 10^1 + 7 \cdot 10^0 + 4 \cdot 10^{-1} + 3 \cdot 10^{-2} + 2 \cdot 10^{-5} + 1 \cdot 10^{-6}$
e) $0{,}000\,000\,43 = 4 \cdot 10^{-7} + 3 \cdot 10^{-8}$
f) $3{,}000\,916\,012 = 3 \cdot 10^0 + 9 \cdot 10^{-4} + 1 \cdot 10^{-5} + 6 \cdot 10^{-6} + 1 \cdot 10^{-8} + 2 \cdot 10^{-9}$
g) $32\,725{,}03 = 3 \cdot 10^4 + 2 \cdot 10^3 + 7 \cdot 10^2 + 2 \cdot 10^1 + 5 \cdot 10^0 + 3 \cdot 10^{-2}$
h) $0{,}000\,000\,001 = 1 \cdot 10^{-9}$

3.63 a) 3 270 b) 20 975,3 c) 82 040,28 d) 700,324 e) 60,006 78 f) 0,000 0237

3.64 a) $123 \cdot 10^7$ b) $19 \cdot 10^9$ c) $3 \cdot 10^{-4}$ d) $5 \cdot 10^{-3}$ e) $9 \cdot 10^{-5}$ f) $33 \cdot 10^{-9}$ g) $65 \cdot 10^{-6}$ h) $2 \cdot 10^{-9}$

3.65 a) 10 200 000 b) 134 000 c) 0,000 000 001 04 d) 0,000 000 047 894 e) 0,000 000 000 089 991

3.66 a) 510 000 000 b) 2 033 000 000 000 000 c) 210 000 d) 321 000 000 000 000 000 e) 0,000 000 29 f) 0,000 038 74 g) 0,000 000 000 000 8 h) 0,000 000 53

3.67
a) $a_2 \cdot 10^2 + a_1 \cdot 10^1 + a_0 \cdot 10^0 + b_1 \cdot 10^{-1} + b_2 \cdot 10^{-2} + b_3 \cdot 10^{-3}$ mit $a_2 \neq 0$
b) $a_{m-1} \cdot 10^{m-1} + a_{m-2} \cdot 10^{m-2} + \ldots + a_0 \cdot 10^0 + b_1 \cdot 10^{-1} + b_2 \cdot 10^{-2} + \ldots + b_n \cdot 10^{-n}$ mit $a_{m-1} \neq 0$

3.68 a) $3{,}11 \cdot 10^8$ b) $7{,}5 \cdot 10^{11}$ c) $8{,}1 \cdot 10^{11}$ d) $3{,}2 \cdot 10^{-3}$ e) $1{,}2 \cdot 10^{-7}$ f) $5{,}6 \cdot 10^{-11}$

3.69 a) $3 \cdot 10^6$ b) $7{,}7 \cdot 10^{-4}$ c) $7{,}2 \cdot 10^9$ d) $1{,}83 \cdot 10^{-6}$ e) $3{,}4 \cdot 10^{12}$ f) $6 \cdot 10^{-11}$ g) $8 \cdot 10^{15}$ h) $2{,}94 \cdot 10^0$ i) $8{,}1 \cdot 10^{-4}$ j) $6{,}31 \cdot 10^{-5}$

3.70 a) 2 435 000 b) 735 c) 0,000 803 d) 0,002 301 e) 8 000 000

3.71 Ja, da man die Größenordnung schneller abschätzen kann. Die Zahl ist ungefähr gleich 10^{12}.

3.72 a) $5 \cdot 10^{-2}$ m b) $3 \cdot 10^{-4}$ km c) $2 \cdot 10^{-2}$ ha d) $1{,}5 \cdot 10^{-3}$ ha e) $3 \cdot 10^{-9}$ km³ f) $4 \cdot 10^{-6}$ m³ g) $5{,}3 \cdot 10^{-5}$ kg h) $1{,}8 \cdot 10^{-2}$ l

3.73
a) $7{,}63 \cdot 10^6$, $4{,}8 \cdot 10^{10}$, $5{,}7 \cdot 10^{12}$
b) $0{,}763 \cdot 10^7$, $0{,}48 \cdot 10^{11}$, $0{,}57 \cdot 10^{13}$
c) $76{,}3 \cdot 10^5$, $48 \cdot 10^9$, $57 \cdot 10^{11}$

3.74
a) $3\,581\,000 = 0{,}3581 \cdot 10^7 = 3{,}581 \cdot 10^6 = 35{,}81 \cdot 10^5$
b) $58\,100 = 0{,}581 \cdot 10^5 = 5{,}81 \cdot 10^4 = 58{,}1 \cdot 10^3$
c) $19\,000\,000 = 0{,}19 \cdot 10^8 = 1{,}9 \cdot 10^7 = 19 \cdot 10^6$
d) $3\,200\,000\,000 = 0{,}32 \cdot 10^{10} = 3{,}2 \cdot 10^9 = 32 \cdot 10^8$
e) $0{,}000\,006 = 0{,}6 \cdot 10^{-5} = 6 \cdot 10^{-6} = 60 \cdot 10^{-7}$
f) $0{,}000\,000\,000\,002 = 0{,}2 \cdot 10^{-11} = 2 \cdot 10^{-12} = 20 \cdot 10^{-13}$
g) $0{,}000\,000\,71 = 0{,}71 \cdot 10^{-6} = 7{,}1 \cdot 10^{-7} = 71 \cdot 10^{-8}$
h) $0{,}003 = 0{,}3 \cdot 10^{-2} = 3 \cdot 10^{-3} = 30 \cdot 10^{-4}$

3.75 a) 4 mm b) 75 µg c) 19 nm d) 45 hl e) 800 kW f) 4 pm g) 3 MB h) 55 cl

3.76 ☐ ☒ ☐
☒ ☐ ☒

3.77
a) Erdumfang: $40\,000\,km = 4 \cdot 10^4\,km = 4 \cdot 10^7\,m$
b) Masse des Mondes: 3 Trillionen $t = 3 \cdot 10^{18}\,t = 3 \cdot 10^{21}\,kg$
c) Lichtgeschwindigkeit: $300\,000\,km/s = 3 \cdot 10^5\,km/s = 3 \cdot 10^8\,m/s$
d) Durchmesser eines Atoms: $0{,}000\,0001\,mm = 1 \cdot 10^{-7}\,mm = 1 \cdot 10^{-10}\,m$
e) Masse einer Maus: $20\,g = 2 \cdot 10^1\,g = 2 \cdot 10^{-2}\,kg$
f) Volumen des Wörthersees: $816{,}4$ Milliarden $l = 8{,}164 \cdot 10^9\,hl = 8{,}164 \cdot 10^{11}\,l$

3.78
a) $15\,GHz = 15 \cdot 10^9\,Hz = 15\,000\,000\,000\,Hz$
$8\,MHz = 8 \cdot 10^6\,Hz = 8\,000\,000\,Hz$
$3\,kHz = 3 \cdot 10^3\,Hz = 3\,000\,Hz$
b) $36{,}9\,hl = 36{,}9 \cdot 10^2\,l = 3\,690\,l$,
$183{,}4\,ml = 183{,}4 \cdot 10^{-3}\,l = 0{,}1834\,l$
c) $3{,}91\,km = 3{,}91 \cdot 10^3\,m = 3\,910\,m$
$58\,\mu m = 58 \cdot 10^{-6}\,m = 0{,}000\,058\,m$
$109\,nm = 109 \cdot 10^{-9}\,m = 0{,}000\,000\,109\,m$
$1{,}2\,pm = 1{,}2 \cdot 10^{-12}\,m = 0{,}000\,000\,000\,0012\,m$

3.79 **a)** $5{,}6 \cdot 10^9$ bit **b)** $1{,}28 \cdot 10^{11}$ bit **c)** $3{,}76 \cdot 10^{10}$ bit **d)** $2{,}048 \cdot 10^9$ bit **e)** $2 \cdot 10^{11}$ bit **f)** $1{,}2 \cdot 10^{13}$ bit

3.80
a) $5 \cdot 10^{-6}\,m = 0{,}000\,005\,m$
b) $10^{-3}\,m = 0{,}001\,m$
c) $1 \cdot 10^{-8}$ bis $2 \cdot 10^{-8}\,m$; $0{,}000\,000\,01\,m$ bis $0{,}000\,000\,02\,m$
d) $5 \cdot 10^{-8}\,m = 0{,}000\,000\,05\,m$
e) $7 \cdot 10^{-9}\,m = 0{,}000\,000\,007\,m$
f) $340 \cdot 10^{-12}\,m = 3{,}4 \cdot 10^{-10}\,m = 0{,}000\,000\,000\,34\,m$
g) $4 \cdot 10^{-8}\,m = 0{,}000\,000\,04\,m$; $0{,}1\,mm = 0{,}1 \cdot 10^{-3}\,m = 0{,}0001\,m$
h) $25 \cdot 10^{-6}\,m = 2{,}5 \cdot 10^{-5}\,m = 0{,}000\,025\,m$
i) $5 \cdot 10^{-9}\,m$ bis $20 \cdot 10^{-9}\,m$; $5 \cdot 10^{-9}\,m$ bis $2 \cdot 10^{-8}\,m = 0{,}000\,000\,005\,m$ bis $0{,}000\,000\,02\,m$

3.81 $1\,554 \cdot 10^9$ Dollar

3.82
a) $1{,}5 \cdot 10^8\,km$
b) $8 \cdot 10^{12}\,km$
c) $1{,}083 \cdot 10^{21}\,m^3$
d) $5 \cdot 10^{-9}\,cm$
e) $9{,}11 \cdot 10^{-31}\,kg$
f) $3{,}8 \cdot 10^{-7}\,m$ bis $7{,}5 \cdot 10^{-7}\,m$

3.83
1) Breitband-Internet: download $4{,}096 \cdot 10^6$ bit/s, upload $5{,}12 \cdot 10^5$ bit/s
Mobiles Breitband-Internet: download $8{,}56 \cdot 10^4$ bit/s
2) Breitband-Internet: ca. 0,73 s; mobiles Breitband-Internet: ca. 35,05 s
3) $150\,s = 2{,}5\,min$

3.84
a) **1)** P' = (2|−6), Q' = (−3|−1), R' = (4|3)
2) P" = (−2|6), Q" = (3|1), R" = (−4|−3)
b) **1)** P' = (3|0), Q' = (−5|−4), R' = (3|2,5)
2) P" = (−3|0), Q" = (5|4), R" = (−3|−2,5)

3.85 **a)**

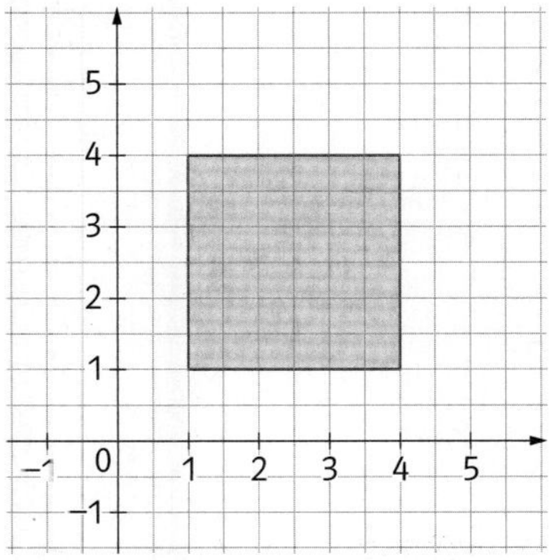

c)

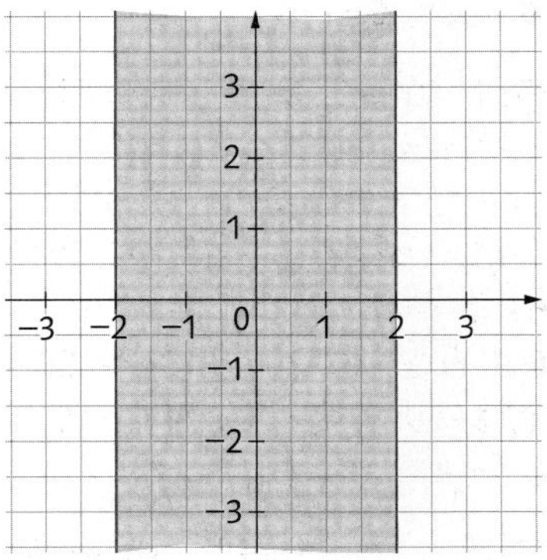

e)

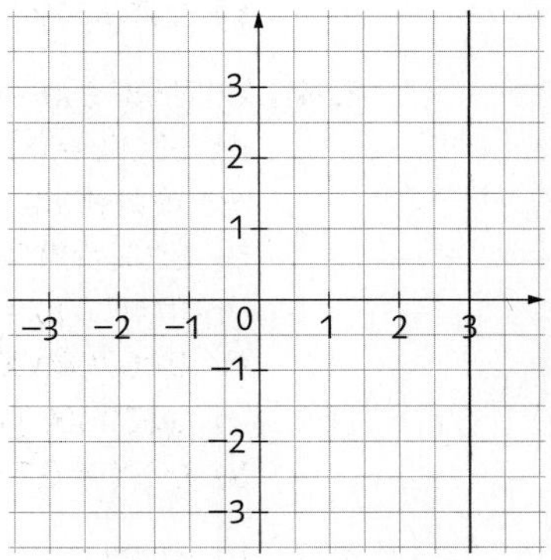

b)

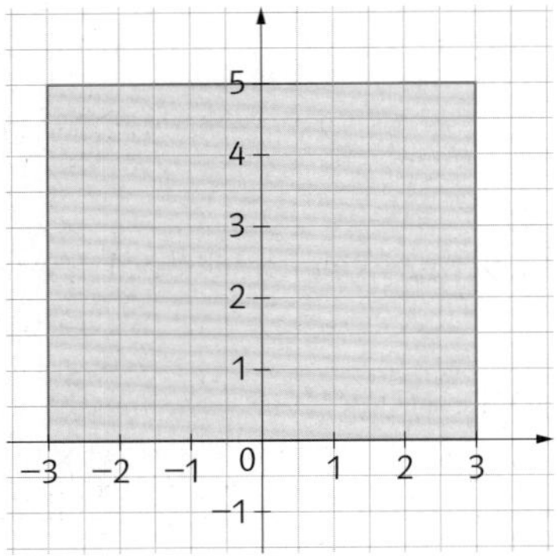

d)

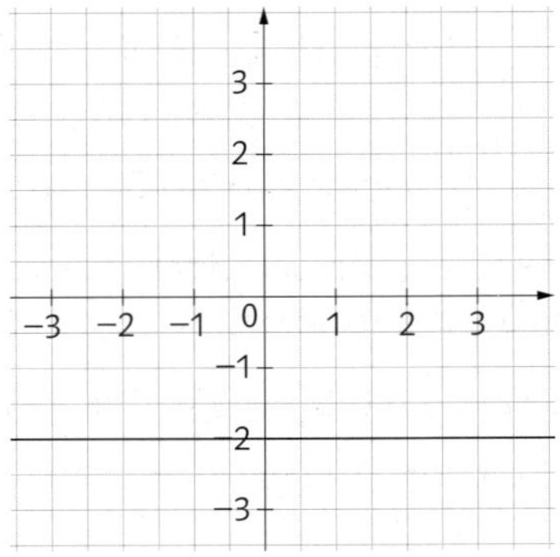

f)

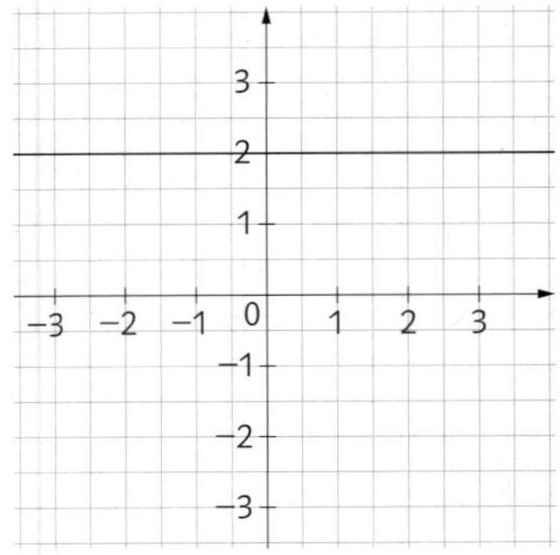

3.86 a)

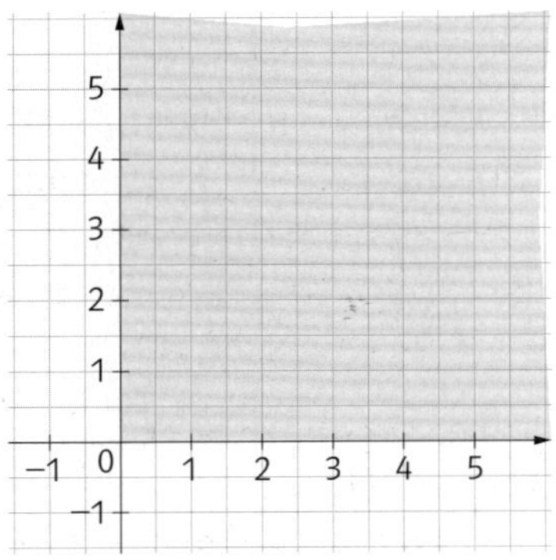

c)

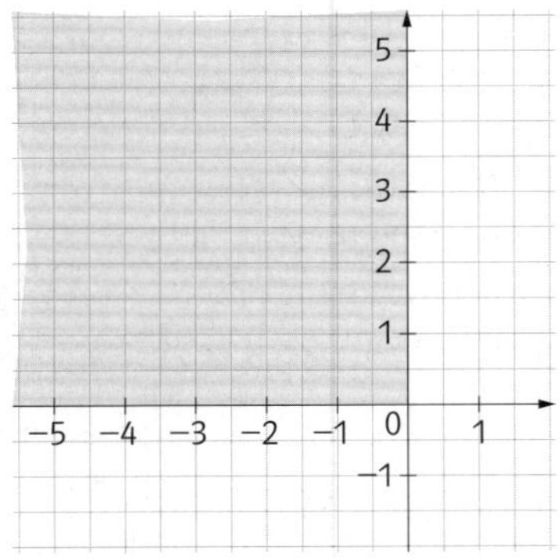

b)

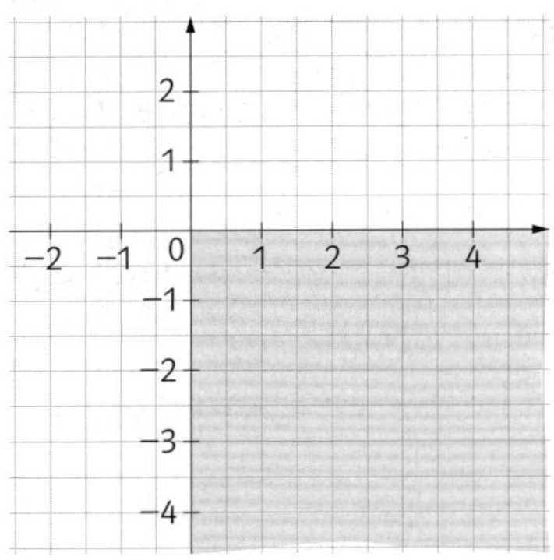

d)

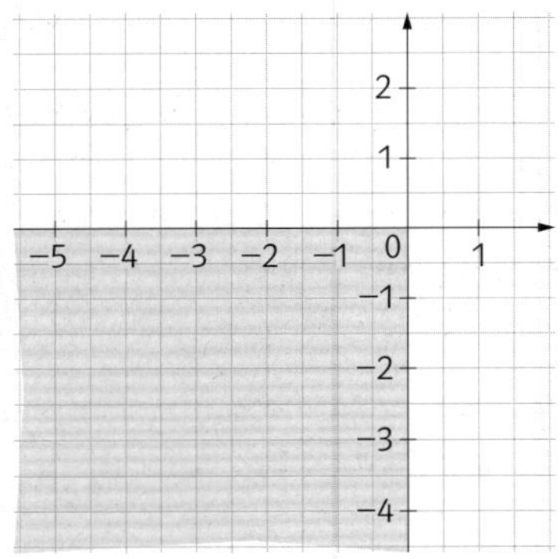

3.87 a) $\{(x|y) \in \mathbb{R}^2 \mid -1 \leq x \leq 6 \land 1 \leq y \leq 5\}$
b) $\{(x|y) \in \mathbb{R}^2 \mid 2 \leq x \leq 5 \land y \text{ beliebig}\}$
c) $\{(x|y) \in \mathbb{R}^2 \mid 0 \leq x \leq 5 \land 0 \leq y \leq 5\}$
d) $\{(x|y) \in \mathbb{R}^2 \mid x \text{ beliebig} \land -1 \leq y \leq 2\}$
e) $\{(x|y) \in \mathbb{R}^2 \mid x \geq 0 \land y \geq 0 \land y \leq x\}$
f) $\{(x|y) \in \mathbb{R}^2 \mid x \geq 0 \land y = x\}$

3.88 a) $A = \frac{(c-a)(e-d)}{2}$ b) $A = \frac{(c-a)(e-d)}{2}$ c) $A = \frac{(b-a)(e-c)}{2}$ d) $A = \frac{(b-a)(d-c)}{2}$

3.89 a) $A = \frac{(d-a)(g-e)}{2}$ b) $A = \frac{(c-a)(f-d)}{2}$
c) Das Viereck ist ein Trapez: $A = (d + c - a - b) \cdot e$
d) Das Viereck ist ein Parallelogramm: $A = (f - d)(b - a)$

3.91 a) $[3]_{10}$ b) $[2]_{10}$ c) $[13]_{10}$ d) $[18]_{10}$ e) $[57]_{10}$ f) $[117]_{10}$

3.92 a) $[10101]_2$ b) $[1011001]_2$ c) $[100110111]_2$ d) $[10100010001]_2$ e) $[1010111000100110]_2$ f) $[11000011010100000]_2$

3.93 a) $[112]_{10}$ b) $[129]_{10}$ c) $[163]_{10}$ d) $[58]_{10}$ e) $[249]_{10}$ f) $[417]_{10}$

3.94 b) $[27]_{16}$ c) $[7F]_{16}$ d) $[81]_{16}$ e) $[7D0]_{16}$

3.95 $[0]_2$, $[1]_2$, $[10]_2$, $[11]_2$, $[100]_2$, $[101]_2$, $[110]_2$, $[111]_2$, $[1000]_2$, $[1001]_2$

3.96 a) $[1000101]_2$ b) $[10110001]_2$ c) $[100100101110]_2$
Man braucht ca. drei- bis viermal so viele Stellen.

3.97 Man kommt an jeder Stelle mit den Ziffern 0, 1, 2, …, b – 1 aus, weil die Ziffer b schon der Ziffer 1 an der nächsthöheren Stelle entspricht.

3.98 kleinste Zahl: $[00000000]_2 = [0]_{10}$, größte Zahl: $[11111111]_2 = [255]_{10}$

3.99 (2) $[E2]_{16} = 14 \cdot 16^1 + 2 \cdot 16^0 = \underbrace{(1 \cdot 2^3 + 1 \cdot 2^2 + 1 \cdot 2^1 + 0 \cdot 2^0)}_{E} \cdot 2^4 + \underbrace{0 \cdot 2^3 + 0 \cdot 2^2 + 1 \cdot 2^1 + 0 \cdot 2^0}_{2} =$

$= 1 \cdot 2^7 + 1 \cdot 2^6 + 1 \cdot 2^5 + 0 \cdot 2^4 + 0 \cdot 2^3 + 0 \cdot 2^2 + 1 \cdot 2^1 + 0 \cdot 2^0 = [\underbrace{1110}_{E}\,\underbrace{0010}_{2}]_2$

3.100 a) 255 Zeichen
b) $00100001 = 1 \cdot 2^5 + 1 \cdot 2^0 = 1 \cdot 2^4 \cdot 2 + 1 \cdot 2^0 = 2 \cdot 16^1 + 1 \cdot 16^0 = [21]_{16}$
$00100101 = 1 \cdot 2^5 + 1 \cdot 2^2 + 1 \cdot 2^0 = 1 \cdot 2^4 \cdot 2 + 1 \cdot 2^2 + 1 \cdot 2^0 = 2 \cdot 16^1 + 5 \cdot 16^0 = [25]_{16}$
$00111100 = 1 \cdot 2^5 + 1 \cdot 2^4 + 1 \cdot 2^3 + 1 \cdot 2^2 = (1 \cdot 2 + 1) \cdot 2^4 + 12 = 3 \cdot 16^1 + 12 = [3C]_{16}$
$01001110 = 1 \cdot 2^6 + 1 \cdot 2^3 + 1 \cdot 2^2 + 1 \cdot 2^1 = 1 \cdot 2^4 \cdot 2^2 + 1 \cdot 2^3 + 1 \cdot 2^2 + 1 \cdot 2^1 = 4 \cdot 16^1 + 14 \cdot 16^0 = [4E]_{16}$
$01111010 = 1 \cdot 2^6 + 1 \cdot 2^5 + 1 \cdot 2^4 + 1 \cdot 2^3 + 1 \cdot 2^1 = (2^2 + 2 + 1) \cdot 2^4 + 10 = [7A]_{16}$

3.101 a) Es gelte $a|b$. Dann gibt es ein $x \in \mathbb{N}^*$ mit $b = a \cdot x$. Daraus folgt $b \cdot c = a \cdot x \cdot c$.
Setzen wir $x \cdot c = y$, folgt $b \cdot c = a \cdot y$ mit $y \in \mathbb{N}^*$. Somit gilt $a|(b \cdot c)$.
b) Es gelte $a|b \wedge a|c$. Dann gibt es ein $x \in \mathbb{N}^*$ mit $b = a \cdot x$ und ein $y \in \mathbb{N}^*$ mit $c = a \cdot y$.
Daraus folgt $b - c = a \cdot (x - y)$ mit $(x - y) \in \mathbb{N}^*$ (wegen $b > c$).
Setzen wir $z = x - y$, folgt $b - c = a \cdot z$ mit $z \in \mathbb{N}^*$. Somit gilt $a|(b - c)$.

3.102 Sei n eine dreistellige Zahl, also $n = 100a_2 + 10a_1 + a_0$. Ihre Ziffernsumme ist $a_2 + a_1 + a_0$.
Es gilt: $n = 99a_2 + 9a_1 + a_2 + a_1 + a_0$.
- Es gelte $9|n$. Da auch $9|(99a_2)$ und $9|(9a_1)$, folgt $9|(a_2 + a_1 + a_0)$.
- Es gelte $9|(a_2 + a_1 + a_0)$. Da auch $9|(99a_2)$ und $9|(9a_1)$, folgt nach der Summenregel $9|(99a_2 + 9a_1 + a_2 + a_1 + a_0)$, also $9|n$.

3.103 a) Sei n eine zweistellige Zahl, also $n = 10a_1 + a_0$. Ihre Ziffernsumme ist $a_1 + a_0$.
Es gilt: $n = 9a_1 + a_1 + a_0$.
- Es gelte $3|n$. Da auch $3|(9a_1)$, folgt $3|(a_1 + a_0)$.
- Es gelte $3|(a_1 + a_0)$. Da auch $3|(9a_1)$, folgt nach der Summenregel $3|(9a_1 + a_1 + a_0)$, also $3|n$.

b) Sei n eine dreistellige Zahl, also $n = 100a_2 + 10a_1 + a_0$. Ihre Ziffernsumme ist $a_2 + a_1 + a_0$.
Es gilt: $n = 99a_2 + 9a_1 + a_2 + a_1 + a_0$.
- Es gelte $3|n$. Da auch $3|(99a_2)$ und $3|(9a_1)$, folgt $3|(a_2 + a_1 + a_0)$.
- Es gelte $3|(a_2 + a_1 + a_0)$. Da auch $3|(99a_2)$ und $3|(9a_1)$, folgt nach der Summenregel (für drei Summanden) $3|(99a_2 + 9a_1 + a_2 + a_1 + a_0)$, also $3|n$.

3.104 Sei n eine m-stellige Zahl mit den Ziffern $a_{m-1}, \ldots, a_1, a_0$. Es gilt:
$n = 10^{m-1}a_{m-1} + 10^{m-2}a_{m-2} + \ldots + 10a_1 + a_0 =$
$= (10^{m-1} - 1)\,a_{m-1} + (10^{m-2} - 1)\,a_{m-2} + \ldots + (10 - 1)\,a_1 + (a_{m-1} + \ldots + a_1 + a_0)$
- Es gelte $3|n$. Da jeder Term der Form $(10^k - 1)$ mit $k \in \mathbb{N}^*$ durch 3 teilbar ist, folgt $3|(a_{m-1} + \ldots + a_1 + a_0)$.
- Es gelte $3|(a_{m-1} + \ldots + a_1 + a_0)$. Da 3 auch jeden Term der Form $(10^k - 1)$ mit $k \in \mathbb{N}^*$ teilt, folgt nach der Summenregel (für m Summanden)
$3|(10^{m-1} - 1)\,a_{m-1} + (10^{m-2} - 1)\,a_{m-2} + \ldots + (10 - 1)\,a_1 + (a_{m-1} + \ldots + a_1 + a_0)$, also $3|n$.

3.105 **a)** Eine Zahl $n \in \mathbb{N}^*$ ist genau dann durch 2 teilbar, wenn ihre Einerziffer 0, 2, 4, 6 oder 8 ist.
Beweis: Eine Zahl $n \in \mathbb{N}^*$ ist genau dann durch 2 teilbar, wenn es ein $x \in \mathbb{N}^*$ gibt, sodass $n = 2 \cdot x$ ist, also wenn n gerade ist. Dies ist genau dann der Fall, wenn die Einerziffer von n gleich 0, 2, 4, 6 oder 8 ist.
b) Eine Zahl $n \in \mathbb{N}^*$ ist genau dann durch 10 teilbar, wenn ihre Einerziffer 0 ist.
Beweis: Eine Zahl $n \in \mathbb{N}^*$ ist genau dann durch 10 teilbar, wenn es ein $x \in \mathbb{N}^*$ gibt, sodass $n = 10 \cdot x$ ist, also wenn n ein Vielfaches von 10 ist. Dies ist genau dann der Fall, wenn die Einerziffer von n gleich 0 ist.
c) Eine Zahl $n \in \mathbb{N}^*$ ist genau dann durch 5 teilbar, wenn ihre Einerziffer 0 oder 5 ist.
Beweis: Eine Zahl $n \in \mathbb{N}^*$ ist genau dann durch 5 teilbar, wenn es ein $x \in \mathbb{N}^*$ gibt, sodass $n = 5 \cdot x$ ist, also wenn n ein Vielfaches von 5 ist. Dies ist genau dann der Fall, wenn die Einerziffer von n gleich 0 oder 5 ist.

3.106 **a)** Es ist $a = a \cdot 1$, also $a|a$. **b)** Es ist $a = 1 \cdot a$, also $1|a$.

3.107 Aus $a|b \wedge b|a$ folgt, dass es ein $x \in \mathbb{N}^*$ mit $b = a \cdot x$ und ein $y \in \mathbb{N}^*$ mit $a = b \cdot y$ gibt.
Daraus folgt $a = a \cdot x \cdot y$. Dies ist nur möglich, wenn $x = y = 1$ ist. Somit ist $a = b$.

3.108 Aus $a|b$ und $a|c$ folgt, dass es ein $x \in \mathbb{N}^*$ mit $b = a \cdot x$ und ein $y \in \mathbb{N}^*$ mit $c = a \cdot y$ gibt.
Daraus folgt $b \cdot c = a^2 \cdot x \cdot y$. Setzen wir $x \cdot y = z$, dann ist $b \cdot c = a^2 \cdot z$ mit $z \in \mathbb{N}^*$. Also $a^2|(b \cdot c)$.
Die Umkehrung gilt nicht. Gegenbeispiel: $6^2|8 \cdot 9$, aber $6\nmid 8$ und $6 \nmid 9$.

3.109 Aus $a|b$ folgt, dass es ein $x \in \mathbb{N}^*$ mit $b = a \cdot x$ gibt. Daraus folgt $bc = ac \cdot x$. Also $(ac)|(bc)$.
Die Umkehrung gilt. Denn aus $(ac)|(bc)$ folgt, dass es ein $x \in \mathbb{N}^*$ mit $bc = ac \cdot x$ gibt.
Daraus folgt $b = a \cdot x$, also $a|b$.

3.110 **1)** Ist a ein Teiler von b und ist a auch ein Teiler von c, dann ist a auch ein Teiler von b + c.
2) Gegenbeispiel: $4|(6 + 10)$, aber $4 \nmid 6$ und $4 \nmid 10$.
3) b + c muss ein Vielfaches von a sein, aber b und c dürfen keine Vielfache von a sein.
4) Wir führen einen indirekten Beweis. Es gelte $a|b \wedge a \nmid c$. Wäre $a|(b + c)$, dann gäbe es ein $x \in \mathbb{N}^*$ mit $b + c = x \cdot a$. Daraus folgt $c = x \cdot a - b$. Wegen $a|(x \cdot a)$ und $a|b$ folgt nach der Differenzregel $a|c$, im Widerspruch zur Voraussetzung $a \nmid c$.

3.111 Ja. Aus $a|b \wedge a|c$ folgt, dass es ein $x \in \mathbb{N}^*$ mit $b = a \cdot x$ und ein $y \in \mathbb{N}^*$ mit $c = a \cdot y$ gibt.
Daraus folgt $b \cdot c = a \cdot a \cdot x \cdot y$. Setzen wir $a \cdot x \cdot y = z$, gilt $b \cdot c = a \cdot z$ mit $z \in \mathbb{N}^*$. Also $a|(b \cdot c)$.

3.112 $n = a_m \cdot 10^m + \ldots + a_2 \cdot 10^2 + a_1 \cdot 10^1 + a_0$
Die aus Einer- und Zehnerziffer bestehende Zahl ist $a_1 \cdot 10^1 + a_0$.
a)
- Es gelte $4|n$. Da $4|10^k$ für $k = 2, 3, \ldots, m$, folgt $4|(a_1 \cdot 10^1 + a_0)$
- Es gelte $4|(a_1 \cdot 10^1 + a_0)$. Da $4|10^k$ für $k = 2, 3, \ldots, m$, folgt nach der Summenregel (für m + 1 Summanden) $4|n$.

b)
- Es gelte $25|n$. Da $25|10^k$ für $k = 2, 3, \ldots, m$, folgt $25|(a_1 \cdot 10^1 + a_0)$
- Es gelte $25|(a_1 \cdot 10^1 + a_0)$. Da $25|10^k$ für $k = 2, 3, \ldots, m$, folgt nach der Summenregel (für m + 1 Summanden) $25|n$.

3.113 **1)** Multipliziere die Klammerausdrücke auf der rechten Seite aus!
2) $10^n - (-1)^n = [10 - (-1)] \cdot (10^{n-1} + \ldots)$, dabei ist $[10 - (-1)]$ durch 11 teilbar.
3) $m = a_n \cdot 10^n + \ldots + a_1 \cdot 10^1 + a_0 \cdot 10^0 = a_n \cdot [10^n - (-1)^n] + a_{n-1} \cdot [10^{n-1} - (-1)^{n-1}] + \ldots$
$+ a_1 \cdot [10^1 - (-1)^1] + a_0 + a_n \cdot (-1)^n + a_{n-1} \cdot (-1)^{n-1} + \ldots + a_1 \cdot (-1)$
Dabei ist $a_n \cdot (-1)^n + a_{n-1} \cdot (-1)^{n-1} + \ldots + a_1 \cdot (-1)$ dem Betrag nach gleich der Wechselsumme.
- Es gelte $11|m$. Da $10^k - (-1)^k$ für $k = 1, 2, \ldots, n$ durch 11 teilbar ist, folgt $11|(a_n - a_{n-1} + a_{n-2} - a_{n-3} + \ldots)$ und somit $11||a_n - a_{n-1} + a_{n-2} - a_{n-3} + \ldots|$.
- Es gelte $11||a_n - a_{n-1} + a_{n-2} - a_{n-3} + \ldots|$. Dann gilt $11|(a_n - a_{n-1} + a_{n-2} - a_{n-3} + \ldots)$. Da $10^k - (-1)^k$ für $k = 1, 2, \ldots, n$ durch 11 teilbar ist, folgt nach der Summenregel $11|m$.

3.114 Da jede zweite Zahl aus $\mathbb{N}^*$ durch 2 und jede dritte Zahl aus $\mathbb{N}^*$ durch 3 teilbar ist, enthält das Produkt dreier aufeinanderfolgenden Zahlen aus $\mathbb{N}^*$ mindestens eine durch 2 teilbare Zahl und eine durch 3 teilbare Zahl. Somit ist das Produkt durch 6 teilbar.

3.115 $u^3 - u = u(u^2 - 1) = (u - 1) \cdot u \cdot (u + 1)$. Die Zahlen $u - 1$ und $u + 1$ sind gerade. Eine der Zahlen $u - 1$ und $u + 1$ ist durch 2, die andere sogar durch 4 teilbar. Also ist $(u - 1) \cdot u \cdot (u + 1)$ durch 8 teilbar. Da eine der Zahlen $u - 1$, u und $u + 1$ auch durch 3 teilbar ist, ist $(u - 1) \cdot u \cdot (u + 1)$ sogar durch $3 \cdot 8 = 24$ teilbar.

3.116 Zeige durch Ausmultiplizieren der Klammern:
$17^n - 4^n = (17 - 4) \cdot (17^{n-1} + \ldots + 4^{n-1}) = 13 \cdot (17^{n-1} + \ldots + 4^{n-1})$
Daraus folgt $13|(17^n - 4^n)$.

3.117 Sei $a = 2k + 1$ und $b = 2m + 1$ (mit $k \in \mathbb{N}^*$, $m \in \mathbb{N}$). Daraus folgt:
$a^2 - b^2 = (2k + 1)^2 + (2m + 1)^2 = 4k^2 + 4k + 1 - (4m^2 + 4m + 1) = 4k^2 + 4k - 4m^2 - 4m =$
$= 4 \cdot (k^2 - m^2 + k - m) = 4 \cdot [(k - m)(k + m) + (k - m)] = 4 \cdot (k - m) \cdot (k + m + 1)$
Da eine der Zahlen $k - m$ und $k + m + 1$ durch 2 teilbar ist, ist $a^2 - b^2$ durch 4 und 2 teilbar, also durch 8 teilbar.

3.118 2, 3, 5, 7, 11, 13, 17, 19, 23, 29, 31, 37, 41, 43, 47, 53, 59, 61, 67, 71, 73, 79, 83, 89, 97

3.119 a) $266 = 2 \cdot 7 \cdot 19$ c) $462 = 2 \cdot 3 \cdot 7 \cdot 11$ e) $6900 = 2^2 \cdot 3 \cdot 5^2 \cdot 23$
b) $1155 = 3 \cdot 5 \cdot 7 \cdot 11$ d) $728 = 2^3 \cdot 7 \cdot 13$ f) $39424 = 2^9 \cdot 7 \cdot 11$

3.120
- Ist $p > 1$ eine Primzahl, dann lässt sich p nicht als Produkt kleinerer natürlicher Zahlen schreiben. Somit besitzt p nur die Teiler 1 und p, also genau zwei natürliche Teiler.
- Besitzt umgekehrt $p > 1$ genau zwei natürliche Teiler, dann müssen diese Teiler 1 und p sein. Dann lässt sich p nicht als Produkt kleinerer natürlicher Zahlen schreiben, ist also eine Primzahl.

3.121 a kann keine anderen Primfaktoren enthalten als n, denn würde a einen solchen Primfaktor enthalten, dann müsste dieser auch ein Teiler von n sein, was wegen der Eindeutigkeit der Primfaktorenzerlegung von n nicht möglich ist. Da jeder Primfaktor von a in a nicht in höherer Potenz enthalten sein kann wie in n, folgt $a = p_1^{t_1} \cdot p_2^{t_2} \cdot \ldots \cdot p_k^{t_k}$ mit $0 \leq t_i \leq e_i$ für $i = 1, 2, \ldots, k$.

3.122 a) Wegen $n = 2 \cdot 3 \cdot 4 \cdot 5 \cdot 6 \cdot \ldots \cdot 100$ ist die Zahl $n + 2$ durch 2, die Zahl $n + 3$ durch 3, …, die Zahl $n + 100$ durch 100 teilbar.
b) Wegen $n = 2 \cdot 3 \cdot 4 \cdot 5 \cdot 6 \cdot \ldots \cdot k$ ist die Zahl $n + 2$ durch 2, die Zahl $n + 3$ durch 3, …, die Zahl $n + k$ durch k teilbar. Somit sind alle diese Zahlen keine Primzahlen.
c) Ja. Ist $n = 2 \cdot 3 \cdot 4 \cdot 5 \cdot 6 \cdot \ldots \cdot 1000$, dann gilt: Die Zahl $n + 2$ ist durch 2, die Zahl $n + 3$ durch 3, …, die Zahl $n + 1000$ durch 1000 teilbar. Somit sind alle diese Zahlen keine Primzahlen.

3.123 1) Aus $p|a^2$ folgt, dass p ein Primfaktor von a ist. Somit gilt $p|a$.
2) Nein. Gegenbeispiel: $4|6^2$, aber 4 teilt nicht 6.

3.124 Die Menge $\mathbb{N}$ der natürlichen Zahlen besteht aus den Zahlen: 0, 1, 2, 3, 4, …
Die Menge $\mathbb{Z}$ der ganzen Zahlen besteht aus den Zahlen: … −4, −3, −2, −1, 0, 1, 2, 3, 4, …
Die Menge $\mathbb{R}$ der reellen Zahlen besteht aus jenen Zahlen, die den Punkten auf einer Zahlengeraden entsprechen bzw. eine (endliche oder unendliche) Dezimaldarstellung besitzen.
Die Menge $\mathbb{Q}$ der rationalen Zahlen besteht aus jenen reellen Zahlen, die sich in Bruchform darstellen lassen (dh. in der Form $\frac{z}{n}$ mit $z \in \mathbb{Z}$ und $n \in \mathbb{N}^*$).
Die Menge $\mathbb{R} \setminus \mathbb{Q}$ der irrationalen Zahlen besteht aus jenen reellen Zahlen, die sich nicht in Bruchform darstellen lassen.
Es gilt $\mathbb{N} \subset \mathbb{Z} \subset \mathbb{Q} \subset \mathbb{R}$.

3.125 Siehe Seite 44!

3.126 a) $|x - y| = |y - x|$ b) $y - x$ bzw. $x - y$

3.127 Die rationalen Zahlen lassen sich in Bruchdarstellung angeben, die irrationalen Zahlen nicht.

3.128 Alle reellen Zahlen besitzen eine Dezimaldarstellung. Die Dezimaldarstellung einer rationalen Zahl ist endlich oder periodisch, die einer irrationalen Zahl ist unendlich, aber nicht periodisch.

3.129 $10^n = \underbrace{10 \cdot 10 \cdot 10 \cdot \ldots \cdot 10}_{\text{n Faktoren}}$; $10^{-n} = \frac{1}{10^n}$; $10^0 = 1$

3.130 Siehe Seite 53!

3.131 Siehe Seite 49! $a = 23{,}9 \pm 0{,}1$ bedeutet: $23{,}8 \leq a \leq 24{,}0$

3.132 $|a| = \begin{cases} a, \text{ falls } a \geq 0 \\ -a, \text{ falls } a < 0 \end{cases}$

3.133 $\mathbb{R}^2 = \{(x \mid y) \mid x \in \mathbb{R} \wedge y \in \mathbb{R}\}$ $\mathbb{R}^2$ ist die Menge aller Paare reeller Zahlen.

3.135

	$\mathbb{N}$	$\mathbb{Z}$	$\mathbb{Q}$	$\mathbb{R}$
$1,\dot{3} \in$			x	x
$4 \in$	x	x	x	x
$\sqrt[3]{27} \in$	x	x	x	x
$-0{,}5 \in$			x	x
$2 \cdot 10^{-3} \in$			x	x
$\sqrt{5} \in$				x
$2{,}565656\ldots \in$			x	x
$6\pi \in$				x

3.136 **a)** Jede natürliche Zahl ist auch eine ganze Zahl.
Denn jede natürliche Zahl n lässt sich in der Form $\frac{n}{1} = \frac{2n}{2} = \frac{3n}{3} = \ldots$ anschreiben.
b) Jede ganze Zahl ist auch eine rationale Zahl.
Denn jede ganze Zahl z lässt sich in der Form $\frac{z}{1} = \frac{2z}{2} = \frac{3z}{3} = \ldots$ anschreiben.
c) Jede rationale Zahl ist auch eine reelle Zahl.
Denn jede rationale Zahl entspricht einem Punkt auf einer Zahlengeraden.

3.137 **a)** $\frac{19}{5}$ **b)** $\frac{4501}{500}$ **c)** $\frac{2}{5}$ **d)** $\frac{264}{125}$ **e)** $\frac{1}{10000}$

3.138 **a)** zB: $\mathbb{N}^* \cup \mathbb{Z} = \mathbb{Z}$, nicht eindeutig bestimmt
b) $\mathbb{Z} \setminus \mathbb{Z}^- = \mathbb{N} = \mathbb{Z}_0^+$
c) $\mathbb{Q} \cap \mathbb{Z} = \mathbb{Z}$
d) zB: $\mathbb{Z}^- \cap \mathbb{Z}^+ = \emptyset$, nicht eindeutig bestimmt
e) $\mathbb{N}^* \cup \{0\} = \mathbb{N}$
f) $\mathbb{R} \cap \mathbb{Q}^- = \mathbb{Q}^-$

3.139 **1)** $x > 0,\ y > 0$ **2)** $x < 0,\ y > 0$ **3)** $x < 0,\ y < 0$ **4)** $x > 0,\ y < 0$ **5)** $x > 0,\ y = 0$ **6)** $x < 0,\ y = 0$ **7)** $x = 0,\ y > 0$ **8)** $x = 0,\ y < 0$

3.140 $a_3 \cdot 10^3 + a_2 \cdot 10^2 + a_1 \cdot 10^1 + a_0 \cdot 10^0 + b_1 \cdot 10^{-1} + b_2 \cdot 10^{-2} + b_3 \cdot 10^{-3} + b_4 \cdot 10^{-4}$ mit $a_3 \neq 0$

3.141 **a)** $7{,}3 \cdot 10^{-8}$; $7{,}03 \cdot 10^{-6}$; $7{,}03 \cdot 10^{-8}$; $7 \cdot 10^{-8}$; $7{,}3 \cdot 10^{-6}$
b) $0{,}73 \cdot 10^{-7}$; $0{,}703 \cdot 10^{-5}$; $0{,}703 \cdot 10^{-7}$; $0{,}7 \cdot 10^{-7}$; $0{,}73 \cdot 10^{-5}$
c) 0,000 000 073; 0,000 007 03; 0,000 000 070 3; 0,000 000 07; 0,000 007 3
d) $0{,}00000007 < 7{,}03 \cdot 10^{-8} < 0{,}73 \cdot 10^{-7} < 7{,}03 \cdot 10^{-6} < \frac{73}{10000000}$

3.142 **a)** zB: $a = 2,\ b = 3$ **b)** zB: $a = 2,\ b = -3$ **c)** zB: $a = 2,\ b = -3$ **d)** zB: $a = -2,\ b = -3$

3.143 $A =]-\infty; 3[\cup]3; \infty[$

3.144 a)

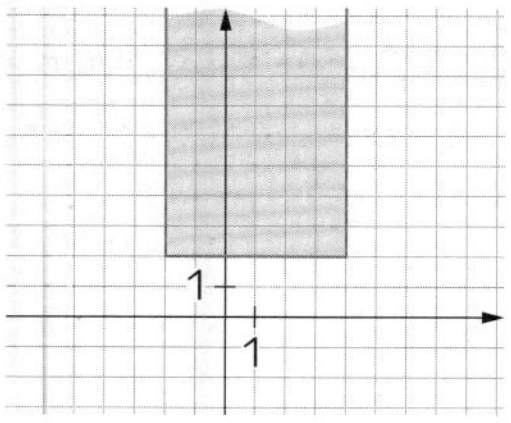

b)

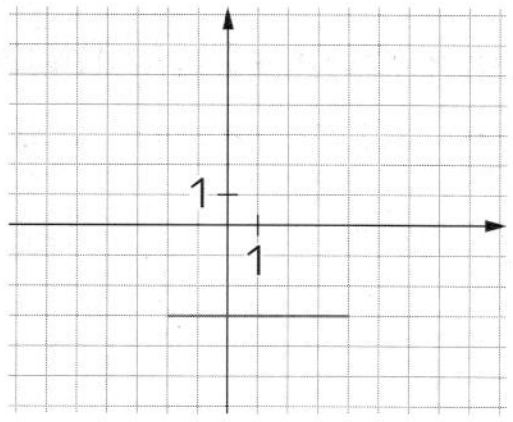

c)

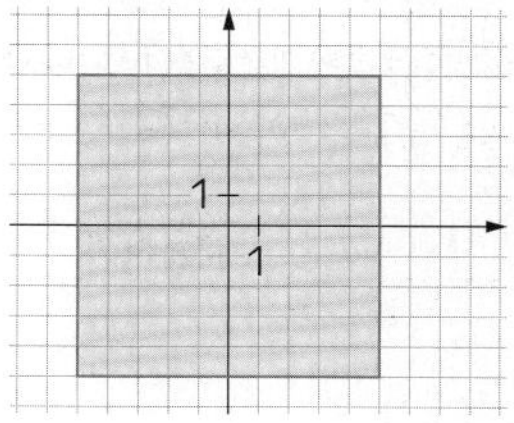

d)

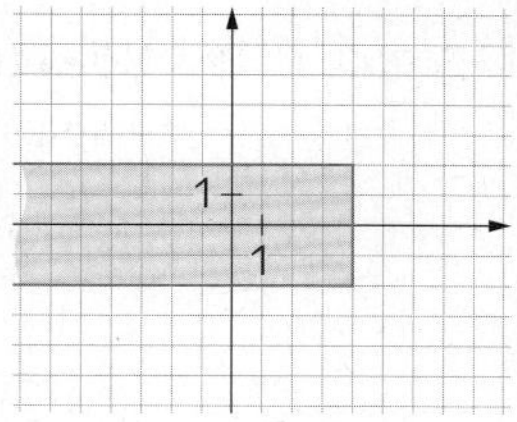

3.145 a)

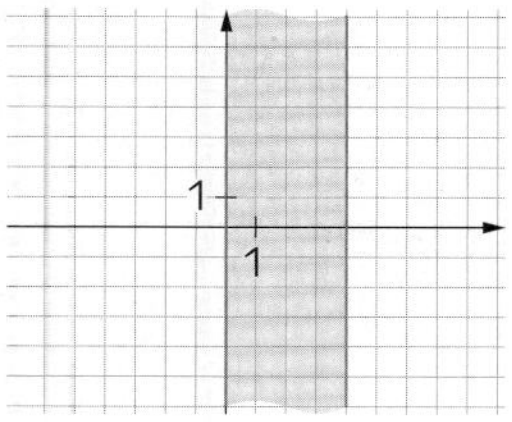

b)

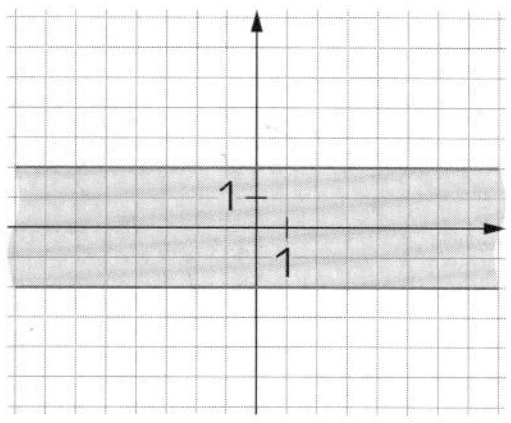

c)

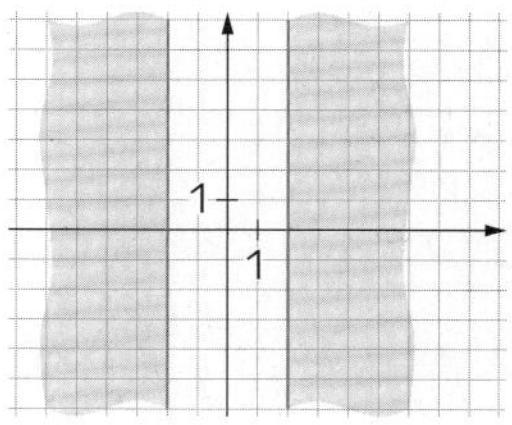

d)

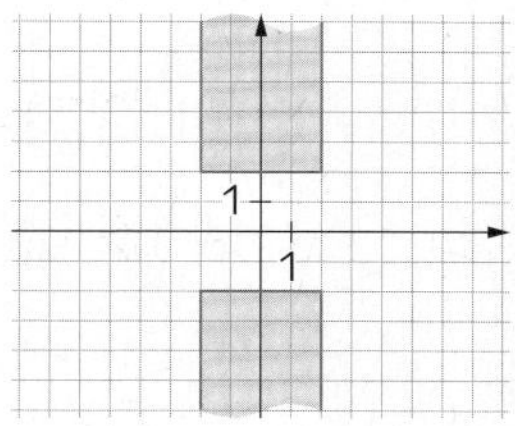

3.146 a) $0{,}2 < x - 2y < 0{,}6$ b) $5{,}5 < \frac{x \cdot y}{x + y} < 5{,}8$ c) $148{,}3 < x^2 - xy < 154{,}4$

Beachte, dass untere Schranken immer abgerundet und obere Schranken immer aufgerundet werden!

3.147 zwischen 376 und 425 Minuten

3.148
- Summe der echten Teiler von 220 = 1 + 2 + 4 + 5 + 10 + 11 + 20 + 22 + 44 + 55 + 110 = 284
  Summe der echten Teiler von 284 = 1 + 2 + 4 + 71 + 142 = 220
- Summe der echten Teiler von 28 = 1 + 2 + 4 + 7 + 14 = 28

4 Quadratische Gleichungen

4.01 a) $x=\pm 12$ b) $x=\pm\frac{4\sqrt{3}}{3}$ c) $x=\pm\frac{11}{2}$ d) $x=\pm 6$ e) $x=\pm 2{,}7$ f) $x=\pm 8$

4.02 a) $x=\pm\frac{7}{2}$ b) $\pm\sqrt{14}$ c) $x=\pm 1$ d) $x=\pm 4$ e) $x=\pm 32$ f) $x=\pm\sqrt{2}$

4.03 a) $x=\pm 1$ b) $x=\pm 2$

4.04 a) $x=\pm\sqrt{\frac{c}{a}}$ b) $x=\pm\sqrt{a}$ c) $x=\pm\sqrt{\frac{a}{c}}$ d) $x=\pm\sqrt{ac}$

4.05 a) $x=0 \vee x=3$ b) $x=0 \vee x=-\frac{7}{8}$ c) $x=0 \vee x=\frac{2}{3}$ d) $x=0 \vee x=-7$

4.06 a) $x=0 \vee x=5$ c) $x=0 \vee x=15$ e) $x=0 \vee x=\frac{3}{2}$ g) $x=0 \vee x=-\frac{1}{21}$

b) $x=0 \vee x=-10$ d) $x=0 \vee x=16$ f) $x=0 \vee x=\frac{13}{17}$ h) $x=0 \vee x=\frac{147}{50}$

4.07 a) $x=0 \vee x=-5$ b) $x=0 \vee x=\frac{7}{3}$ c) $x=0 \vee x=\frac{7}{2}$ d) $x=0 \vee x=4$

4.08 a) $x=10 \vee x=-4$ b) $x=1 \vee x=-\frac{1}{4}$ c) $x=1{,}6$ d) $x=7 \vee x=3$

4.12 a) $x=1 \vee x=-2$ e) keine Lösung i) $x=9 \vee x=-2$

b) $x=-5 \vee x=-6$ f) $x=8 \vee x=3$ j) $x=8 \vee x=-3$

c) $x=11$ g) $x=4$ k) $x=-3$

d) $x=-15$ h) $x=3 \vee x=4$ l) keine Lösung

4.13 a) $x=\frac{1}{2} \vee x=-\frac{3}{2}$ c) $x=\frac{1}{3} \vee x=-\frac{2}{3}$ e) $x=-\frac{7}{2}$ g) $x=\frac{5}{2}$

b) keine Lösung d) keine Lösung f) keine Lösung h) $x=11 \vee x=-\frac{7}{2}$

4.14 a) $x=0$ b) $x=0 \vee x=-2$ c) $x=\pm 2$ d) $x=6$

4.15 a) $x=-3 \vee x=-4$ c) $x=-6 \vee x=-10$ e) $x=15 \vee x=5$

b) $x=5 \vee x=1$ d) $x=3 \vee x=-25$ f) $x=-0{,}5 \vee x=-3{,}5$

4.17 a) $x=\frac{1}{3} \vee x=-1$ f) keine Lösung k) keine Lösung

b) keine Lösung g) keine Lösung l) $x=11 \vee x=-3{,}5$

c) $x=3 \vee x=-\frac{11}{5}$ h) $x=4 \vee x=-\frac{3}{2}$ m) $x=12 \vee x=-1{,}3$

d) $x=1$ i) $x=-2{,}1 \vee x=3{,}7$ n) $x=2 \vee x=\frac{2}{5}$

e) $x=\frac{8}{3} \vee x=-1$ j) $x=2 \vee x=-1$ o) keine Lösung

4.18 a) $x=-\frac{1}{3} \vee x=-4$ d) $x=\frac{1}{2}$ g) $x=-\frac{3}{5} \vee x=4$

b) keine Lösung e) $x=-\frac{1}{13} \vee x=1$ h) $x=-1$

c) $x=\frac{3}{4} \vee x=-\frac{10}{3}$ f) $x=-\frac{19}{3} \vee x=2$ i) keine Lösung

4.19 a) $x=-\frac{\sqrt{5}}{10}+\frac{1}{2} \vee x=-\frac{\sqrt{5}}{10}-\frac{1}{2}$ b) $x=\frac{\sqrt{3}-1}{2} \vee x=\frac{\sqrt{3}+1}{2}$ c) $x=2+\sqrt{3} \vee x=2-\sqrt{3}$

4.20 a) $x=-4 \vee x=3$ e) $x=6 \vee x=8$ i) $x=-\frac{3}{2} \vee x=4$

b) $x=-15$ f) keine Lösung j) $x=-26 \vee x=2$

c) $x=-11 \vee x=2$ g) $x=\sqrt{3} \vee x=-\frac{\sqrt{3}}{3}$ k) $x=-1 \vee x=25$

d) $x=\frac{1}{2}(\sqrt{3}+3) \vee x=\frac{1}{2}(\sqrt{3}-3)$ h) $x=-1 \vee x=7$ l) $x=-\frac{73}{9} \vee x=5$

4.21 a) $x=\frac{15}{2} \vee x=3$ d) $x=0 \vee x=5$ g) keine Lösung

b) keine Lösung e) keine Lösung h) $x=-\frac{9}{8} \vee x=\frac{1}{2}$

c) $x=-2$ f) $x=0 \vee x=1$ i) $x=-2 \vee x=1$

4.22 a) $x=-\frac{13}{5} \vee x=13$ b) $x=-32 \vee x=-4$

4.24 a) 13 und 14 b) 30 und 32 c) 31 und 33

4.25 Seitenlänge $= \frac{2r}{5} \cdot \sqrt{5}$

4.26 **a)** $\frac{3}{5}a$ und $\frac{4}{5}a$ **b)** $\frac{5}{13}a$ und $\frac{12}{13}a$ **c)** $\frac{8}{17}a$ und $\frac{15}{17}a$ **d)** $\frac{u}{\sqrt{u^2+v^2}}a$ und $\frac{v}{\sqrt{u^2+v^2}}a$

4.27 Seitenlänge = 2

4.28 um 2 cm

4.29 10 cm und 50 cm

4.30 **1)** $x = \frac{\sqrt{5}-1}{2} \cdot y$ **2)** $\frac{y}{x} = \frac{2}{\sqrt{5}-1}$

4.31 10 m

4.32 0,5 m

4.33 **a)** Seitenlänge $= \sqrt{2} - 1 \approx 0{,}414$ **b)** Seitenlänge $= (\sqrt{2} - 1) \cdot a \approx 0{,}414 \cdot a$

4.34 **a)** Seitenlänge $= 2 - \sqrt{2} \approx 0{,}586$ **b)** Seitenlänge $= (2 - \sqrt{2}) \cdot a \approx 0{,}586 \cdot a$

4.35 **a)** Seitenlänge $= \frac{\sqrt{7}-1}{3} \approx 0{,}549$ **b)** Seitenlänge $= \frac{\sqrt{7}-1}{3} \cdot a \approx 0{,}549 \cdot a$

4.36 **a)** nach ca. 0,20 s und ca. 9,99 s
b) nach ca. 0,42 s und ca. 9,78 s
c) nach ca. 0,53 s und ca. 9,67 s
Der Körper schlägt nach ca. 10,19 s wieder auf dem Boden auf.

4.37 72,4 cm $\vee$ 27,6 cm

4.39
a) $x = -1 \vee x = 2 \quad (x \neq 1, x \neq 3)$
b) $x = -1 - \sqrt{2} \vee x = -1 + \sqrt{2} \quad (x \neq 0, x \neq \pm 1)$
c) $x = 2 \quad (x \neq 0, x \neq 1)$
d) $x = -1 - \sqrt{3} \vee -1 + \sqrt{3} \quad (x \neq \pm 2)$
e) $x = -4 \vee x = +4 \quad (x \neq -1, x \neq 2)$
f) $x = 0 \vee x = -\frac{2}{3} \quad \left(x \neq -\frac{4}{3}, x \neq -\frac{1}{2}\right)$

4.40
a) $x = -1 \vee x = 2 \quad (x \neq 0, x \neq 1)$
b) $x = 3 \vee x = 4 \quad (x \neq 1)$
c) $x = -2 \quad (x \neq -3)$
d) $x = -15 \vee x = 2 \quad (x \neq 1)$
e) $x = -4 \vee x = 3 \quad (x \neq 0, x \neq -1)$
f) $x = 8 \vee x = \frac{9}{2} \quad (x \neq 4)$
g) $x = 1 \vee x = -2 \quad (x \neq 0, x \neq -1)$
h) $x = \frac{41}{9} \vee x = 4 \quad (x \neq 5)$
i) $x = 0 \vee x = -14 \quad (x \neq \pm 1)$

4.41
a) $x = -5 \quad (x \neq -4, x \neq 2)$
b) $x = -\frac{1}{5} \vee x = 1 \quad \left(x \neq \frac{9}{2}, x \neq -\frac{3}{2}\right)$
c) $x = \frac{16}{3} \quad (x \neq 14, x \neq -6)$
d) $x = 1 \quad (x \neq \pm 2)$

4.46
a) zB: $x^2 - 5x + 6 = 0$
b) zB: $2x^2 + 7x - 4 = 0$
c) zB: $25x^2 + 30x + 9 = 0$
d) zB: $10x^2 + 22x + 4 = 0$
e) zB: $5x^2 - 14x - 24 = 0$
f) zB: $8x^2 + 10x - 3 = 0$
g) zB: $x^2 - 16x + 64 = 0$
h) zB: $x^2 - 6x + 9 = 0$
i) zB: $x^2 - 1 = 0$
j) zB: $2x^2 - 9x - 5 = 0$
k) zB: $2x^2 + 5x - 3 = 0$
l) zB: $2x^2 + 3x = 0$

4.47
a) $x = -8 \vee x = 1$
b) $x = 3$
c) $x = -4 \vee x = 1$
d) $x = -5 \vee x = 2$
e) $x = -1$
f) $x = 1$
g) $x = -8 \vee x = 2$
h) $x = -4$
i) $x = -5 \vee x = 3$
j) $x = 5 \vee x = -3$
k) $x = -5 \vee x = -3$
l) $x = 9 \vee x = -1$

4.48 **a)** Die Lösungen sind richtig. **b)** Die Lösungen sind nicht richtig. $(x = -50 \vee x = 100)$

4.49 **1)** $q = 3{,}5$ **2)** Eine weitere Gleichung ist zB: $2x^2 - 15x + 7 = 0$

4.50
a) $(x + 3)(x + 2) = 0, \quad x = -3 \vee x = -2$
b) $2(x - 2)(x - 4) = 0, \quad x = 2 \vee x = 4$
c) $(x - 2)(x - 5) = 0, \quad x = 2 \vee x = 5$
d) $\left(x + \frac{1}{2}\right)\left(x - \frac{1}{2}\right) = 0, \quad x = -\frac{1}{2} \vee x = \frac{1}{2}$
e) $3(x + 3)^2 = 0, \quad x = -3$
f) $2x(x - 25) = 0, \quad x = 0 \vee x = 25$
g) $\left(x - \frac{2}{3}\right)^2 = 0, \quad x = \frac{2}{3}$
h) $\frac{1}{2}(x - 2)^2 = 0, \quad x = 2$

4.51 a) $x_2 = 6$ b) $x_2 = -\frac{12}{5}$ c) $x_2 = -1$ d) $x_2 = \frac{22}{3}$ e) $x_2 = \frac{40}{21}$ f) $x_2 = 2$ g) $x_2 = 0$ h) $x_2 = 18$ i) $x_2 = -4$ j) $x_2 = 9$ k) $x_2 = 5$ l) $x_2 = -0{,}2$

4.52 a) $\pm1, \pm2, \pm4, \pm8, \pm16$ b) $\pm1, \pm2, \pm3, \pm4, \pm6, \pm12$

4.53 a) $q = 0$ b) $q > 0$ c) $p > 0 \wedge q > 0$ d) $p < 0 \wedge q > 0$ e) $p > 0$ f) $p = 0$

4.54 a) $x_1 > 0 \wedge x_2 > 0$ oder $x_1 < 0 \wedge x_2 < 0$ b) $x_1 > 0 \wedge x_2 < 0$ oder $x_1 < 0 \wedge x_2 > 0$ c) $x_1 \cdot x_2 = 0$ d) $x_1 = -x_2$

4.55

$x^2 + px + q = 0$	p	q	x_1	x_2
$(x-3)\cdot(x+5) = 0$	2	−15	−5	3
$x^2 + 4x - 77 = 0$	4	−77	7	−11
$\left(x-\frac{1}{2}\right)\cdot(x-4) = 0$	$-\frac{9}{2}$	2	$\frac{1}{2}$	4
$x^2 - 7x + 12 = 0$	−7	12	4	3

4.56 a) $c = -9,\ x_2 = -\frac{9}{4}$ b) $b = 1,\ x_2 = \frac{3}{2}$ c) $a = -2,\ x_2 = -3$ d) $a = 1,\ x_2 = -1$ e) $a = -1,\ x_2 = 6$ f) $b = 11,\ x_2 = -\frac{3}{8}$ g) $c = 3,\ x_2 = 1$ h) $c = 0,\ x_2 = 0$ i) $b = -6,\ x_2 = 1$

4.57 a) $b = 2,\ c = -2$ b) $b = 3,\ c = 1$ c) $a = -4,\ c = 1$ d) $a = -2,\ b = -2$ e) $a = 6,\ b = 4{,}5$ f) $a = 1,\ c = 5$ g) $b = 3{,}6,\ c = 0$ h) $a = 0{,}9,\ c = 0$ i) $a = 0{,}9,\ b = -1{,}8$

4.59 a) $x = 2a \vee x = -a$
Für $a = 1$: $x = 2 \vee x = -1$
Für $a = -1$: $x = -2 \vee x = 1$
Für $a = 6$: $x = 12 \vee x = -6$

b) $x = a^2 + 1 \vee x = -a^2$
Für $a = 1$: $x = 2 \vee x = -1$
Für $a = -1$: $x = 2 \vee x = -1$
Für $a = 6$: $x = 37 \vee x = -36$

c) $x = a \vee x = -\frac{a}{3}$
Für $a = 1$: $x = 1 \vee x = -\frac{1}{3}$
Für $a = -1$: $x = -1 \vee x = \frac{1}{3}$
Für $a = 6$: $x = 6 \vee x = -2$

d) $x = a - 1 \vee x = 1$
Für $a = 1$: $x = 0 \vee x = 1$
Für $a = -1$: $x = -2 \vee x = 1$
Für $a = 6$: $x = 5 \vee x = 1$

e) $x = 5 \vee x = \frac{1-a}{2}$
Für $a = 1$: $x = 5 \vee x = 0$
Für $a = -1$: $x = 5 \vee x = 1$
Für $a = 6$: $x = 5 \vee x = -2{,}5$

f) $x = a - 1 \vee x = \frac{a}{3}$
Für $a = 1$: $x = 0 \vee x = \frac{1}{3}$
Für $a = -1$: $x = -2 \vee x = -\frac{1}{3}$
Für $a = 6$: $x = 5 \vee x = 2$

g) $x = a^2 \vee x = \frac{a}{5}$
Für $a = 1$: $x = 1 \vee x = \frac{1}{5}$
Für $a = -1$: $x = 1 \vee x = -\frac{1}{5}$
Für $a = 6$: $x = 36 \vee x = 1{,}2$

h) $x = a \vee x = \frac{1}{a}$
Für $a = 1$: $x = 1$
Für $a = -1$: $x = -1$
Für $a = 6$: $x = 6 \vee x = \frac{1}{6}$

4.60 a) $x = \frac{b}{a} \vee x = -1$
Für $a = 1 \wedge b = 2$: $x = 2 \vee x = -1$
Für $a = 1 \wedge b = 3$: $x = 3 \vee x = -1$
Für $a = 2 \wedge b = 4$: $x = 2 \vee x = -1$

b) $x = 1 \vee x = \frac{a}{b-a}$
Für $a = 1 \wedge b = 2$: $x = 1$
Für $a = 1 \wedge b = 3$: $x = 1 \vee x = \frac{1}{2}$
Für $a = 2 \wedge b = 4$: $x = 1$

c) $x = \frac{a}{b} \vee x = \frac{b}{a}$
Für $a = 1 \wedge b = 2$: $x = \frac{1}{2} \vee x = 2$
Für $a = 1 \wedge b = 3$: $x = \frac{1}{3} \vee x = 3$
Für $a = 2 \wedge b = 4$: $x = \frac{1}{2} \vee x = 2$

d) $x = -\frac{1}{a} \vee x = -\frac{1}{b}$
Für $a = 1 \wedge b = 2$: $x = -1 \vee x = -\frac{1}{2}$
Für $a = 1 \wedge b = 3$: $x = -1 \vee x = -\frac{1}{3}$
Für $a = 2 \wedge b = 4$: $x = -\frac{1}{2} \vee x = -\frac{1}{4}$

4.61 a) $x = 2y \lor x = \frac{y}{3}$ b) $y = 3x \lor y = \frac{x}{2}$

4.62 a) $a = \frac{3b}{2} \lor a = \frac{b}{4}$ b) $b = 4a \lor b = \frac{2a}{3}$

4.63 a) $a = 0 \lor a = -x$ b) $x = 0 \lor x = -a$

4.64 a) $u = \frac{v}{2} \lor u = -\frac{v}{4}$ b) $v = -4u \lor v = 2u$

4.65 a) $(x - a) \cdot (x - b)$ b) $(x + a) \cdot (x - b)$ c) $(x + v) \cdot (x + 2u)$ d) $(x - u) \cdot (x + 3v)$ e) $\left(x - \frac{r}{2}\right) \cdot (x + s)$ f) $(x + r) \cdot \left(x + \frac{s}{4}\right)$

4.66 $a^2x^2 - 3ax + 2 = 0$

4.68 a) zwei Lösungen $\Leftrightarrow k < 1$
genau eine Lösung $\Leftrightarrow k = 1$
keine Lösung $\Leftrightarrow k > 1$

b) zwei Lösungen $\Leftrightarrow k < -2 \lor k > 2$
genau eine Lösung $\Leftrightarrow k = -2 \lor k = 2$
keine Lösung $\Leftrightarrow -2 < k < 2$

c) zwei Lösungen $\Leftrightarrow 0 < k < \frac{1}{4} \lor k < 0$
genau eine Lösung $\Leftrightarrow k = \frac{1}{4}$
keine Lösung $\Leftrightarrow k > \frac{1}{4}$

d) zwei Lösungen $\Leftrightarrow k > -\frac{1}{2}$
genau eine Lösung $\Leftrightarrow k = -\frac{1}{2}$
keine Lösung $\Leftrightarrow k < -\frac{1}{2}$

4.69 a) zwei Lösungen $\Leftrightarrow c < 0$
genau eine Lösung $\Leftrightarrow c = 0$
keine Lösung $\Leftrightarrow c > 0$

b) zwei Lösungen $\Leftrightarrow c > 0$
genau eine Lösung $\Leftrightarrow c = 0$
keine Lösung $\Leftrightarrow c < 0$

c) zwei Lösungen $\Leftrightarrow c > 0$
genau eine Lösung $\Leftrightarrow c = 0$
keine Lösung $\Leftrightarrow c < 0$

d) zwei Lösungen $\Leftrightarrow c > -\frac{25}{8}$
genau eine Lösung $\Leftrightarrow c = -\frac{25}{8}$
keine Lösung $\Leftrightarrow c < -\frac{25}{8}$

4.70 a) zwei Lösungen $\Leftrightarrow a > -\frac{1}{4} \land a \neq 0$
genau eine Lösung $\Leftrightarrow a = -\frac{1}{4}$
keine Lösung $\Leftrightarrow a < -\frac{1}{4}$

b) zwei Lösungen $\Leftrightarrow a < \frac{9}{4} \land a \neq 2$
genau eine Lösung $\Leftrightarrow a = \frac{9}{4}$
keine Lösung $\Leftrightarrow a > \frac{9}{4}$

c) zwei Lösungen $\Leftrightarrow a < \frac{3 - 3\sqrt{6}}{5} \lor a > \frac{3 + 3\sqrt{6}}{5}$
genau eine Lösung $\Leftrightarrow a = \frac{3 - 3\sqrt{6}}{5} \lor a = \frac{3 + 3\sqrt{6}}{5}$
keine Lösung $\Leftrightarrow \frac{3 - 3\sqrt{6}}{5} < a < \frac{3 + 3\sqrt{6}}{5} \land a \neq 0$

4.71 $x^2 = 3 + (ax - 3)^2$
$(a^2 - 1) \cdot x^2 - 6ax + 12 = 0$
Diese Gleichung hat genau eine Lösung, wenn $a = 1 \lor a = -1 \lor a = 2 \lor a = -2$.
Die Lösung lautet für $a = 1$: $x = 2$
für $a = -1$: $x = -2$
für $a = 2$: $x = 2$
für $a = -2$: $x = -2$

4.72 $k=2 \lor k=-2$
Für $k=2$ lautet die Lösung: $x=-2$
Für $k=-2$ lautet die Lösung: $x=2$

4.73 **1)** zB: $a=1,\ b=2,\ c=3$ **2)** zB: $a=2,\ b=4,\ c=2$ **3)** zB: $a=9,\ b=10,\ c=1$

4.74 **a)** für $a=4$ **b)** für $b=12 \lor b=-12$ **c)** für $c=\frac{9}{8}$

4.75 $D=(a-b)^2 \geqslant 0 \Rightarrow$ mindestens eine Lösung
genau eine Lösung $\Leftrightarrow a=b$

4.76 $a\cdot\left(\frac{-b+\sqrt{b^2-4ac}}{2a}\right)^2+b\cdot\frac{-b+\sqrt{b^2-4ac}}{2a}+c=a\cdot\frac{b^2-2b\sqrt{b^2-4ac}+b^2-4ac}{4a^2}+b\cdot\frac{-b+\sqrt{b^2-4ac}}{2a}+c=$
$=a\cdot\frac{2b^2-2b\sqrt{b^2-4ac}-4ac}{4a^2}+b\cdot\frac{-b+\sqrt{b^2-4ac}}{2a}+c=\frac{b^2-b\sqrt{b^2-4ac}-2ac-b^2+b\sqrt{b^2-4ac}+2ac}{2a}=0$
Analog für x_2.

4.77 $a=24;\ b=-25;$ erste Gleichung: $x=\frac{3}{4}$, zweite Gleichung: $x=\frac{3}{4} \lor x=\frac{4}{3}$

4.79 **a)** zwei reelle Lösungen $\Leftrightarrow -\frac{c}{a}>0$, nämlich $x=\sqrt{-\frac{c}{a}} \lor x=-\sqrt{-\frac{c}{a}}$
genau eine reelle Lösung $\Leftrightarrow c=0$, nämlich $x=0$
keine reelle Lösung $\Leftrightarrow -\frac{c}{a}<0$
b) Die Gleichung hat stets mindestens eine Lösung
zwei reelle Lösungen $\Leftrightarrow b\neq 0$, nämlich $x=0 \lor x=-\frac{b}{a}$
genau eine reelle Lösung $\Leftrightarrow b=0$, nämlich $x=0$

4.80 **a)** $a=1$. Lösung: $x=-b$ **b)** $a=2,\ b=-3$

4.81 **a)** $b=-2$. Lösung: $x=-a$ **b)** $a=0,\ b=-1$

4.82 **a)** $b=-3$. Lösung: $x=-a$ **b)** $a=-2,\ b=-2$

4.83 ja

4.84 für $a\geqslant\sqrt{2}$

4.85 $a=4,\ b=5$
Lösung der ersten Gleichung: $x=-\frac{9}{2}$,
Lösungen der zweiten Gleichung: $x=-\frac{9}{2} \lor x=2$

4.86 **a)**
- Für $a=0 \land b=0$ lautet die gegebene Gleichung: $1=0$. Keine Lösung.
- Für $a=0 \land b\neq 0$ lautet die gegebene Gleichung: $bx+1=0$. Genau eine Lösung: $x=-\frac{1}{b}$.
- Für $a\neq 0 \land b=0$ lautet die gegebene Gleichung: $ax^2+1=0$.

  – zwei Lösungen, falls $a<0$, nämlich $x=\pm\sqrt{-\frac{1}{a}}$

  – keine Lösung, falls $a>0$
- Für $a\neq 0 \land b\neq 0$ lautet die gegebene Gleichung: $ax^2+bx+1=0$.

  – zwei Lösungen, falls $b^2>4a$, nämlich $x=\frac{-b\pm\sqrt{b^2-4a}}{2a}$

  – eine Lösung, falls $b^2=4a$, nämlich $x=-\frac{b}{2a}$

  – keine Lösung, falls $b^2<4a$

b) $\frac{x}{2x-k}=\frac{k}{x-2} \quad \left(x\neq\frac{k}{2},\ x\neq 2\right)$
$x^2-2(1+k)x+k^2=0$
$x=1+k\pm\sqrt{1+2k}$
Wir müssen allerdings jene Werte von k ausschließen, für die $x=\frac{k}{2}$ oder $x=2$ ist.

Zeige selbst:
$1+k \pm \sqrt{1+2k} = \frac{k}{2} \Leftrightarrow k=0 \lor k=4$ und $1+k \pm \sqrt{1+2k} = 2 \Leftrightarrow k=0 \lor k=4$
Die Lösungen $x = 1+k \pm \sqrt{1+2k}$ gelten also nur für $k \neq 0$ und $k \neq 4$. Die Fälle $k=0$ bzw. $k=4$ müssen wir gesondert betrachten.

Insgesamt liegen drei Fälle vor:

- $k \neq 0$ und $k \neq 4$: In diesem Fall gilt $x = 1+k \pm \sqrt{1+2k}$. Damit erhält man
  – zwei Lösungen, falls $k > -\frac{1}{2}$, nämlich $x = 1+k \pm \sqrt{1+2k}$
  – eine Lösung, falls $k = -\frac{1}{2}$, nämlich $x = \frac{1}{2}$
  – keine Lösung, falls $k < -\frac{1}{2}$
- $k=0$: In diesem Fall lautet die gegebene Gleichung: $\frac{x}{2x} = 0$. Diese Gleichung hat keine Lösung. Denn wegen des Nenners muss $x \neq 0$ sein. Dann ist aber die linke Seite der Gleichung von 0 verschieden.
- $k=4$: In diesem Fall kann die gegebene Gleichung umgeformt werden zu $x^2 - 10x + 16 = 0$. Es ergibt sich $x=2 \lor x=8$. Wegen $x \neq 2$ gibt es aber nur eine Lösung, nämlich $x = 8$.

4.87 **a)**
- Für $a=0$ lautet die gegebene Gleichung $1=0$. Diese Gleichung hat keine Lösung.
- Für $a \neq 0$ gibt es zwei Lösungen, nämlich $x=0 \lor x = -\frac{a^2+4}{2a}$.

b)
- Für $a=0 \land b=0$ lautet die gegebene Gleichung: $x^2=0$.
  Diese Gleichung hat eine Lösung, nämlich $x=0$.
- Für $a=0 \land b \neq 0$ lautet die gegebene Gleichung: $x^2 = bx^2 - b$ bzw. $(1-b) \cdot x^2 = -b$.
  Diese Gleichung hat
  – zwei Lösungen, falls $b<0 \lor b>1$, nämlich $x = \pm\sqrt{\frac{b}{b-1}}$
  – keine Lösung, falls $0 < b \leq 1$
- Für $a \neq 0 \land b=0$ lautet die gegebene Gleichung: $x^2 + ax = 0$.
  Diese Gleichung hat zwei Lösungen, nämlich $x=0 \lor x=-a$.
- Für $a \neq 0 \land b \neq 0$ kann die gegebene Gleichung umgeformt werden zu $(1-b)x^2 + ax + b = 0$.
  Diese Gleichung hat
  – eine Lösung, falls $b=1$, nämlich $x = -\frac{1}{a}$
  – zwei Lösungen, falls $b \neq 1$, nämlich $x = \frac{-a \pm \sqrt{a^2-4b(1-b)}}{2(1-b)}$

4.88 Eine quadratische Gleichung ist eine Gleichung, die auf die Form $ax^2+bx+c=0$ (mit $a, b, c \in \mathbb{R}$ und $a \neq 0$) zurückgeführt werden kann. Ist $a=1$, so heißt die Gleichung eine normierte quadratische Gleichung.

4.89 „Kleine Lösungsformel": siehe Seite 69! „Große Lösungsformel": siehe Seite 70!
Die „kleine Lösungsformel" darf nur auf normierte quadratische Gleichungen angewandt werden, dh. auf quadratische Gleichungen, bei denen der Koeffizient von x^2 gleich 1 ist.

4.90 Siehe Seite 66 und 67!

4.91 Diskriminante

4.92 Siehe die Sätze auf Seite 69 und 70!

4.93 Siehe Seite 74! Eine quadratische Gleichung mit den Lösungen x_1 und x_2 ist etwa $(x-x_1)(x-x_2)=0$.

4.95 **a)** $4x^2-5=0,\ a=4,\ b=0,\ c=-5$
b) $x^2-x=0,\ a=1,\ b=-1,\ c=0$
c) $x^2-4x-16=0,\ a=1,\ b=-4,\ c=-16$
d) $2x^2-21x-6=0,\ a=2,\ b=-21,\ c=-6$

4.96 a) $z = 0{,}05$ b) $x = 0 \lor x = 2$ c) $x = -\frac{11}{12} \lor x = \frac{11}{12}$ d) $x = 0 \lor x = 2$ e) $x = \frac{3}{14}$

4.97 a) $(x-2)^2$ b) $(x-1)(x+3)$ c) $(x-1)\left(x-\frac{1}{2}\right)$ d) $(x-3)(x+3)$

4.98 a) 1 und −1
b) Es gibt zwei solche Zahlen, nämlich $\frac{1+\sqrt{5}}{2}$ und $\frac{1-\sqrt{5}}{2}$.

4.99 $x = 1 \lor x = \frac{1}{3}$

4.100 a) zB: $(x-3)(x+4) = 0$ bzw. $x^2 + x - 12 = 0$
b) zB: $(x+10)^2 = 0$ bzw. $x^2 + 20x + 100 = 0$
c) zB: $x^2 = 0$
d) zB: $(x-1)(x-2) = 0$ bzw. $x^2 - 3x + 2 = 0$
e) zB: $(x+1)(x+2) = 0$ bzw. $x^2 + 3x + 2 = 0$
f) zB: $x^2 = -1$

4.101

a	b	c	zwei Lösungen	eine Lösung	keine Lösung
7	−5	1			x
3	1	−10	x		
16	−24	9		x	

4.102

a	−4	−3	−2	−1	0	1	2	3	4
Anzahl der Lösungen	2	1	0	0	0	0	0	1	2

4.103 a) $d^2 > 4ce$, Lösungen: $x = \frac{-d+\sqrt{d^2-4ce}}{2c} \lor x = \frac{-d-\sqrt{d^2-4ce}}{2c}$
b) $d^2 = 4ce$, Lösung: $x = -\frac{d}{2c}$
c) $d^2 < 4ce$

4.104 8

4.105 2

4.106 3c

4.107 $u = 304\,\text{cm}$

4.108 $x = 2 - \sqrt{2}$ (cm)

4.109 Das Vorderrad dreht sich 600-mal, das Hinterrad 450-mal.

4.110 nach ca. 345 600 km

5 Berechnungen in rechtwinkeligen Dreiecken

5.03 a) $\frac{G}{H}$ wächst b) $\frac{A}{H}$ nimmt ab

5.04

α	10°	20°	30°	40°
sin α	0,1736	0,3420	0,5000	0,6428
cos α	0,9848	0,9397	0,8660	0,7660
tan α	0,1763	0,3640	0,5774	0,8391

5.05 a) $\alpha \approx 64{,}16°$ b) $\alpha \approx 36{,}87°$ c) $\alpha \approx 49{,}46°$ d) $\alpha \approx 84{,}52°$ e) $\alpha \approx 88{,}68°$ f) $\alpha \approx 6{,}32°$ g) $\alpha \approx 12{,}71°$ h) $\alpha \approx 87{,}71°$

5.06 a) $G \approx 4{,}33;\ A = 2{,}50$ b) $G \approx 6{,}93;\ A = 4{,}00$ c) $G \approx 8{,}66;\ A = 5{,}00$ d) $G \approx 19{,}92;\ A = 11{,}50$

5.07 a) $H \approx 18{,}31$ b) $H \approx 50{,}56$ c) $H \approx 75{,}69$ d) $H \approx 165{,}63$

5.08 a) $\alpha \approx 30{,}74°$ b) $\alpha \approx 41{,}73°$ c) $\alpha \approx 58{,}67°$ d) $\alpha \approx 39{,}45°$ e) $\alpha \approx 55{,}68°$ f) $\alpha \approx 11{,}54°$ g) $\alpha \approx 53{,}87°$ h) $\alpha \approx 58{,}96°$ i) $\alpha \approx 57{,}03°$ j) $\alpha \approx 82{,}20°$ k) $\alpha \approx 48{,}03°$ l) $\alpha \approx 11{,}36°$

5.09 a) horizontal ca. 1,84 m, vertikal ca. 0,78 m b) horizontal ca. 2,76 m, vertikal ca. 1,17 m c) horizontal ca. 3,68 m, vertikal ca. 1,56 m d) horizontal ca. 4,60 m, vertikal ca. 1,95 m

5.10 a) horizontal ca. 4,96 m, vertikal ca. 0,61 m b) horizontal ca. 9,93 m, vertikal ca. 1,22 m c) horizontal ca. 14,89 m, vertikal ca. 1,83 m d) horizontal ca. 19,85 m, vertikal ca. 2,44 m

5.11 Wir betrachten ein rechtwinkeliges Dreieck mit dem spitzen Winkel α.

a) Wegen $0° < \alpha < 90°$ ist $0 < G < H$, somit $0 < \frac{G}{H} < 1$ und somit $0 < \sin\alpha < 1$.

b) Wegen $0° < \alpha < 90°$ ist $0 < A < H$, somit $0 < \frac{A}{H} < 1$ und somit $0 < \cos\alpha < 1$.

c) Wegen $0° < \alpha < 90°$ ist $0 < A < H$ und $G > 0$, somit $\frac{G}{H} < \frac{G}{A}$ und somit $\sin\alpha < \tan\alpha$.

5.14 a) $a \approx 43{,}98;\ b \approx 14{,}46;\ \beta = 18{,}2°$ b) $a \approx 462{,}16;\ b \approx 261{,}48;\ \alpha = 60{,}5°$ c) $b \approx 7{,}38;\ c \approx 10{,}67;\ \beta = 43{,}8°$ d) $b \approx 61{,}93;\ c \approx 117{,}20;\ \alpha = 58{,}1°$ e) $a \approx 23{,}50;\ c \approx 44{,}85;\ \beta = 58{,}4°$ f) $a \approx 10{,}50;\ c \approx 11{,}31;\ \alpha = 68{,}2°$

5.15 a) $c \approx 96{,}48;\ \alpha \approx 25{,}5°;\ \beta \approx 64{,}5°$ b) $c = 12{,}5;\ \alpha \approx 53{,}1°;\ \beta \approx 36{,}9°$ c) $b \approx 10{,}55;\ \alpha \approx 42{,}0°;\ \beta \approx 48{,}0°$ d) $b \approx 36{,}60;\ \alpha \approx 35{,}2°;\ \beta \approx 54{,}8°$ e) $a \approx 34{,}82;\ \alpha \approx 37{,}7°;\ \beta \approx 52{,}3°$ f) $a = 45;\ \alpha \approx 22{,}6°;\ \beta \approx 67{,}4°$

5.16 a) $b \approx 5{,}37;\ c \approx 8{,}05;\ \alpha \approx 48{,}2°;\ \beta \approx 41{,}8°$ b) $a \approx 48{,}88;\ c \approx 61{,}91;\ \alpha \approx 52{,}1°;\ \beta \approx 37{,}9°$

5.17 ca. 75,5°, ca. 3,87 m

5.18 mindestens 4,79 m

5.19 a) ca. 0,487 km b) ca. 0,548 km c) ca. 0,608 km

5.20 1) ca. 18,3° 2) ca. 0,67 m

5.21 ca. 2,9°, ca. 1001 m

5.22 1) 55 km, ca. 12,6° 2) ca. 3,35 Minuten nach Beginn des Steigflugs in ca. 6710 m Höhe

5.23 1) ca. 166 km 2) ca. 85,63 NM ≈ 158,6 km, ca. 4,5 %

5.25 a) $a = 9{,}7;\ \alpha = \beta \approx 76{,}9°;\ \gamma \approx 26{,}2°$
b) $a = b \approx 10{,}29;\ \alpha = \beta \approx 35{,}3°;\ \gamma \approx 109{,}5°$
c) $a = b \approx 12{,}81;\ \alpha = \beta \approx 56{,}6°;\ \gamma \approx 66{,}8°$
d) $b = 11{,}5;\ c \approx 9{,}72;\ \beta = 65°;\ \gamma = 50°$
e) $a = b \approx 9{,}47;\ c \approx 5{,}22;\ \beta = 74°;\ \gamma = 32°$
f) $a = b \approx 14{,}54;\ c \approx 6{,}30;\ \alpha = \beta = 77{,}5°$
g) $a = b \approx 18{,}68;\ c \approx 10{,}30;\ \alpha = \beta = 74°$
h) $a = b \approx 24{,}27;\ c \approx 16{,}60;\ \beta = 70°;\ \gamma = 40°$

5.26 a) $a = 5{,}00;\ b \approx 6{,}40;\ c = 8;\ \alpha \approx 38{,}7°;\ \beta \approx 53{,}1°;\ \gamma \approx 88{,}2°$
b) $a \approx 9{,}22;\ b \approx 6{,}32;\ c = 9;\ \alpha \approx 71{,}6°;\ \beta \approx 40{,}6°;\ \gamma \approx 67{,}8°$
c) $a \approx 49{,}03;\ b \approx 48{,}66;\ c = 18;\ \alpha \approx 80{,}5°;\ \beta \approx 78{,}2°;\ \gamma \approx 21{,}2°$
d) $a \approx 10{,}69;\ b \approx 9{,}68;\ c = 7{,}4;\ \alpha \approx 76{,}3°;\ \beta \approx 61{,}5°;\ \gamma \approx 42{,}2°$

5.27 a) ca. 2,7 m b) ca. 5,9 m

5.28 1) $\tan\frac{\alpha}{2} = \frac{0{,}003}{10{,}3} \Rightarrow \alpha \approx 0{,}0334$ 2) ca. 5,8 cm 3) ca. 46,78 m

5.29 1) ca. 22,6° 2) 2,5 m

5.30 1) ca. 0,47 m 2) ca. 103,3° 3) ca. 4,14 m

5.32 a) $e \approx 15{,}89;\ f \approx 9{,}27;\ \gamma = 60{,}5°;\ \beta = \delta = 119{,}5°;\ \rho \approx 4{,}00$
b) $e \approx 14{,}94;\ f \approx 7{,}68;\ \alpha = \gamma = 54{,}4°;\ \delta = 125{,}6°;\ \rho \approx 3{,}42$
c) $f \approx 15{,}06;\ \alpha = \gamma \approx 76{,}2°;\ \beta = \delta \approx 103{,}8°;\ \rho \approx 5{,}92$
d) $e \approx 9{,}18;\ \alpha = \gamma \approx 90{,}1°;\ \beta = \delta \approx 89{,}9°;\ \rho \approx 3{,}25$
e) $a \approx 9{,}99;\ \alpha = \gamma \approx 45{,}9°;\ \beta = \delta \approx 134{,}1°;\ \rho \approx 3{,}59$
f) $a \approx 5{,}55;\ e \approx 9{,}13;\ \alpha = \gamma = 69{,}2°;\ \delta = 110{,}8°;\ \rho \approx 2{,}59$
g) $a \approx 3{,}98;\ f \approx 2{,}93;\ \gamma = 43{,}2°;\ \beta = \delta = 136{,}8°;\ \rho \approx 1{,}36$
h) $a \approx 8{,}83;\ f \approx 6{,}04;\ \alpha = \gamma = 40{,}0°;\ \delta = 140{,}0°;\ \rho \approx 2{,}84$
i) $a \approx 4{,}98;\ e \approx 9{,}20;\ \gamma = 44{,}9°;\ \beta = \delta = 135{,}1°;\ \rho \approx 1{,}76$

5.33 a) $A \approx 3790{,}90$ b) $A \approx 3403{,}06$ c) $A \approx 2940{,}13$ d) $A \approx 25{,}61$

5.34 a) $\varphi \approx 43{,}6°$ b) $\varphi \approx 46{,}4°$ c) $\varphi \approx 63{,}2°$

5.35 a) $A \approx 1273{,}40$ b) $A \approx 113{,}42$

5.36 a) $a = d \approx 124{,}97;\ c = 76{,}3;\ e \approx 156{,}21;\ \gamma \approx 104{,}4°;\ \beta = \delta \approx 98{,}9°$
b) $d = 52{,}6;\ b = c \approx 75{,}18;\ f \approx 92{,}97;\ \beta = \delta \approx 79{,}7°;\ \gamma \approx 76{,}4°$
c) $a = d \approx 81{,}55;\ b = c \approx 22{,}92;\ e \approx 81{,}82;\ \gamma = 162{,}55°;\ \delta = 82{,}6°$
d) $c = 5{,}0;\ d = 2{,}0;\ e \approx 5{,}87;\ f \approx 3{,}28;\ \beta = \delta \approx 105{,}9°;\ \gamma \approx 38{,}3°$

5.37 a) $c \approx 1{,}40;\ d \approx 2{,}60;\ \gamma = 161{,}08°;\ \delta = 112{,}62°;\ e \approx 3{,}39;\ f \approx 8{,}74$
b) $d \approx 80{,}80;\ \alpha \approx 34{,}2°;\ \gamma = 105°;\ \delta \approx 145{,}8°;\ e \approx 121{,}63;\ f \approx 73{,}78$

5.38 Dammsohle ≈ 19,9 m, Böschungswinkel ≈ 30°

5.39 1) ca. 18,04 m 2) ca. 235 430 m^3

5.40 a) $r \approx 2{,}71\,cm,\ A \approx 23{,}09\,cm^2$ b) $r \approx 2{,}52\,cm,\ A \approx 19{,}94\,cm^2$

5.41 Diagonalenlänge ≈ 80,90 cm, Flächeninhalt ≈ 4 301,19 cm^2

5.42 a) $u = 2nr \cdot \sin\frac{180°}{n}$, $A = nr^2 \cdot \sin\frac{180°}{n} \cdot \cos\frac{180°}{n}$
b) $u = n \cdot a$, $A = \frac{n \cdot a^2}{4 \cdot \tan\frac{180°}{n}}$

5.43 a) ca. 834,1 cm b) ca. 892,7 cm

5.44 $\alpha \approx 28°$

5.45 $R \approx 2{,}89\,cm,\ r \approx 1{,}4\,cm$

5.47 a) ca. 26,6° c) ca. 51,3° e) 90° g) ca. 46,7°
b) ca. 58,0° d) ca. 38,7° f) ca. 35,6° h) ca. 68,7°

5.48 a) ca. 46,7° b) ca. 21,3° c) ca. 35,6°

5.49 a) ca. 24,0° b) ca. 71,6° c) ca. 36,9°

5.50 Neigungswinkel ≈ 51,1°, Inhalt aller Glasflächen ≈ 1949 m^2

5.51 a) $\alpha \approx 63{,}2°$, $\beta \approx 70{,}3°$, $\gamma \approx 71{,}4°$, $V \approx 146{,}43$; $O \approx 183{,}47$
b) $\alpha \approx 66{,}7°$, $\beta \approx 73{,}0°$, $\gamma \approx 73{,}7°$, $V \approx 40\,495$; $O = 7812$
c) $\alpha \approx 44{,}7°$, $\beta \approx 54{,}5°$, $\gamma \approx 59{,}9°$, $V \approx 1\,268\,694$; $O \approx 84\,092$

5.52 a) $\varphi \approx 70{,}5°$ b) $\varphi \approx 69{,}5°$

5.53 $\alpha \approx 109{,}5°$

5.54 1) $\alpha = 45°$, $\beta \approx 68{,}2°$ 2) $\gamma \approx 42{,}9°$ 3) $A \approx 294{,}27\,m^2$

5.55 1) $V \approx 88{,}06$ 2) $V \approx 176{,}12°$; das Volumen ist doppelt so groß wie das Volumen aus 1).

5.58 a) $\alpha \approx 0{,}57°$ b) $\alpha \approx 2{,}86°$ c) $\alpha \approx 5{,}71°$ d) $\alpha \approx 8{,}53°$ e) $\alpha \approx 11{,}31°$ f) $\alpha \approx 14{,}04°$

5.59 1) Zeichne die Steigungsdreiecke selbst (4 km ≙ 4 cm)!
2)

k	50 %	100 %	200 %	400 %
α	26,6°	45°	63,4°	76,0°

3) Wächst k, so wächst auch der Neigungswinkel.
4) Nein! Gegenbeispiel: Für k = 100 % ist $\alpha = 45°$, für k = 200 % ist $\alpha \approx 63{,}4°$.

5.60

α	45°	60°	75°	80°	89°	89,9°	89,99°	89,999°
k	1	1,73	3,73	5,67	57,29	573	5730	57296

1) Ja, denn die Steigung $k = \tan\alpha$ kann beliebig groß werden, wenn α nur genügend wenig von 90° abweicht.
2) Nein! tan 90° kann nicht berechnet werden (ein Dreieck kann nicht zwei rechte Winkel enthalten). Dem Winkel 90° kann daher keine Steigung zugeordnet werden. Der Taschenrechner zeigt beim Versuch tan 90° zu berechnen eine Fehlermeldung an.

5.61 Schlossbergbahn: Steigung ca. 60,0 %, Steigungswinkel ca. 30,9°
Festungsbahn: Steigung ca. 57,0 %, Steigungswinkel ca. 29,7°

5.62 ca. 2 508 m

5.63 ca. 18 cm

5.64 1) ca. 1,38 % 2) ca. 0,79°

5.65 $\alpha \approx 21{,}8°$; die Böschungsoberkante liegt 95 cm über dem Straßenniveau.

5.66 Steigungswinkel ≈ 2,7°, Straßenlänge ca. 3 154 m, Steigung ca. 4,76 %

5.67 Länge des Lifts 840 m, Steigung ca. 31,2 %; Steigungswinkel ca. 17,3°

5.68 1) Abschnitt I: Steigungswinkel $\alpha_1 \approx 14{,}4°$; Steigung $k_1 \approx 25{,}7\,\%$
Abschnitt II: Steigungswinkel $\alpha_2 \approx 11{,}8°$; Steigung $k_2 \approx 20{,}8\,\%$
2) mittlerer Steigungswinkel $\alpha_m \approx 12{,}7°$; mittlere Steigung $k_m \approx 22{,}6\,\%$
Die Angaben stimmen.
3) mittlere Steigung $k_m \approx 22{,}6\,\% \neq$ Mittelwert der Steigungen $\frac{k_1 + k_2}{2} \approx 23{,}3\,\%$
mittlerer Steigungswinkel $\alpha_m \approx 12{,}7° \neq$ Mittelwert der Steigungswinkel $\frac{(\alpha_1 + \alpha_2)}{2} \approx 13{,}1°$

5.70 ca. 349 m

5.71 Das Fenster ist ca. 1,48 m hoch, seine Unterkante liegt ca. 13,70 m über dem Platz.

5.72 $x \approx 349{,}98$ m, $y \approx 238{,}43$ m

5.73 ca. 36,98 m

5.74 ca. 10,9 m

5.75 ca. 1,559 km

5.76 ca. 710 m

5.77 Höhe ≈ 2 865 m; Horizontalentfernung ≈ 4 092 m

5.78 ca. 5,5°

5.80 A ist vom Fußpunkt ca. 32,7 m, B vom Fußpunkt ca. 44,3 m entfernt. $\overline{AB} \approx 55{,}1$ m.

5.81 Entfernung zur Mole ca. 351 m; Höhe des Antennenmastes ca. 25 m; Kurs ca. N 35,4° W

5.82 Turmhöhe ca. 60,2 m; Entfernung zum Turm ca. 67,0 m

5.84 Radius $r \approx 5\,844$ km, Abstand d von der Äquatorebene ≈ 2 535 km

5.85 **1)** ca. 4 246 km **2)** ca. 26 677 km **3)** ca. 1115 km/h

5.86 ca. 1,35 Millionen km

5.87 ca. 390 500 km

5.88 **1)** ca. 3 476 km **2)** ca. 5 445 km

5.89 **a)** ca. 220 km **b)** rund 247 km **c)** 336 km

5.90 ca. 4,2 Lj

5.91 **a)** ca. 30,86 Billionen km **b)** ca. 3,26 Lj

5.92 **1)** ca. 19-mal **2)** ca. 89,86°

5.94 **a)** $F_1 \approx 3{,}41$ N, $F_2 \approx 19{,}32$ N **b)** $F_1 \approx 2{,}45$ N, $F_2 \approx 4{,}25$ N

5.95 ca. 2 271 N

5.96 ca. 1,18-mal stärker

5.97 Die Bruttomasse des Wagens darf höchstens ca. 1122 kg betragen.

5.98 $F \approx 154{,}5$ N

5.99 **a)** ca. N 6,8° O, ca. 604,30 km/h **b)** ca. N 3,5° O, ca. 1001,87 km/h

5.100 **a)** ca. N 3,2° W, ca. 651,00 km/h **b)** ca. N 4,4° W, ca. 912,65 km/h

5.101 **a)** ca. 2,6° **b)** ca. 36,9°

5.103 **a)** Setze $\varphi = 30°$ in die Formeln ein und überprüfe mit dem Taschenrechner!
b) Setze $\varphi = 45°$ in die Formeln ein und überprüfe mit dem Taschenrechner!

5.104 **a)** $\sin^2\varphi + \cos^2\varphi = 1 \Rightarrow \sin\varphi = \sqrt{1-\cos^2\varphi}$
b) $\sin^2\varphi + \cos^2\varphi = 1 \Rightarrow \cos\varphi = \sqrt{1-\sin^2\varphi}$

5.105 **a)** $\tan\varphi = \frac{\sin\varphi}{\sqrt{1-\sin^2\varphi}}$ **b)** $\tan\varphi = \frac{\sqrt{1-\cos^2\varphi}}{\cos\varphi}$

5.106 a) $\cos\varphi = \frac{4}{5}$ b) $\cos\varphi = \frac{15}{17}$ c) $\cos\varphi = \frac{7}{25}$

5.107 a) $\sin\varphi = \frac{3}{5}$ b) $\sin\varphi = \frac{12}{13}$ c) $\sin\varphi = \frac{77}{85}$

5.108 a) $\tan\varphi = \frac{3}{4}$ b) $\tan\varphi = \frac{8}{15}$ c) $\tan\varphi = \frac{24}{7}$

5.109 a) $\tan(90° - \varphi) = \frac{\sin(90° - \varphi)}{\cos(90° - \varphi)} = \frac{\cos\varphi}{\sin\varphi}$

b) $\tan(90° - \varphi) = \frac{\sin(90° - \varphi)}{\cos(90° - \varphi)} = \frac{\cos\varphi}{\sin\varphi} = \frac{1}{\frac{\sin\varphi}{\cos\varphi}} = \frac{1}{\tan\varphi}$

5.110 $\cos\alpha = \sin\beta = \sqrt{1 - \sin^2\alpha}, \ \cos\beta = \sin\alpha$

5.111 a) $\frac{1 - \cos\varphi}{\sin\varphi} = \frac{\sin\varphi}{1 + \cos\varphi} \Leftrightarrow (1 - \cos\varphi) \cdot (1 + \cos\varphi) = \sin^2\varphi \Leftrightarrow 1 - \cos^2\varphi = \sin^2\varphi \Leftrightarrow \sin^2\varphi + \cos^2\varphi = 1$

Da die letzte Aussage wahr ist, ist auch die erste wahr.

b) $\frac{1 - \cos^2\varphi}{\cos\varphi} = \frac{\sin^2\varphi}{\cos\varphi} = \frac{\sin\varphi \cdot \sin\varphi}{\cos\varphi} = \sin\varphi \cdot \frac{\sin\varphi}{\cos\varphi} = \sin\varphi \cdot \tan\varphi$

c) $\frac{\sin^2\varphi}{\tan^2\varphi} + \cos^2\varphi \cdot \tan^2\varphi = \frac{\sin^2\varphi}{\frac{\sin^2\varphi}{\cos^2\varphi}} + \cos^2\varphi \cdot \frac{\sin^2\varphi}{\cos^2\varphi} = \cos^2\varphi + \sin^2\varphi = 1$

5.112 a) $\frac{\cos\alpha - \sin\beta}{\cos\beta - \sin\alpha} = \frac{\cos\beta + \sin\alpha}{\cos\alpha + \sin\beta} \Leftrightarrow$

$\Leftrightarrow (\cos\alpha - \sin\beta) \cdot (\cos\alpha + \sin\beta) = (\cos\beta - \sin\alpha) \cdot (\cos\beta + \sin\alpha) \Leftrightarrow$

$\Leftrightarrow \cos^2\alpha - \sin^2\beta = \cos^2\beta - \sin^2\alpha \Leftrightarrow \sin^2\alpha + \cos^2\alpha = \sin^2\beta + \cos^2\beta \Leftrightarrow 1 = 1$

Da die letzte Aussage wahr ist, ist auch die erste wahr.

b) $\frac{\tan^2\alpha}{\cos^2\beta} - \frac{\tan^2\beta}{\cos^2\alpha} = \tan^2\alpha - \tan^2\beta \Leftrightarrow \frac{\tan^2\alpha \cdot \cos^2\alpha - \tan^2\beta \cdot \cos^2\beta}{\cos^2\alpha \cdot \cos^2\beta} = \tan^2\alpha - \tan^2\beta \Leftrightarrow$

$\Leftrightarrow \tan^2\alpha \cdot \cos^2\alpha - \tan^2\beta \cdot \cos^2\beta = \tan^2\alpha \cdot \cos^2\alpha \cdot \cos^2\beta - \tan^2\beta \cdot \cos^2\alpha \cdot \cos^2\beta \Leftrightarrow$

$\Leftrightarrow \frac{\sin^2\alpha}{\cos^2\alpha} \cdot \cos^2\alpha - \frac{\sin^2\beta}{\cos^2\beta} \cdot \cos^2\beta = \frac{\sin^2\alpha}{\cos^2\alpha} \cdot \cos^2\alpha \cdot \cos^2\beta - \frac{\sin^2\beta}{\cos^2\beta} \cdot \cos^2\alpha \cdot \cos^2\beta \Leftrightarrow$

$\Leftrightarrow \sin^2\alpha - \sin^2\beta = \sin^2\alpha \cdot \cos^2\beta - \sin^2\beta \cdot \cos^2\alpha \Leftrightarrow$

$\Leftrightarrow \sin^2\alpha - \sin^2\beta = \sin^2\alpha \cdot (1 - \sin^2\beta) - \sin^2\beta \cdot (1 - \sin^2\alpha) \Leftrightarrow$

$\Leftrightarrow \sin^2\alpha - \sin^2\beta = \sin^2\alpha - \sin^2\alpha \cdot \sin^2\beta - \sin^2\beta + \sin^2\alpha \cdot \sin^2\beta \Leftrightarrow$

$\Leftrightarrow \sin^2\alpha - \sin^2\beta = \sin^2\alpha - \sin^2\beta$

Da die letzte Aussage wahr ist, ist auch die erste wahr.

5.113 a) Siehe Seite 83! b) Siehe Seite 83!

5.114 Siehe den Satz auf Seite 98!

5.116 $\sin\alpha = \sin\gamma = \frac{b}{\sqrt{a^2 + b^2}}, \ \cos\alpha = \cos\gamma = \frac{a}{\sqrt{a^2 + b^2}}, \ \tan\alpha = \tan\gamma = \frac{b}{a},$

$\sin\beta = \sin\delta = \frac{a}{\sqrt{a^2 + b^2}}, \ \cos\beta = \cos\delta = \frac{b}{\sqrt{a^2 + b^2}}, \ \tan\beta = \tan\delta = \frac{a}{b}$

5.117 a) $G = u; \ A = v; \ \sin\delta = \frac{u}{w}, \ \cos\delta = \frac{v}{w}, \ \tan\delta = \frac{u}{v}$

b) $\frac{u \cdot w}{v^2} = \frac{u}{v} \cdot \frac{w}{v} = \tan\delta \cdot \frac{1}{\cos\delta} = \frac{\tan\delta}{\cos\delta}$

5.118 a) $v = \sqrt{u^2 - w^2}, \ \psi = \sin^{-1}\left(\frac{w}{u}\right), \ \varepsilon = 90° - \sin^{-1}\left(\frac{w}{u}\right)$

b) $u = \frac{v}{\sin\varepsilon}, \ w = \frac{v}{\tan\varepsilon}, \ \psi = 90° - \varepsilon$

c) $v = u \cdot \cos\psi, \ w = u \cdot \sin\psi, \ \varepsilon = 90° - \psi$

5.119 a) $\cos\delta = \frac{r}{p}, \ \tan\delta = \frac{q}{r}$

b)

☐	☒	☒
☒	☒	☐

5.120 ☒ Wenn $\sin\varphi$ wächst, dann nimmt $\cos\varphi$ ab. Denn für $0° < \varphi < 90°$ gilt: Wächst $\sin\varphi$, so wächst auch $\sin^2\varphi$ und $1 - \sin^2\varphi$ nimmt ab, sodass auch $\cos\varphi = \sqrt{1 - \sin^2\varphi}$ abnimmt.

☒ $\sin\varphi$ und $\cos\varphi$ können nicht beide null sein. Wäre nämlich $\sin\varphi = \cos\varphi = 0$, dann ergibt sich $\sin^2\varphi + \cos^2\varphi = 0 \neq 1$, was nicht sein kann.

☐ Es gibt ein φ mit $\sin\varphi = \cos\varphi = 1$. Das trifft nicht zu, denn für ein solches φ würde sich $\sin^2\varphi + \cos^2\varphi = 2 \neq 1$ ergeben, was nicht sein kann.

☒ Wenn $\sin\varphi > 0{,}8$, dann ist $\cos\varphi < 0{,}8$. Wäre nämlich $\sin\varphi > 0{,}8$ und $\cos\varphi \geqslant 0{,}8$, so ergäbe sich $\sin^2\varphi + \cos^2\varphi > 0{,}64 + 0{,}64 = 1{,}28 \neq 1$, was nicht sein kann.

5.121 ca. 1779 m

5.122 ca. 53,1°

6 Berechnungen in beliebigen Dreiecken

6.01 a) $0° < \varphi < 90°$ b) $90° < \varphi < 180°$ c) $180° < \varphi < 270°$ d) $270° < \varphi < 360°$ e) $\varphi = 0°$ f) $\varphi = 90°$ g) $\varphi = 180°$ h) $\varphi = 270°$

6.02 $P = (5 \mid -6)$: $270° < \varphi < 360°$; $P = (-4 \mid -7)$: $180° < \varphi < 270°$; $P = (3 \mid 3)$: $0° < \varphi < 90°$; $P = (-9 \mid 2)$: $90° < \varphi < 180°$

6.03
a) $P \approx [5 \mid 53°]$; $Q \approx [5 \mid 127°]$; $R \approx [5 \mid 233°]$; $S \approx [5 \mid 307°]$
b) $P \approx [6{,}3 \mid 172°]$; $Q \approx [6{,}4 \mid 129°]$; $R \approx [7{,}8 \mid 220°]$; $S \approx [4{,}5 \mid 333°]$
c) $P \approx [5{,}7 \mid 45°]$; $Q \approx [6{,}1 \mid 190°]$; $R \approx [5{,}8 \mid 239°]$; $S \approx [6{,}7 \mid 333°]$
d) $P = [7 \mid 0°]$; $Q = [6 \mid 90°]$; $R = [5 \mid 180°]$; $S = [4 \mid 270°]$

6.04 a) $P \approx (4{,}0 \mid 6{,}9)$ b) $P \approx (-2{,}8 \mid 2{,}8)$ c) $P \approx (-2{,}5 \mid -5{,}4)$ d) $P \approx (4{,}1 \mid -2{,}9)$ e) $P = (0 \mid 7)$ f) $P = (-4 \mid 0)$ g) $P = (0 \mid -4{,}8)$ h) $P \approx (2{,}0 \mid 9{,}2)$

6.05 Fertige die Zeichnung selbst an!
$P \approx (20{,}2 \mid 31{,}4)$, $Q \approx (-18{,}0 \mid 41{,}5)$, $R \approx (-26{,}6 \mid -23{,}4)$, $S \approx (11{,}4 \mid -32{,}7)$

6.06 a) $P \approx (2{,}50 \mid 4{,}33)$ b) $P \approx (2{,}07 \mid 7{,}73)$ c) $P \approx (9{,}21 \mid 3{,}91)$ d) $P \approx (0{,}24 \mid 14{,}00)$ e) $P \approx (4{,}52 \mid 6{,}45)$ f) $P \approx (11{,}70 \mid 10{,}91)$ g) $P \approx (31{,}97 \mid 18{,}19)$ h) $P \approx (15{,}04 \mid 48{,}18)$

6.07 a) $P \approx [5{,}00 \mid 53{,}1°]$ b) $P \approx [13{,}00 \mid 22{,}6°]$ c) $P \approx [8{,}25 \mid 76{,}0°]$ d) $P \approx [25{,}02 \mid 87{,}7°]$ e) $P \approx [8{,}49 \mid 45°]$ f) $P \approx [12{,}61 \mid 48{,}2°]$ g) $P \approx [9{,}16 \mid 59{,}7°]$ h) $P \approx [9{,}31 \mid 39{,}9°]$

6.08 a) $A \approx (68{,}30 \mid 42{,}1) \approx [80{,}26 \mid 31{,}67°]$ b) $A \approx (103{,}49 \mid 33{,}55) \approx [108{,}79 \mid 17{,}96°]$

6.12 a) $P \approx (-2{,}50 \mid 4{,}33)$ b) $P \approx (-4{,}50 \mid -5{,}36)$ c) $P \approx (0{,}70 \mid 7{,}97)$ d) $P \approx (-8{,}09 \mid 5{,}88)$ e) $P \approx (4{,}20 \mid 4{,}69)$ f) $P \approx (-11{,}56 \mid -2{,}83)$ g) $P \approx (-195{,}87 \mid 195{,}87)$ h) $P = (0 \mid -0{,}50)$

6.13 a) $P \approx [6{,}40 \mid 128{,}7°]$ b) $P \approx [6{,}32 \mid 198{,}4°]$ c) $P \approx [8{,}54 \mid 290{,}6°]$ d) $P \approx [7{,}21 \mid 33{,}7°]$ e) $P \approx [9{,}22 \mid 102{,}5°]$ f) $P \approx [7{,}62 \mid 203{,}2°]$ g) $P \approx [3{,}81 \mid 293{,}2°]$ h) $P \approx [9{,}40 \mid 209{,}3°]$

6.14 $P \approx (-6{,}5 \mid 32{,}2) \approx [32{,}9 \mid 101{,}5°]$, $Q \approx (-31{,}5 \mid -35{,}0) \approx [47{,}1 \mid 228{,}0°]$, $R \approx (54{,}1 \mid -5{,}3) \approx [54{,}4 \mid 354{,}4°]$

6.15 $X \approx (7872{,}8 \mid 4065{,}5)$

6.17

φ	0°	90°	180°	270°
sin φ	0	1	0	−1
cos φ	1	0	−1	0

6.18
- ☐ $\sin 214° > 0$
- ☒ $\cos 169° < 0$
- ☒ $\tan 299° < 0$
- ☒ $\sin 264° < 0$
- ☐ $\tan 157° > 0$
- ☐ $\cos 250° > 0$
- ☐ $\cos 312° < 0$
- ☐ $\sin 133° < 0$
- ☒ $\tan 235° > 0$

6.19 $\tan 0° = \tan 180° = 0$
Nach Definition gilt $\tan \varphi = \frac{y}{x}$ für alle Punkte $P = (x \mid y) = [r \mid \varphi]$ mit $r > 0$, $0° \leq \varphi < 360°$ sowie $\varphi \neq 90°$ und $\varphi \neq 270°$. Alle Punkte mit dem Polarwinkelmaß $\varphi = 90°$ oder $\varphi = 270°$ liegen auf der 2. Achse, daher ist ihre x-Koordinate null. Der Quotient $\frac{y}{x}$ kann für diese Punkte nicht berechnet werden.

6.20

	a)	b)	c)	d)
φ	65°	110°	257°	303°
sin φ	0,91	0,94	−0,97	−0,84
cos φ	0,42	−0,34	−0,22	0,54

6.21
a) $\varphi \in]0°; 180°[$
b) $\varphi \in [0°; 90°[\cup]270°; 360°[$
c) $\varphi \in]180°; 360°[$
d) $\varphi \in]90°; 270°[$
e) $\varphi = 0° \vee \varphi = 180°$
f) $\varphi = 90° \vee \varphi = 270°$
g) $\varphi \in]0°; 90°[\cup]180°; 270°[$
h) $\varphi \in]90°; 180°[\cup]270°; 360°[$
i) $\varphi = 0° \vee \varphi = 180°$
j) $\tan\varphi$ ist nicht definiert für $\varphi = 90° \vee \varphi = 270°$

6.22
a) kleinster Wert für $\varphi = 270°$, größter Wert für $\varphi = 90°$
b) kleinster Wert für $\varphi = 180°$, größter Wert für $\varphi = 0°$

6.23
a) weil $-1 \leq \sin\varphi \leq 1$ und $1{,}2 > 1$
b) weil $-1 \leq \sin\varphi \leq 1$ und $-1{,}98 < -1$
c) weil $-1 \leq \cos\varphi \leq 1$ und $2{,}0654 > 1$
d) weil $-1 \leq \cos\varphi \leq 1$ und $-1{,}9999 < -1$

6.24 a) $\cos\varphi = 0$ b) $\sin\varphi = 1$ c) $\tan\varphi = 0$

6.25 a) in QI oder QII b) in QII oder QIII

6.26 a) in QII und QIV b) in QI und QIII

6.27 a) $270° < \varphi < 360°$ b) $90° < \varphi < 180°$

6.28

		in QI	in QII	in QIII	in QIV
a)	$\sin\varphi$	wachsend	fallend	fallend	wachsend
b)	$\cos\varphi$	fallend	fallend	wachsend	wachsend

6.29 a) für $\varphi = 45°$ oder $\varphi = 225°$ b) für φ mit $45° < \varphi < 225°$

6.30
$\sin 0° = 0 = \frac{1}{2} \cdot \sqrt{0}$; $\cos 0° = 1 = \frac{1}{2} \cdot \sqrt{4}$
$\sin 30° = \frac{\frac{a}{2}}{a} = \frac{1}{2} = \frac{1}{2} \cdot \sqrt{1}$; $\cos 30° = \frac{\frac{a}{2}\sqrt{3}}{a} = \frac{1}{2}\sqrt{3}$
$\sin 45° = \cos 45° = \frac{a}{d} = \frac{a}{a \cdot \sqrt{2}} = \frac{1}{\sqrt{2}} = \frac{1}{2}\sqrt{2}$
$\sin 60° = \frac{h}{a} = \frac{\frac{a}{2}\sqrt{3}}{a} = \frac{1}{2}\sqrt{3}$; $\cos 60° = \frac{\frac{a}{2}}{a} = \frac{1}{2} = \frac{1}{2} \cdot \sqrt{1}$
$\sin 90° = 1 = \frac{1}{2} \cdot \sqrt{4}$; $\cos 90° = 0 = \frac{1}{2} \cdot \sqrt{0}$

6.31
a) $\sin 120° = \sin(180° - 60°) = \sin 60° = \frac{1}{2}\sqrt{3}$, $\cos 120° = \cos(180° - 60°) = -\cos 60° = -\frac{1}{2}$
b) $\sin 135° = \sin(180° - 45°) = \sin 45° = \frac{1}{2}\sqrt{2}$, $\cos 135° = \cos(180° - 45°) = -\cos 45° = -\frac{1}{2}\sqrt{2}$
c) $\sin 210° = \sin(180° + 30°) = -\sin 30° = -\frac{1}{2}$, $\cos 210° = \cos(180° + 30°) = -\cos 30° = -\frac{1}{2}\sqrt{3}$
d) $\sin 300° = \sin(360° - 60°) = -\sin 60° = -\frac{1}{2}\sqrt{3}$, $\cos 300° = \cos(360° - 60°) = \cos 60° = \frac{1}{2}$
e) $\sin 225° = \sin(180° + 45°) = -\sin 45° = -\frac{1}{2}\sqrt{2}$, $\cos 225° = \cos(180° + 45°) = -\cos 45° = -\frac{1}{2}\sqrt{2}$
f) $\sin 315° = \sin(360° - 45°) = -\sin 45° = -\frac{1}{2}\sqrt{2}$, $\cos 315° = \cos(360° - 45°) = \cos 45° = \frac{1}{2}\sqrt{2}$

6.34
a) $\varphi_1 \approx 17{,}46°$, $\varphi_2 \approx 162{,}54°$
b) $\varphi_1 \approx 78{,}46°$, $\varphi_2 \approx 281{,}54°$
c) $\varphi_1 \approx 239{,}32°$, $\varphi_2 \approx 300{,}68°$
d) $\varphi_1 \approx 103{,}89°$, $\varphi_2 \approx 256{,}11°$

6.35 a) $\alpha_1 \approx 64{,}16°$, $\alpha_1 \approx 115{,}84°$ b) $\alpha = 90°$ c) $\alpha = 53{,}13°$ d) $\alpha = 147{,}14°$

6.36
a) Für jeden Winkel α in einem Dreieck gilt: $0° < \alpha < 180°$, daher muss $\sin\alpha > 0$ sein.
b) Aus $0° < \beta < 180°$ und $\cos\beta = -0{,}84$ folgt $90° < \beta < 180°$. Das Dreieck ist daher stumpfwinkelig.

6.37
a) $\alpha \approx 125{,}40°$, $\beta \approx 14{,}80°$, $\gamma \approx 39{,}80°$
b) $\alpha \approx 143{,}20°$, $\beta \approx 21{,}60°$, $\gamma \approx 15{,}20°$
c) $\alpha \approx 122{,}00°$, $\beta \approx 35{,}60°$, $\gamma \approx 22{,}40°$
d) $\alpha \approx 100{,}60°$, $\beta \approx 46{,}80°$, $\gamma \approx 32{,}60°$

6.38 a) $\sin(180° + \varphi) = -\sin\varphi$
b) $\cos(180° + \varphi) = -\cos\varphi$
c) $\sin(360° - \varphi) = -\sin\varphi$
d) $\cos(360° - \varphi) = \cos\varphi$

6.39 a) $\tan(180° - \varphi) = -\tan\varphi$ b) $\tan(180° + \varphi) = \tan\varphi$ c) $\tan(360° - \varphi) = -\tan\varphi$

6.40 a) $\cos\varphi = -\frac{4}{5}$ b) $\cos\varphi = -\frac{15}{17}$ c) $\cos\varphi = \frac{7}{25}$

6.41 a) $\sin\varphi = \frac{5}{13}$ b) $\sin\varphi = -\frac{48}{73}$ c) $\sin\varphi = -\frac{\sqrt{207}}{16}$

6.42 a) $\sin\varphi = -\frac{24}{25}$, $\cos\varphi = -\frac{7}{25}$ b) $\sin\varphi = \frac{36}{85}$, $\cos\varphi = -\frac{77}{85}$ c) $\sin\varphi = -\frac{4}{5}$, $\cos\varphi = \frac{3}{5}$

6.44 a) $A = 6$
b) $A \approx 60{,}35$
c) $A \approx 9{,}79$
d) $A = 195{,}50$
e) $A \approx 162{,}08$
f) $A \approx 0{,}19$

6.45 $A = \frac{a \cdot b}{2}$

6.46 $A = \frac{a \cdot b}{2} \cdot \sin\gamma$ ist genau dann am größten, wenn $\sin\gamma$ am größten ist, also für $\gamma = 90°$.

6.47 a) $A = a \cdot b \cdot \sin\alpha \approx 880{,}92$ b) $A = a \cdot b \cdot \sin\beta \approx 116{,}23$ c) $A = a \cdot b \cdot \sin\gamma \approx 629{,}73$

6.48 a) $\alpha = \gamma \approx 124{,}00°$, $\beta = \delta \approx 56{,}00°$ b) $\alpha = \gamma \approx 75{,}02°$, $\beta = \delta \approx 104{,}98°$

6.49 $A = a \cdot b \cdot \sin\beta \Rightarrow \sin\alpha = \frac{A}{a \cdot b} = \frac{36{,}66}{5{,}64 \cdot 6{,}50} = 1 \Rightarrow \alpha = \beta = \gamma = \delta = 90° \Rightarrow$ Das Parallelogramm ist ein Rechteck.

6.50 Begründung 1): Die beiden Parallelogramme stimmen in der Länge der Seite a und der zugehörigen Höhe h_a überein. Wegen $A = a \cdot h_a$ sind damit auch die Flächeninhalte gleich.
Begründung 2): Flächeninhalt des 1. Parallelogramms: $A_1 = a \cdot b \cdot \sin\alpha$, Flächeninhalt des 2. Parallelogramms: $A_2 = a \cdot b \cdot \sin(180° - \alpha)$. Wegen $\sin(180° - \alpha) = \sin\alpha$ gilt somit $A_1 = A_2$.

6.53 a) $c \approx 9{,}59$; $\beta \approx 45{,}8°$; $\gamma \approx 79{,}2°$
b) $c \approx 7{,}98$; $\beta \approx 18{,}7°$; $\gamma \approx 121{,}3°$
c) $a \approx 5{,}62$; $\alpha \approx 97{,}3°$; $\gamma \approx 20{,}7°$
d) $a \approx 3{,}65$; $\alpha \approx 57{,}8°$; $\beta \approx 54{,}2°$
e) $b \approx 4{,}39$; $c \approx 5{,}38$; $\gamma = 60°$
f) $a \approx 7{,}05$; $c \approx 7{,}51$; $\gamma = 75°$
g) $a \approx 4{,}84$; $b \approx 2{,}83$; $\alpha = 79°$
h) $a \approx 6{,}15$; $c = 5{,}50$; $\alpha = 68°$
i) $b \approx 3{,}85$; $c \approx 7{,}15$; $\beta = 31°$

6.54 a) $c \approx 8{,}86$; $\beta \approx 42{,}5°$; $\gamma \approx 85{,}5°$; $A \approx 20{,}9$
b) $a \approx 5{,}57$; $\alpha \approx 79{,}8°$; $\gamma \approx 38{,}2°$; $A \approx 8{,}61$
c) $b \approx 4{,}29$; $c \approx 5{,}70$; $\gamma = 70°$; $A \approx 11{,}09$
d) $a \approx 7{,}05$; $c \approx 7{,}51$; $\gamma = 75°$; $A \approx 17{,}02$
e) $a \approx 5{,}59$; $c \approx 5{,}00$; $\alpha = 68°$; $A \approx 11{,}59$
f) $a \approx 5{,}12$; $b \approx 3{,}65$; $\alpha = 77°$; $A \approx 8{,}00$

6.55 $\frac{a}{\sin\alpha} = \frac{c}{\sin 90°} = c \Rightarrow a = c \cdot \sin\alpha$, $\frac{b}{\sin\beta} = \frac{c}{\sin 90°} = c \Rightarrow b = c \cdot \sin\beta$

6.56 a) $u = \frac{w \cdot \sin(180° - \varepsilon - \delta)}{\sin\delta} = \frac{w \cdot \sin(\varepsilon + \delta)}{\sin\delta}$; $v = \frac{w \cdot \sin\varepsilon}{\sin\delta}$
b) $u = \frac{v \cdot \sin\varphi}{\sin(180° - \delta - \varphi)} = \frac{v \cdot \sin\varphi}{\sin(\delta + \varphi)}$; $w = \frac{v \cdot \sin\delta}{\sin(180° - \delta - \varphi)} = \frac{v \cdot \sin\delta}{\sin(\delta + \varphi)}$
c) $v = \frac{u \cdot \sin(180° - \delta - \varphi)}{\sin\varphi} = \frac{u \cdot \sin(\delta + \varphi)}{\sin\varphi}$; $w = \frac{u \cdot \sin\delta}{\sin\varphi}$
d) $u = \frac{v \cdot \sin(180° - \varepsilon - \delta)}{\sin\varepsilon} = \frac{v \cdot \sin(\varepsilon + \delta)}{\sin\varepsilon}$; $w = \frac{v \cdot \sin\delta}{\sin\varepsilon}$

6.57 Für $\alpha = 90°$ gilt:

$\sin\beta = \frac{b}{a} \Rightarrow \frac{b}{\sin\beta} = \frac{a}{1} = \frac{a}{\sin\alpha}$ und $\sin\gamma = \frac{c}{a} \Rightarrow \frac{c}{\sin\gamma} = \frac{a}{1} = \frac{a}{\sin\alpha}$

Insgesamt gilt also: $\frac{a}{\sin\alpha} = \frac{b}{\sin\beta} = \frac{c}{\sin\gamma}$

6.58 1. $\sin\beta = \frac{h_c}{a} \Rightarrow h_c = a \cdot \sin\beta$

$\sin(180° - \alpha) = \frac{h_c}{b} \Rightarrow b = \frac{h_c}{\sin(180° - \alpha)} = \frac{h_c}{\sin\alpha} = \frac{a \cdot \sin\beta}{\sin\alpha}$

Daraus folgt: $\frac{b}{\sin\beta} = \frac{a}{\sin\alpha}$

2. $\sin\gamma = \frac{h_b}{a} \Rightarrow h_b = a \cdot \sin\gamma$

$\sin(180° - \alpha) = \frac{h_b}{c} \Rightarrow c = \frac{h_b}{\sin(180° - \alpha)} = \frac{h_b}{\sin\alpha} = \frac{a \cdot \sin\gamma}{\sin\alpha}$

Daraus folgt: $\frac{c}{\sin\gamma} = \frac{a}{\sin\alpha}$

Insgesamt gilt also: $\frac{a}{\sin\alpha} = \frac{b}{\sin\beta} = \frac{c}{\sin\gamma}$

6.59 $a \approx 3{,}54$ und $b \approx 1{,}83$

6.60 **a)** $d \approx 3{,}32$; $\beta \approx 80{,}6°$; $\gamma \approx 99{,}4°$; $\delta = 117{,}0°$
b) $b \approx 4{,}85$; $\alpha \approx 64{,}1°$; $\gamma = 112°$; $\delta \approx 115{,}9°$
c) $a \approx 10{,}77$; $\beta \approx 43{,}2°$; $\gamma \approx 136{,}8°$; $\delta = 114{,}0°$

6.61 ca. 926 m

6.62 Die Bergspitze befindet sind ca. 1505 m über dem Beobachter. Der Horizontalabstand der Bergspitze vom Beobachter misst ca. 1619 m.

6.63 ca. 44,5 km/h

6.64 **1)** ca. 7,59 sm **2)** ca. 3,98 sm

6.65 **1)** ca. 26,3 km **2)** ca. 5,6 km

6.66 höchstens ca. 32,7 sm

6.67 $\overline{AC} \approx 60{,}5$ km; $\overline{BC} \approx 77{,}9$ km

6.68 Turmhöhe ≈ 51,2 m

6.69 A und B sind ca. 154,6 m voneinander entfernt.

6.71 **a)** zeichnerisch:

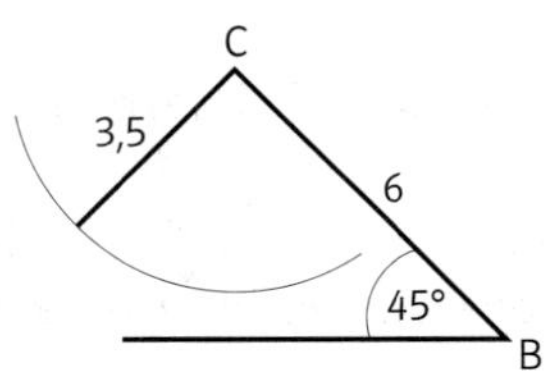

rechnerisch: Nach dem Sinussatz muss für α gelten: $\sin\alpha = \frac{a \cdot \sin\beta}{b} \approx 1{,}21$. Weil aber Sinuswerte nicht größer als 1 sein können, ist α nicht berechenbar. Ein Dreieck zu diesen Angaben gibt es daher nicht.

b) zeichnerisch:

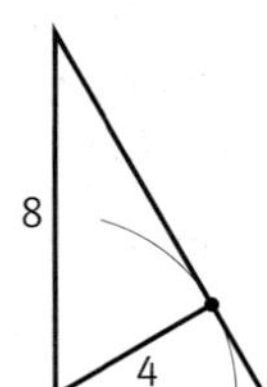

rechnerisch: $\sin\beta = \frac{b \cdot \sin\gamma}{c} = 1$, daraus folgt $\beta = 90°$. Durch diese Angaben ist daher eindeutig ein (rechtwinkeliges) Dreieck festgelegt.

6.72 **a)** Erstes Dreieck: $a_1 \approx 5{,}51$; $\alpha_1 \approx 69{,}8°$; $\gamma_1 \approx 60{,}2°$
Zweites Dreieck: $a_2 \approx 1{,}05$; $\alpha_2 \approx 10{,}2°$; $\gamma_2 \approx 119{,}8°$
b) Ein Dreieck: $c \approx 8{,}32$; $\beta \approx 38{,}6°$; $\gamma \approx 94{,}4°$
c) Ein Dreieck: $b \approx 8{,}13$; $\beta \approx 97{,}4°$; $\gamma \approx 37{,}6°$

d) Erstes Dreieck: $c_1 \approx 68{,}60$; $\alpha_1 \approx 32{,}9°$; $\gamma_1 \approx 123{,}1°$
Zweites Dreieck: $c_2 \approx 12{,}70$; $\alpha_2 \approx 147{,}1°$; $\gamma_2 \approx 8{,}9°$
e) Erstes Dreieck: $a_1 \approx 34{,}12$; $\alpha_1 \approx 103{,}2°$; $\beta_1 \approx 42{,}8°$
Zweites Dreieck: $a_2 \approx 5{,}34$; $\alpha_2 \approx 8{,}8°$; $\beta_2 \approx 137{,}2°$
f) Erstes Dreieck: $b_1 \approx 38{,}61$; $\beta_1 \approx 139{,}4°$; $\gamma_1 \approx 30{,}6°$
Zweites Dreieck: $b_2 \approx 20{,}88$; $\beta_2 \approx 20{,}6°$; $\gamma_2 \approx 149{,}4°$
g) Zu diesen Angaben gibt es kein Dreieck.
h) Ein Dreieck: $b = 5$; $\beta = 30°$; $\gamma = 90°$

6.73 $b \geq 44{,}62$

6.74 Geometrische Begründung: Weil das Dreieck eindeutig bestimmt ist, berührt der zur Konstruktion verwendete Kreisbogen um C die Seite c im Punkt B. Die Seite a ist der Berührradius des Kreises und steht daher im rechten Winkel auf die berührende Seite c.

Rechnerische Begründung: $\sin\beta = \frac{b \cdot \sin\alpha}{a}$. Für $0° < \beta < 180°$ liefert diese Formel nur dann ein eindeutig bestimmtes Ergebnis für β, falls $\sin\beta = 1$, also $\beta = 90°$ ist.

6.75 **1)** $a < b \cdot \sin\alpha$ **2)** $a = b \cdot \sin\alpha \vee a \geq b$ **3)** $b \cdot \sin\alpha < a < b$

6.76 **1)** $a \leq b$ **2)** $a > b$ **3)** Dieser Fall kann nicht eintreten.

6.81
a) $c \approx 4{,}10$; $\alpha \approx 36{,}8°$; $\beta \approx 88{,}2°$
b) $b \approx 3{,}51$; $\alpha \approx 37{,}8°$; $\gamma \approx 112{,}2°$
c) $a \approx 9{,}66$; $\beta \approx 31{,}3°$; $\gamma \approx 43{,}7°$
d) $c \approx 8{,}90$; $\alpha \approx 32{,}6°$; $\beta \approx 57{,}4°$
e) $b \approx 4{,}69$; $\alpha \approx 73{,}8°$; $\gamma \approx 44{,}2°$
f) $a \approx 5{,}89$; $\beta \approx 74{,}6°$; $\gamma \approx 53{,}4°$

6.82 **a)** $c \approx 4{,}20$ **b)** $b \approx 9{,}33$ **c)** $a \approx 11{,}54$ **d)** $c \approx 12{,}72$

6.83
a) $\alpha \approx 25{,}5°$; $\beta \approx 32{,}3°$; $\gamma \approx 122{,}2°$
b) $\alpha \approx 80{,}5°$; $\beta \approx 69{,}4°$; $\gamma \approx 30{,}1°$
c) $\alpha = 90°$; $\beta \approx 36{,}9°$; $\gamma \approx 53{,}1°$

6.84 Nach der Dreiecksungleichung müsste $a + b > c$ sein. Es ist aber $a + b = 8{,}5 < c$. Somit gibt es kein Dreieck.
Die Anwendung des Cosinussatzes liefert zB $\cos\gamma = \frac{a^2 + b^2 - c^2}{2ab} \approx -1{,}34$. Cosinuswerte können aber nicht kleiner als −1 sein. γ ist daher nicht berechenbar. Ein Dreieck zu diesen Angaben gibt es daher nicht.

6.85 In einem gleichseitigen Dreieck gilt: $a^2 = a^2 + a^2 - 2 \cdot a \cdot a \cdot \cos 60°$. Daraus folgt $\cos\alpha = \frac{1}{2}$ und somit $\alpha = 60°$. Analog für β und γ.

6.86
a) $\beta \approx 102{,}5°$; $\gamma \approx 64{,}2°$; $\delta \approx 108{,}4°$
b) $\alpha \approx 117{,}1°$; $\gamma \approx 96{,}1°$; $\delta \approx 89{,}8°$
c) $\alpha \approx 94{,}5°$; $\beta \approx 89{,}1°$; $\delta \approx 53{,}8°$
d) $c \approx 5{,}53$; $\gamma \approx 76{,}0°$; $\delta \approx 133{,}0°$
e) $c \approx 59{,}25$; $d \approx 84{,}65°$; $\delta = 83{,}0°$
f) $a \approx 10{,}51$; $d \approx 6{,}76$; $\alpha = 75°$

6.87
a) $a^2 = b^2 + c^2 = b^2 + c^2 - 0 = b^2 + c^2 - 2bc \cdot \cos 90° = b^2 + c^2 - 2bc \cdot \cos\alpha$
b) $\cos\alpha = -\cos(180° - \alpha) = -\frac{x}{b} \Rightarrow x = -b \cdot \cos\alpha$
$y = c + x = c - b \cdot \cos\alpha$
$a^2 = h^2 + y^2 = b^2 \cdot \sin^2\alpha + (c - b \cdot \cos\alpha)^2 = \ldots = b^2 + c^2 - 2bc \cdot \cos\alpha$

6.88 $a^2 < b^2 + c^2$

6.89 a)

Schritt	in Figur	berechnete Zwischengröße	verwendet wird
1	△ ABC	Teilwinkel $\alpha_1 = \sphericalangle BAC$	Cosinussatz
2	△ ABC	Flächeninhalt A_1	trigonometrische Flächenformel
3	△ ACD	Teilwinkel $\alpha_2 = \sphericalangle CAD$	$\alpha_2 = \alpha - \alpha_1$
4	△ ACD	Teilwinkel $\gamma_2 = \sphericalangle ACD$	Winkelsumme
5	△ ACD	Seite d	Sinussatz
6	△ ACD	Flächeninhalt A_2	trigonometrische Flächenformel
7	ABCD	Flächeninhalt A	$A = A_1 + A_2$

b)

Schritt	in Figur	berechnete Zwischengröße	verwendet wird
1	△ ABC	Flächeninhalt A_1	trigonometrische Flächenformel
2	△ ABC	Diagonale e	Cosinussatz
3	△ ABC	Teilwinkel $\alpha_1 = \sphericalangle BAC$	Sinussatz
4	△ ACD	Teilwinkel $\alpha_2 = \sphericalangle CAD$	$\alpha_2 = \alpha - \alpha_1$
5	△ ACD	Winkel δ	Sinussatz
6	△ ACD	Teilwinkel $\gamma_2 = \sphericalangle ACD$	Winkelsumme
7	△ ACD	Flächeninhalt A_2	trigonometrische Flächenformel
8	ABCD	Flächeninhalt A	$A = A_1 + A_2$

c)

Schritt	in Figur	berechnete Zwischengröße	verwendet wird
1	△ ABC	Flächeninhalt A_1	trigonometrische Flächenformel
2	△ ABC	Diagonale e	Cosinussatz
3	△ ACD	Winkel δ	Cosinussatz
4	△ ACD	Flächeninhalt A_2	trigonometrische Flächenformel
5	ABCD	Flächeninhalt A	$A = A_1 + A_2$

d)

Schritt	in Figur	berechnete Zwischengröße	verwendet wird
1	△ ACD	Flächeninhalt A_2	trigonometrische Flächenformel
2	△ ACD	Diagonale e	Cosinussatz
3	△ ACD	Teilwinkel $\alpha_2 = \sphericalangle CAD$	Sinussatz
4	△ ACD	Teilwinkel $\gamma_2 = \sphericalangle ACD$	Winkelsumme
5	△ ABC	Teilwinkel $\alpha_1 = \sphericalangle BAC$	$\alpha_1 = \alpha - \alpha_2$
6	△ ABC	Teilwinkel $\gamma_1 = \sphericalangle ACB$	$\gamma_1 = \gamma - \gamma_2$
7	△ ABC	Winkel β	Winkelsumme
8	△ ABC	Seite a	Sinussatz
9	△ ABC	Flächeninhalt A_1	trigonometrische Flächenformel
10	ABCD	Flächeninhalt A	$A = A_1 + A_2$

6.90 ca. 79,38°

6.91 ca. 17,28 km

6.92 ca. 357,32 km

6.93 1) Kabellänge ca. 2,549 km 2) $\sphericalangle PRS \approx 96{,}67°$, $\sphericalangle PSR \approx 40{,}89°$

6.94 a) nicht korrekt, ω falsch eingezeichnet
b) korrekt
c) nicht korrekt, ω falsch eingezeichnet
d) nicht korrekt, α, β falsch eingezeichnet

6.95 $\overline{AB} \approx 11{,}97\,m$

6.96 ca. 1787 m

6.97 $\overline{AB} \approx 49{,}66\,m$

6.98 ca. 30,65°

6.99 $\alpha \approx 44{,}7°$, $\beta \approx 84{,}8°$, $\gamma \approx 95{,}2°$, $\delta \approx 135{,}3°$, $A \approx 1017$

6.100 Entfernung der Stollenendpunkte ≈ 3,658 km, ca. 43,1° und ca. 106,9°

6.101 $u \approx 234{,}7\,m$, $A \approx 3192\,m^2$

6.102 $\overline{PQ} \approx 3976{,}4\,m$

6.103 $\overline{CD} \approx 32{,}12\,km$

6.104 1) ca. 1151 m 2) $\sphericalangle(b, v) \approx 42{,}5°$, $\sphericalangle(t, v) \approx 52{,}0°$ 3) ca. 35,38 ha

6.105 ca. 145 m

6.106 Das zweite Zaunende muss in ca. 272,7 m Entfernung von D gesetzt werden.

6.107 $R \approx 338{,}05\,N$, $\sphericalangle(R, F_1) \approx 46{,}8°$, $\sphericalangle(R, F_2) \approx 33{,}7°$

6.108 $F \approx 110{,}68\,N$, $\sphericalangle(F, F_1) \approx 137{,}5°$, $\sphericalangle(F, F_2) \approx 111{,}7°$

6.109 zusätzlich zurücklegte Strecke ≈ 196 km, Zeitverlust ≈ 20 min

6.110 ca. 8,16 km

6.111 $\overline{AB} \approx 9824\,km$, $\overline{AQ} \approx 379591\,km$, $\overline{MQ} \approx 383527\,km$

6.112 $e^2 = a^2 + b^2 - 2ab \cdot \cos\beta = a^2 + b^2 - 2ab \cdot \cos(180° - \alpha) = a^2 + b^2 + 2ab \cdot \cos\alpha$
$f^2 = a^2 + b^2 - 2ab \cdot \cos\alpha$
$e^2 + f^2 = a^2 + b^2 + 2ab \cdot \cos\alpha + a^2 + b^2 - 2ab \cdot \cos\alpha = a^2 + b^2 + a^2 + b^2$

6.113 $c^2 = a^2 + b^2 - 2ab \cdot \cos\gamma$; $a^2 = b^2 + c^2 - 2bc \cdot \cos\alpha$; $b^2 = a^2 + c^2 - 2ac \cdot \cos\beta$
$c^2 + a^2 + b^2 = 2a^2 + 2b^2 + 2c^2 - 2ab \cdot \cos\gamma - 2bc \cdot \cos\alpha - 2ac \cdot \cos\beta \Leftrightarrow$
$\Leftrightarrow a^2 + b^2 + c^2 = 2ab \cdot \cos\gamma + 2bc \cdot \cos\alpha + 2ac \cdot \cos\beta$

6.114 a) Polarkoordinatenpaare $[r \mid \varphi]$ (r Polarabstand, φ Polarwinkel) beschreiben die Lage von Punkten in einem ebenen Koordinatensystem.
b) Nein, dem Ursprung O kann kein Polarwinkel zugeordnet werden.
c) Bei praktischen Vermessungsproblemen im Gelände kann man Punkte durch Polarkoordinaten genauer festlegen, weil man nicht sehr genau parallel zu den Koordinatenachsen messen kann.

6.115 Siehe Seite 102!

6.116 Siehe Seite 103!

6.117 Siehe Seite 105!

6.118 Für $0° \leq \varphi < 360°$ gilt stets: $-1 \leq \sin\varphi \leq 1$ und $-1 \leq \cos\varphi \leq 1$.
Für $0° \leq \varphi < 360°$ mit $\varphi \neq 90°$ und $\varphi \neq 270°$ kann $\tan\varphi$ jede beliebige reelle Zahl als Wert annehmen.

6.119 **a)** Für $-1 < c < 0$ hat die Gleichung $\sin\varphi = c$ genau eine Lösung in QIII und genau eine Lösung in QIV.
Für $0 < c < 1$ hat die Gleichung $\sin\varphi = c$ genau eine Lösung in QI und genau eine Lösung in QII.
Für $c = 0$ hat die Gleichung $\sin\varphi = c$ die beiden Lösungen 0° und 180°.
b) Für $-1 < c < 0$ hat die Gleichung $\cos\varphi = c$ genau eine Lösung in QII und genau eine Lösung in QIII.
Für $0 < c < 1$ hat die Gleichung $\cos\varphi = c$ genau eine Lösung in QI und genau eine Lösung in QIV.
Für $c = 0$ hat die Gleichung $\cos\varphi = c$ die beiden Lösungen 90° und 270°.

6.120 **a)** $180° - \varphi^*$ **b)** $540° - \varphi^*$

6.121 Siehe Seite 105 und Seite 106!

6.122 $A = \frac{1}{2} \cdot a \cdot b \cdot \sin\gamma = \frac{1}{2} \cdot a \cdot c \cdot \sin\beta = \frac{1}{2} \cdot b \cdot c \cdot \sin\alpha$
Flächeninhalt des Dreiecks $= \frac{1}{2}$ mal Seite mal Seite mal Sinus des eingeschlossenen Winkels

6.123 **a)** $\frac{a}{\sin\alpha} = \frac{b}{\sin\beta} = \frac{c}{\sin\gamma}$; anwendbar auf SWW-Fall und SSW-Fall
b) $a^2 = b^2 + c^2 - 2bc \cdot \cos\alpha$, $b^2 = a^2 + c^2 - 2ac \cdot \cos\beta$, $c^2 = a^2 + b^2 - 2ab \cdot \cos\gamma$;
anwendbar auf SWS-Fall und SSS-Fall

6.125

☐ $\sin 135° < 0$	☒ $\cos 268° < 0$	☒ $\sin 311° < 0$	☐ $\cos 270° = 1$
☒ $\cos 176° < \cos 120°$	☐ $\sin 300° > \cos 320°$	☐ $\cos 20° < \cos 30°$	☒ $\sin 180° = 0$

6.126 **a)** Keine Lösung, weil für $0° \leq \varphi < 360°$ stets gilt: $\sin^2\varphi + \cos^2\varphi = 1$.
b) $\sin^2\varphi - \cos^2\varphi = \frac{3}{2} \Leftrightarrow 2 \cdot \sin^2\varphi - 1 = \frac{3}{2} \Leftrightarrow \sin^2\varphi = \frac{5}{4} \Leftrightarrow |\sin\varphi| = \frac{1}{2}\sqrt{5} > 1$
Weil $|\sin\varphi|$ stets höchstens 1 ist, besitzt die letzte Gleichung keine Lösung und damit hat auch die Gleichung $\sin^2\varphi - \cos^2\varphi = \frac{3}{2}$ keine Lösung.

6.127 **a)** $\varphi_1 = 30°$, $\varphi_2 = 150°$, $\varphi_3 = 210°$, $\varphi_4 = 330°$
b) $\varphi_1 = 45°$, $\varphi_2 = 225°$
c) $\varphi_1 = 0°$, $\varphi_2 = 180°$
d) $\varphi_1 = 45°$, $\varphi_2 = 135°$, $\varphi_3 = 225°$, $\varphi_4 = 315°$

6.128 **a)** $\cos^2\alpha - \sin^2\alpha = \cos^2\alpha - (1 - \cos^2\alpha) = 2\cos^2\alpha - 1$
b) $\frac{1}{\cos^2\alpha} - \frac{1}{\cos^2\beta} = \frac{\sin^2\alpha + \cos^2\alpha}{\cos^2\alpha} - \frac{\sin^2\beta + \cos^2\beta}{\cos^2\beta} = \tan^2\alpha + 1 - \tan^2\beta - 1 = \tan^2\alpha - \tan^2\beta$

6.129 ca. 79,38°

6.130 $A \approx [66{,}5 \mid 58{,}7°]$, $B \approx [60{,}8 \mid 124{,}1°]$, $C \approx [32{,}2 \mid 217{,}4°]$, $D \approx [39{,}8 \mid 342{,}0°]$

6.131 ca. 77,86°

6.132 Die Straße kann nicht gerade sein.

6.133 **a)** $A' \approx (0{,}46 \mid -3{,}13)$, $B' \approx (3{,}77 \mid -1{,}68)$ **b)** $A' \approx (1{,}16 \mid 2{,}94)$, $B' \approx (-2{,}42 \mid 3{,}34)$

6.134 $B = [95{,}00 \mid 0°]$; $C \approx [111{,}83 \mid 31{,}84°]$; $D = [59{,}00 \mid 90°]$; $E \approx [55{,}92 \mid 31{,}84°]$, $F \approx [18{,}96 \mid 29{,}51°]$
$G \approx [79{,}05 \mid 6{,}79°]$; $H \approx [92{,}89 \mid 32{,}32°]$; $I \approx [52{,}33 \mid 71{,}62]$; $J = [47{,}5 \mid 0°]$; $K \approx [75{,}74 \mid 51{,}16°]$

6.135 $\sphericalangle PGK \approx 30°$; ca. 71 Schritte
$\sphericalangle QGK \approx 23°$; ca. 86 Schritte
$\sphericalangle RGK \approx 11°$; ca. 132 Schritte
$\sphericalangle SGK \approx 22°$; ca. 141 Schritte

7 Reelle Funktionen

7.02 **a)** Der Funktionswert von f an der Stelle 0 ist 1.
b) Der Funktionswert von f an der Stelle 1 ist kleiner als 3.
c) Der Funktionswert von f an der Stelle 4 ist größer als der Funktionswert von f an der Stelle 3.
d) An jeder Stelle des Intervalls [0; 3] ist der Funktionswert von f größer oder gleich 1.

7.03 **a)** Zu Beginn ist der Geldbetrag 500 €.
b) Nach zwei Jahren ist der Geldbetrag größer als nach einem Jahr.
c) Nach zehn Jahren ist der Geldbetrag größer als zu Beginn.
d) Nach 24 Jahren ist der Geldbetrag größer als 1000 €.
e) Für eine Laufzeit von mehr als zehn Jahren ist der Geldbetrag stets größer als 670 €.
f) Für eine Laufzeit von weniger als fünf Jahren ist der Geldbetrag nie größer als 580 €.

7.04 Sei h(t) die Höhe der Kressepflanze (in Millimeter) nach t Tagen.
a) $h(5) = 50$ **b)** $h(6) < 60$ **c)** $h(13) = h(14)$ **d)** Für alle $t \geq 9$ ist $h(t) = 63$.

7.05 **a)**

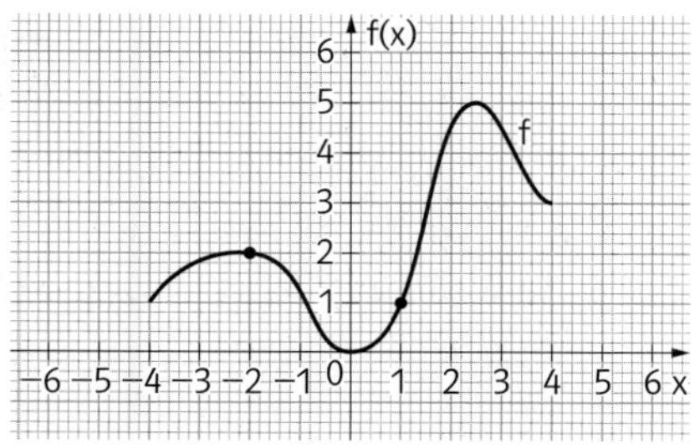

c)

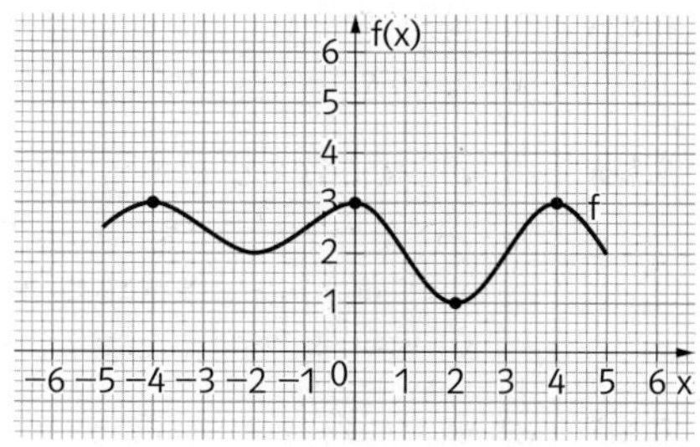

b)

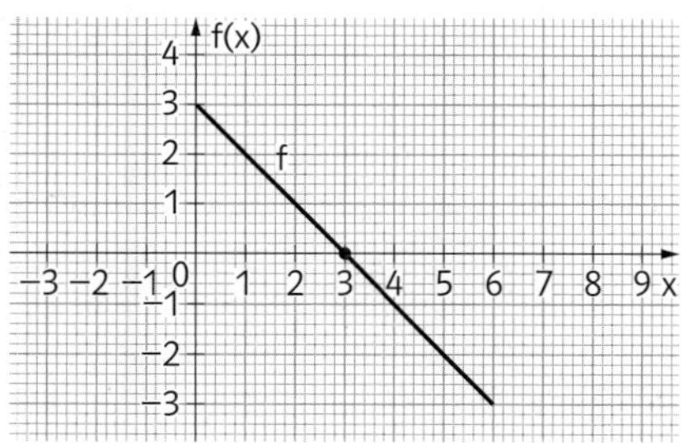

d)

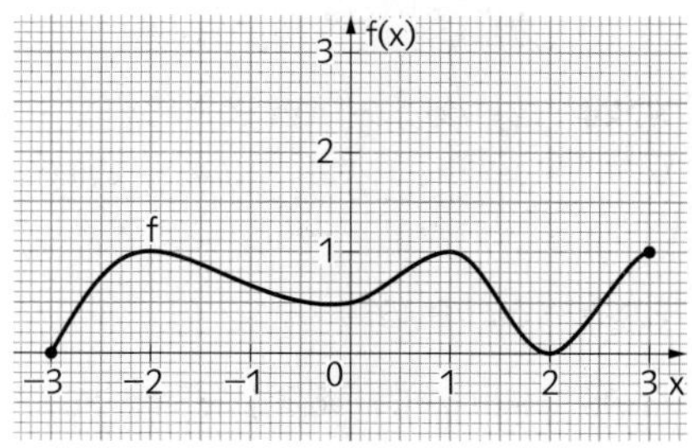

7.06 **a)** $T(5) = 18$ **c)** Für alle $t \in [18; 20]$ ist $T(t) = 16$.
b) $T(10) = T(18)$ **d)** $T(t) \geq T(20)$ für alle $t > 20$

7.07 **a)** **1)** Definitionsmenge = [0; 5]; Wertemenge = [0; 50]
2) Der Funktionswert an der Stelle 3 ist 30: $f(3) = 30$
3) An der Stelle 4 beträgt der Funktionswert 40: $f(4) = 40$
4) Für alle $x \in [3; 5]$ ist $f(x) \geq 30$.
5) Für $x = 5$ ist f(x) am größten, für $x = 0$ am kleinsten.

b) **1)** Definitionsmenge = [–1; 4]; Wertemenge = [10; 50]
2) Der Funktionswert an der Stelle 3 ist ungefähr 13: $f(3) \approx 13$
3) An den Stellen –1 und 1 beträgt der Funktionswert 40: $f(-1) = 40$, $f(1) = 40$
4) Für alle $x \in [-1; 1{,}5]$ ist $f(x) \geq 30$.
5) Für $x = 0$ ist f(x) am größten, für $x = 4$ am kleinsten.

c) **1)** Definitionsmenge = [–2; 3]; Wertemenge = [–10; 40]
2) Der Funktionswert an der Stelle 3 ist 30: $f(3) = 30$
3) An der Stelle 2 beträgt der Funktionswert 40: $f(2) = 40$
4) Für alle $x \in [1; 3]$ ist $f(x) \geq 30$.
5) Für $x = 2$ ist f(x) am größten, für $x = -1$ am kleinsten.

7.08 **1)**

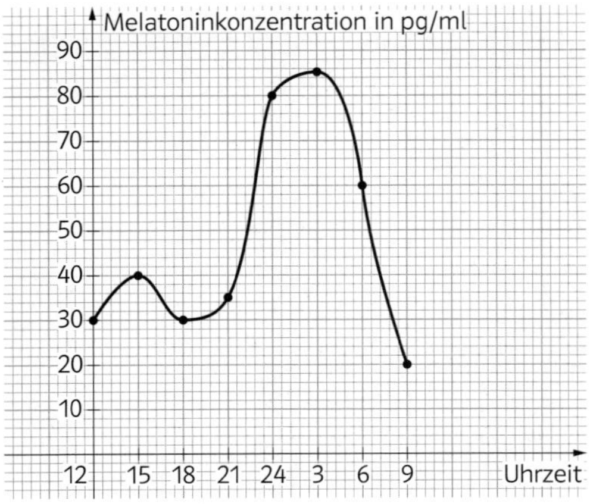

2) Zu Beginn liegt die Melatoninkonzentration bei 30 pg/ml. In den folgenden 3 h steigt sie leicht an und erreicht nach weiteren 3 h wieder den Ausgangswert. Danach steigt sie zunächst leicht und zwischen 21 Uhr und Mitternacht stark an und erreicht um 3 Uhr mit 85 pg/ml ihren höchsten Wert. Danach verringert sich die Konzentration wieder stark und erreicht um 9 Uhr einen Wert von 20 pg/ml.

7.09 **1)**

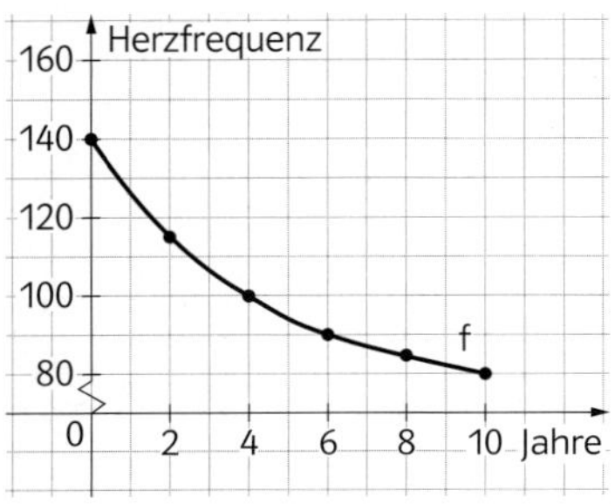

2) Die Herzfrequenz nimmt mit zunehmendem Alter ab, anfangs rasch und allmählich immer langsamer.

7.10 **1)**

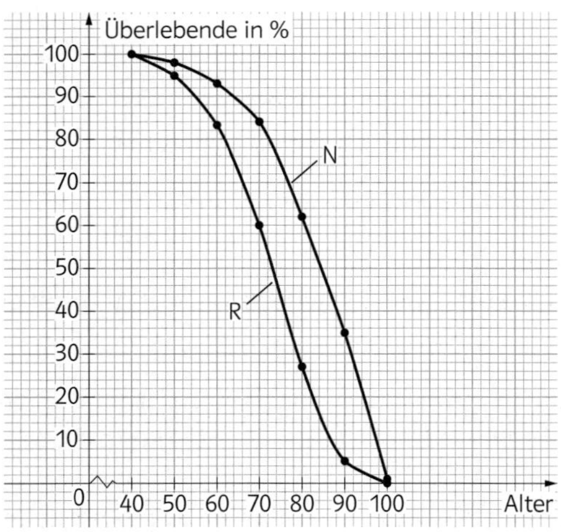

2) Nichtraucher (N): Die Überlebenschance fällt bis zu einem Alter von ca. 70 Jahren leicht, danach stark, ab 80 fast linear.

Raucher (R): Die Überlebenschance sinkt ab einem Alter von ca. 50 Jahren stark, zwischen 90 und 100 nur mehr leicht.

3) Bei einem Lebensalter von ungefähr 80 Jahren sind die Unterschiede am stärksten.

7.11

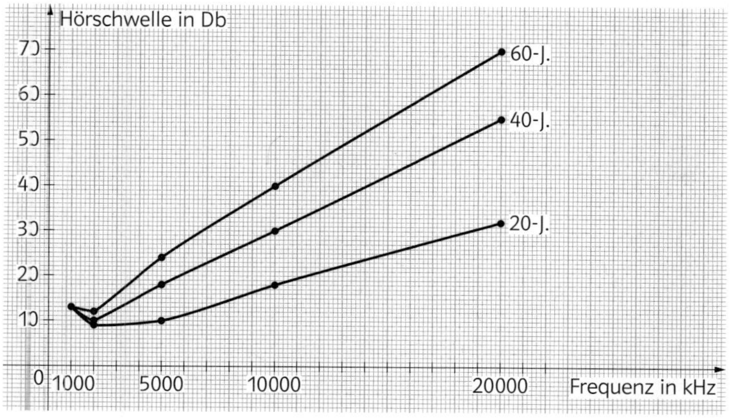

Zwischen 1000 und 2000 kHz sinkt die Hörschwelle leicht (bei den 20-jährigen am stärksten, bei den 60-jährigen am schwächsten), danach steigt sie. Ab ca. 10000 kHz steigen alle drei Graphen fast linear. Je höher die Frequenz (die Tonhöhe) ist, desto größer sind die Unterschiede bei der Hörschwelle.

7.12 **1)** Die Konzentration nimmt zunächst rasch zu, erreicht nach ca. 2,5 h ihren größten Wert und nimmt dann ab, zunächst stärker und dann immer schwächer.

2) nach ca. 2,5 h

3)

Zeit (in h)	Konzentration (in mg/l)
2	300
4	300
6	240
8	180
10	120
12	90
14	70
16	50
18	35
20	20

7.13 zB: Jedem Rechteck werden dessen Seitenlängen zugeordnet.
Jeder Gleichung $x^2 = c$ (mit $c > 0$) werden deren Lösungen zugeordnet.

7.14 Nein. Den Zahlen $n \in \mathbb{N}^*$ mit $n \geq 2$ werden mehrere Teiler zugeordnet.

7.15 **(1)** und **(3)**: Es liegt eine Funktion vor.
(2) und **(4)**: Es liegt keine Funktion vor, da manchen Argumenten x mehrere Zahlen y zugeordnet werden.

7.20 **a)** Zu Beginn steht das Auto. Dann nimmt seine Geschwindigkeit zu, erreicht nach 2,5 Minuten ihren größten Wert und nimmt anschließend wieder ab. Nach fünf Minuten bleibt das Auto wieder stehen.

b) Zu Beginn steht das Auto. Dann beschleunigt es zwei Minuten lang, fährt dann zwei Minuten lang mit 60 km/h und beschleunigt dann eine weitere Minute lang auf 90 km/h.

c) Zu Beginn steht das Auto. Dann beschleunigt es ca. 1,5 Minuten lang, fährt ca. 1,5 Minuten lang mit 60 km/h, verringert in der nächsten Minute seine Geschwindigkeit auf 30 km/h und beschleunigt dann wieder eine Minute lang auf 90 km/h.

7.21 a)

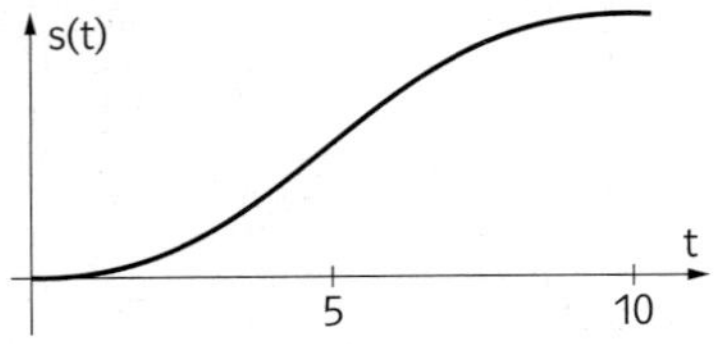

b)

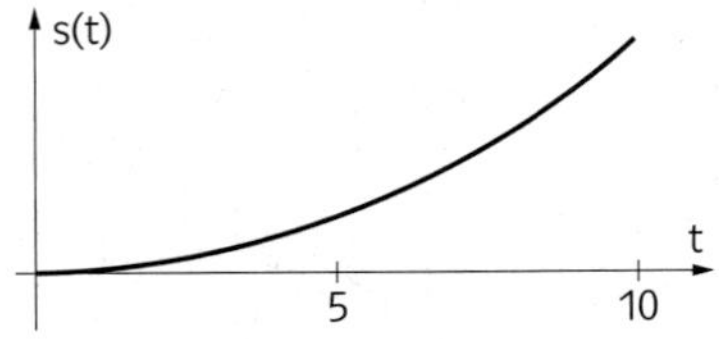

c)

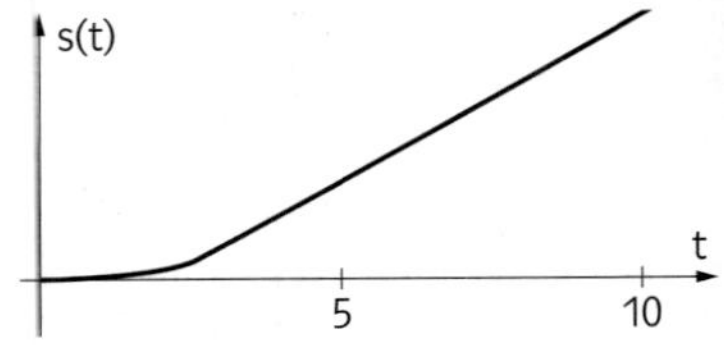

7.22
1) 350 km, 3 h
2) mit ca. 117 km/h
3) ja
4) Nein, er ist bereits 87,5 km weit gefahren.
5) nach ca. 1 h 45 min
6) ca. 87,5 km; ca. 45 min

7.23 (5)

7.24 a)

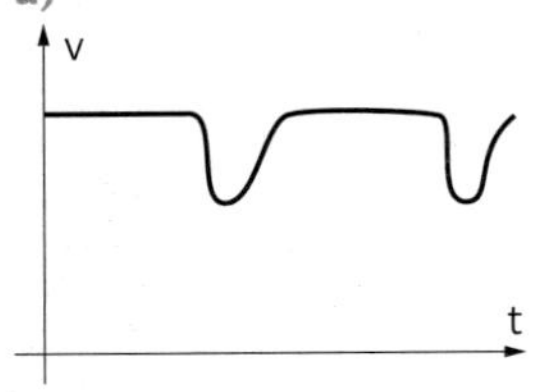

b)

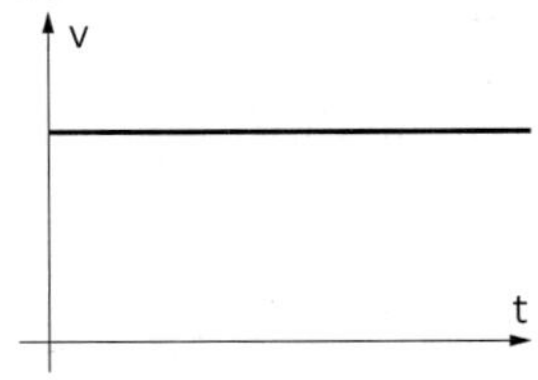

c)

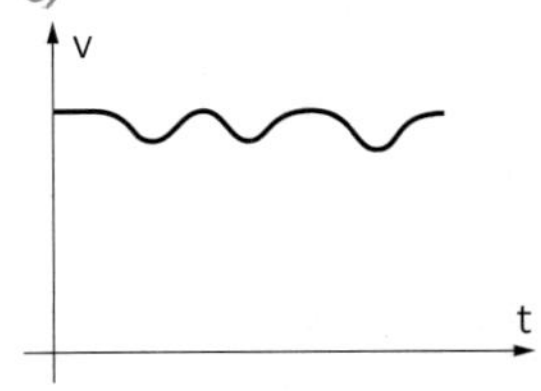

7.25
1) Zu Beginn steigt die Geschwindigkeit durch den Raketenstart rapic an. Anschließend wird die Kapsel sich selbst überlassen und die Geschwindigkeit nimmt ab. Am Ende des Flugs steigt die Geschwindigkeit wieder, da die Kapsel in den Anziehungsbereich des Mondes kommt.
2) nach ca. 56 h; ca. 3 800 km/h

7.26 (2)
(1) Kommt nicht in Frage, weil die Höhe stets gleich bleibt.
(3) Kommt nicht in Frage, weil die Höhe abnimmt.
(4) Kommt nicht in Frage, weil die Höhe immer schneller zunimmt.
(5) Kommt nicht in Frage, weil die Höhe immer langsamer zunimmt.

7.27 a)

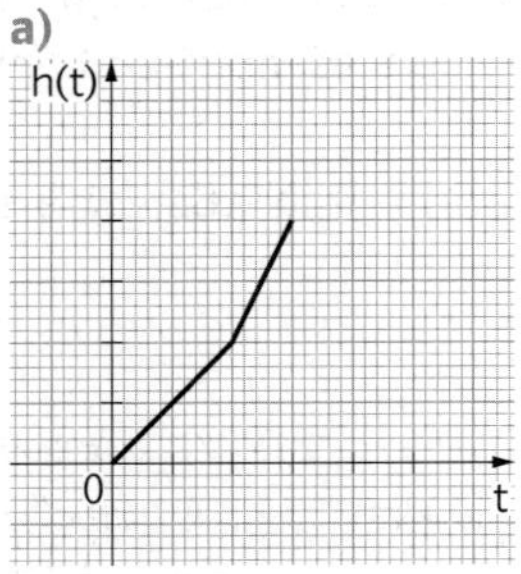

b)

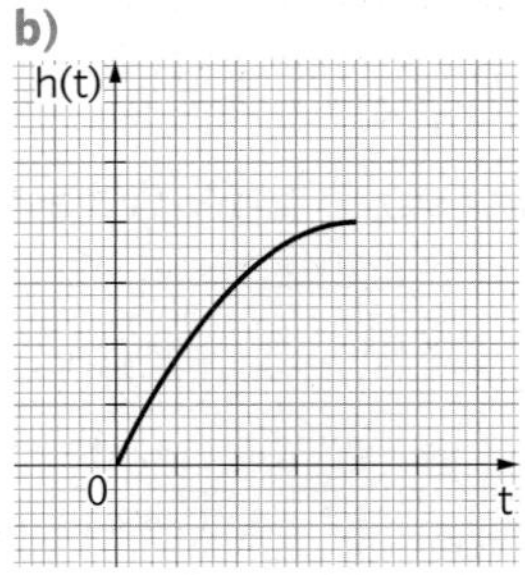

c)

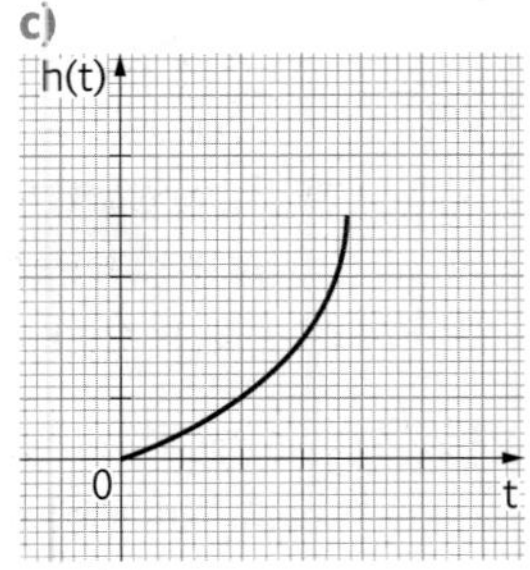

d)

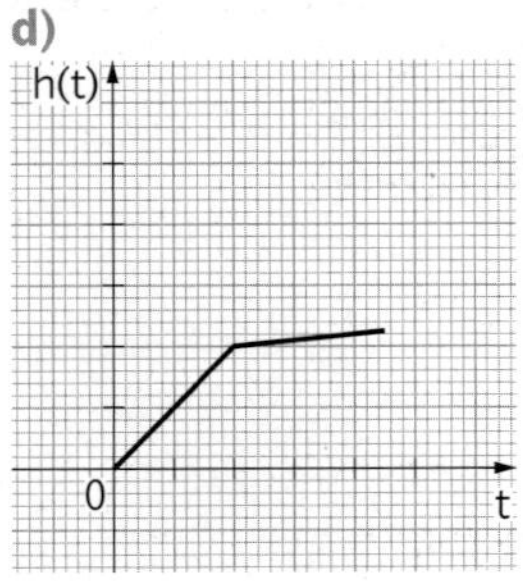

e)

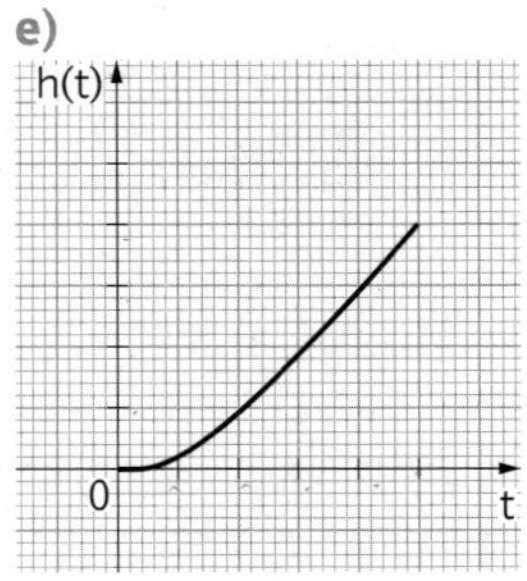

7.28 a)

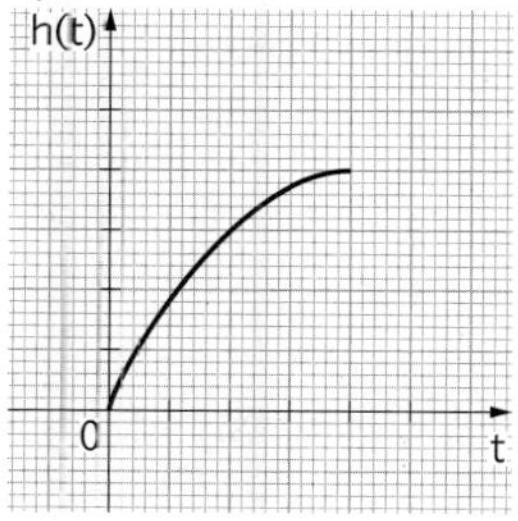

b)

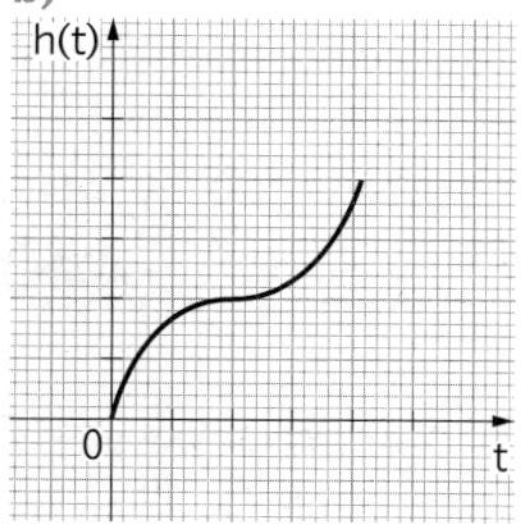

c)

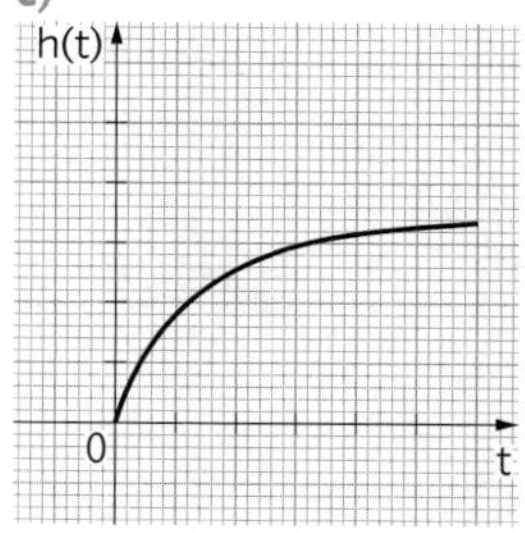

d)

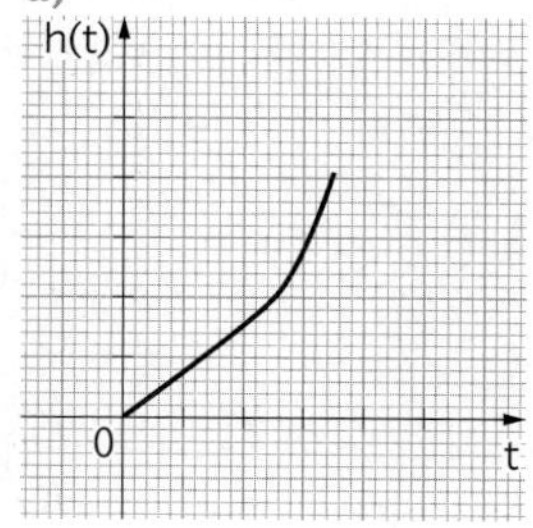

7.29 Querschnitte der Gefäße:

a)

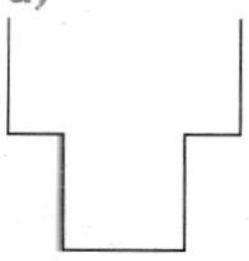

b)

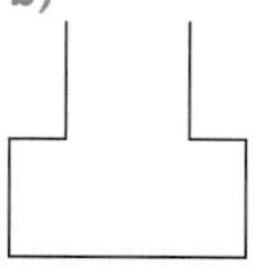

c)

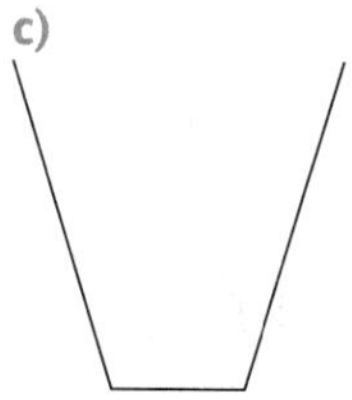

d)

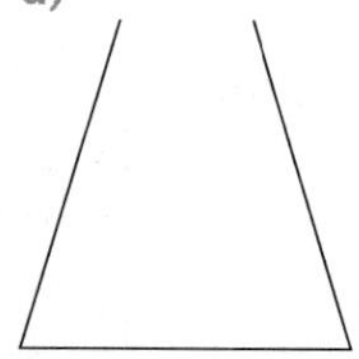

7.30 a)

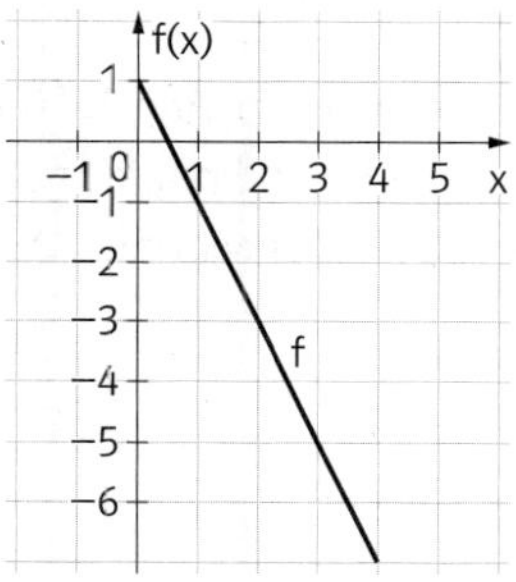

b)

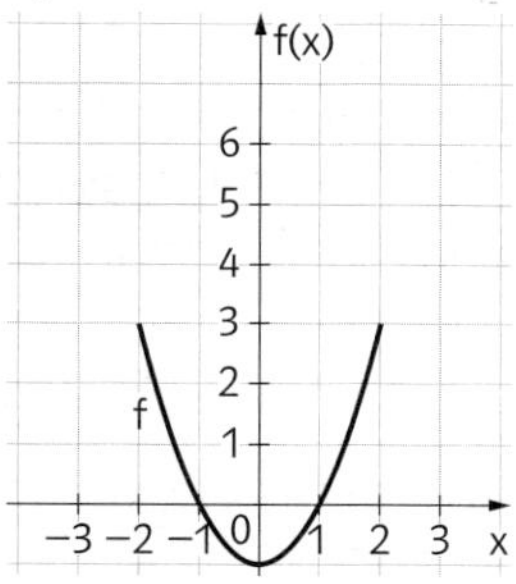

c)

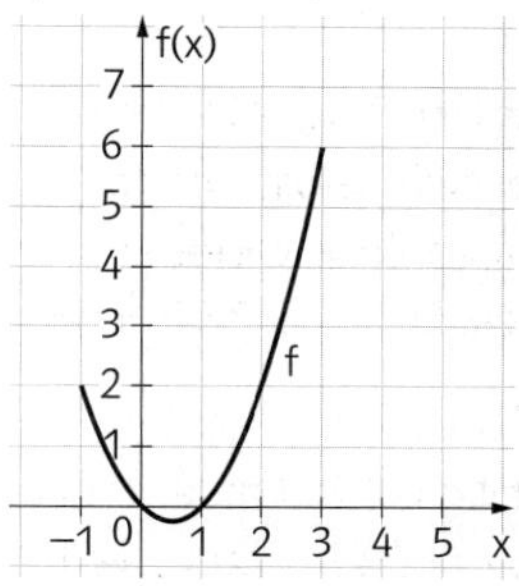

d)

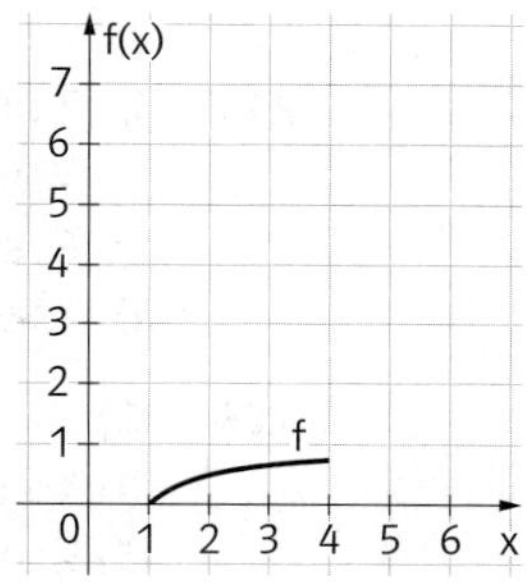

7.31 1) $f(x) \in [1; 3]$ 2) $x \in [-2; -1] \pm [1; 2]$

7.32 a) Die Skala auf der 1. Achse ist nicht äquidistant. Die 2. Achse ist überhaupt nicht beschriftet. Die Darstellung lässt sich trotzdem rechtfertigen, weil man die wesentlichen Informationen ablesen kann (siehe b) und c)).

b) Phosphate werden in den ersten 10 s abgebaut, Kohlenhydrate anschließend bis zum Ende der ersten Laufstunde, Fette erst danach.

c) mehr als 1 h

7.33 1) Die Muskelkraft nimmt ungefähr bis zum 25. Lebensjahr ziemlich rasch zu, dann wesentlich langsamer wieder ab. Ungefähr bis zum 10. Lebensjahr nimmt sie fast linear zu, nach dem 40. Lebensjahr fast linear ab, dh. in gleichen Zeitabschnitten ist die Zu- bzw. Abnahme gleich groß.

2)

Alter (Jahre)	durchschnittliche maximale Kraft (%)	
	Männer	Frauen
5	10	10
10	60	40
20	97	70
30	100	75
40	97	70
50	90	60
60	80	50

3) Die Muskelkraft von Männern ist fast immer größer als die von Frauen, sie steigt auch schneller an, nimmt aber ungefähr in gleicher Weise ab. Das Maximum bei Männern ist um ca. 30 % größer als das bei Frauen.

7.34 1) Mit zunehmender Zahl von Wiederholungen kann man nur immer kleinere Lasten heben, wobei die hebbare Last anfangs rasch abnimmt, dann immer langsamer.
2) nach ca. 35 Wiederholungen
3) unter ca. 15 %

7.35 (3)

7.36 1) 20 l
2) zweimal, beim ersten Mal 70 l, beim zweiten Mal 35 l
3) 70 l
4) ca. 350 km
5) eher in einer Stadt, da der Benzinverbrauch am Anfang stärker ist als späterhin
6) erste Tankstelle eher am Land, zweite Tankstelle eher in einer Stadt

7.37 1) 4,3 mg
2) 6,2 mg; nach 1 h 12 min
3) Die wirksame Menge nimmt zuerst zu, erst schnell, dann immer langsamer, erreicht nach 1 h 12 min ihr Maximum, nimmt dann wieder ab, zuerst relativ schnell, dann immer langsamer und nähert sich dem Wert 0.
4) zwischen 24 min bis 2 h 24 min nach der Einnahme
5) um ca. 56 %

7.38 1) 15 l; am Mittwoch um 15 Uhr und am Freitag um 15 Uhr
2) ungefähr von 12 bis 13 Uhr und von 14 bis 15 Uhr
3) am Mittwoch von 13 bis 15 Uhr und am Freitag um 13 bis 15 Uhr
4) am Donnerstag von 12 bis 13 Uhr

7.42 1) Definitionsmenge = [0; 4]; Wertemenge = [0; 16]; Funktionsgleichung: $y = x^2$
2) $f: x \mapsto x^2$, $f(x) = x^2$, $y = x^2$

7.43 1) $A(s) = \frac{s^2}{2}$
2)

s	0,1	0,2	0,3	0,4	0,5	0,6	0,7	0,8	0,9	1,0
A(s)	0,005	0,02	0,045	0,08	0,125	0,18	0,245	0,32	0,405	0,5

3)
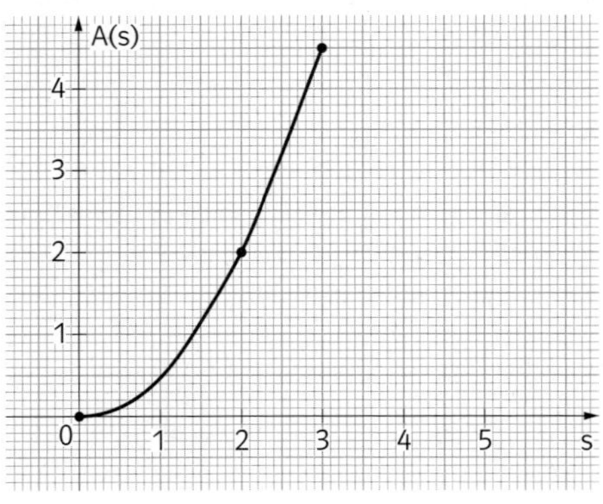

Definitionsmenge = Wertemenge = $\mathbb{R}^+$;
Graph $G = \left\{(s \mid A(s)) \in \mathbb{R}^2 \,\middle|\, A(s) = \frac{s^2}{2} \wedge s > 0\right\}$

7.44 a) $f(x) = \frac{4}{3} \cdot x - 2$ b) $f(x) = -\frac{1}{4} \cdot x + \frac{1}{2}$ c) $f(x) = -\frac{3}{5} \cdot x - \frac{2}{5}$

7.45 a) $f(x) = -\frac{a}{b} \cdot x + \frac{c}{b}$ b) $f(y) = -\frac{b}{a} \cdot y + \frac{c}{a}$ c) $f(u) = \frac{d}{c} \cdot u + \frac{e}{c}$

7.46 a) Für $x = 0$ oder $x = 1$ gibt es kein $y \in \mathbb{R}$.
b) Für $x < 1$ gibt es kein $y \in \mathbb{R}$.
c) Für $x = -\frac{1}{4}$ gibt es kein $y \in \mathbb{R}$.
d) Für $x = 2$ gibt es kein $y \in \mathbb{R}$.

7.47 a) $\mathbb{R}^*$ b) $\mathbb{R} \setminus \{-3\}$ c) $\mathbb{R} \setminus \left\{-\frac{1}{4}\right\}$ d) $\mathbb{R} \setminus \{-4; 0\}$

7.48 1) $Z = B \cdot \frac{p}{100} \cdot \frac{n}{360}$

2) $Z(n) = \frac{5}{36} \cdot n$; $Z(1) = \frac{5}{36} \approx 0{,}14$; $Z(100) = \frac{125}{9} \approx 13{,}89$

3) $Z(B) = \frac{1}{720} \cdot B$; $Z(1) = \frac{1}{720} \approx 0{,}0014$; $Z(7200) = 10$

4) $Z(p) = \frac{5}{6} \cdot p$; $Z(1) = \frac{5}{6} \approx 0{,}83$; $Z(15) = 12{,}5$

7.49 1) $v_0 = 25\,\text{m/s}$
2) Reaktionsweg: 20 m, Anhalteweg: 72 m, Bremsweg: 52 m
3) Reaktionszeit $\tau = 0{,}8\,\text{s}$
4) $b \approx 6{,}01\,\text{m/s}^2$
5) Anhalteweg laut Fahrschulformel = 108 m
Anhalteweg laut Grafik = 72 m

7.50 Siehe die Definition auf Seite 126!
Beispiele: f: $x \mapsto 2x$, g: $x \mapsto x^2$, h: $x \mapsto |x|$

7.51 Siehe die Definition auf Seite 127!

7.52 Man stellt die Punkte $(x \mid f(x))$ in einem Koordinatensystem dar. Dabei heißt x Stelle oder Argument und f(x) Funktionswert von f an der Stelle x. Siehe die Abbildungen auf Seite 127!

7.53 Ist f: $A \to \mathbb{R}$ eine reelle Funktion, so heißt A die Definitionsmenge der Funktion f. Die Zielmenge ist $\mathbb{R}$.

7.54 Siehe die Definition auf Seite 138!

7.55 Siehe zB die Fragen in Aufgabe 7.07!

7.56 Siehe die Fragen zu Zuordnung und Veränderung auf Seite 131!

7.58 1) $G = \{(x \mid y) \in \mathbb{R}^2 \mid y = 2x \wedge x \in \mathbb{Z} \wedge -2 \leq x \leq 2\} = \{(-2 \mid -4), (-1 \mid -2), (0 \mid 0), (1 \mid 2), (2 \mid 4)\}$
2) Definitionsmenge $A = \{x \in \mathbb{Z} \mid -2 \leq x \leq 2\} = \{-2;\ -1;\ 0;\ 1;\ 2\}$
Termdarstellung von f: $f(x) = 2x$ mit $x \in A$
3) zB:

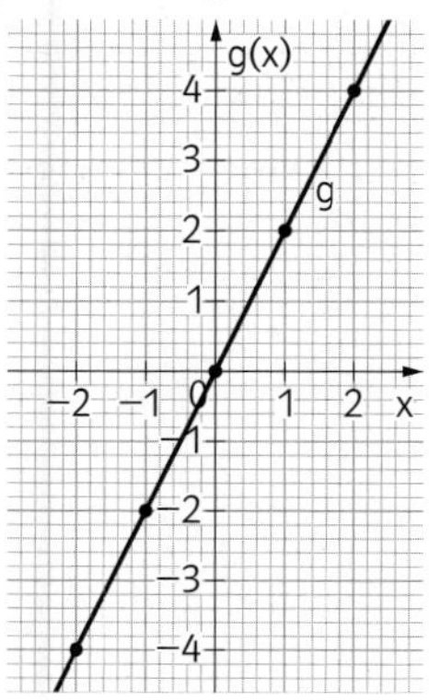

7.59 a) Der Zahl 0 wird keine reelle Zahl zugeordnet.
b) Den Zahlen 0 und 1 werden keine natürlichen Zahlen zugeordnet.
c) Den Zahlen $n > 1$ werden mehrere Teiler zugeordnet.
d) Den negativen Zahlen werden keine reellen Zahlen zugeordnet.
Den positiven Zahlen werden jeweils zwei reelle Zahlen zugeordnet.

7.60 Definitionsmenge $\mathbb{R}$ nur bei (2) f: $\mathbb{R} \to \mathbb{R} \mid x \mapsto \frac{1}{2} - \frac{3x}{4}$
(1) $A = \mathbb{R}\backslash\{-2\}$, f: $\mathbb{R}\backslash\{-2\} \to \mathbb{R} \mid x \mapsto \frac{x}{2+x}$ (3) $A = \mathbb{R}^*$, f: $\mathbb{R}^* \to \mathbb{R} \mid x \mapsto -\frac{2}{3}$

7.61 **a)** f steigt in $[-6; -3]$ und $[2; 5]$, f fällt in $[-3; 2]$ und $[5; 6]$.
b) größter Wert an der Stelle -3, kleinster Wert an der Stelle -6
c) Nullstellen: $-5, -1$ und 3
d) für $-5 < x < -1$ und für $3 < x \leq 6$
e) für $-6 \leq x < -4$ und für $-2 < x < 4$

7.62 **a)** $f(x) = \frac{x}{1,2}$ für $x \in A$
b)

x	y = f(x)
100	83,33
200	166,67
300	250
400	333,33
500	416,67

$G = \left\{\left(x \middle| \frac{x}{1,2}\right) \mid x \in A\right\}$

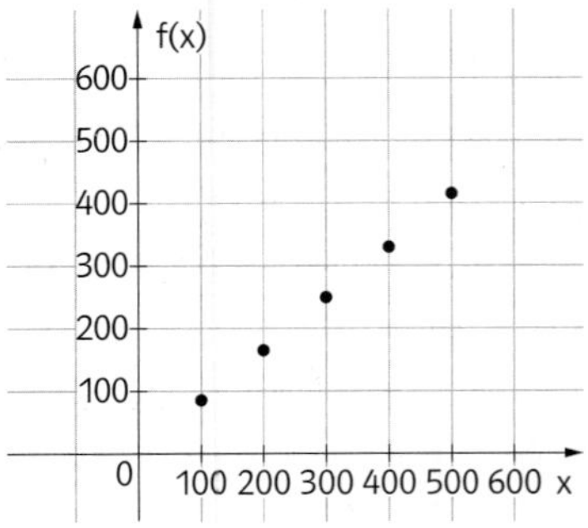

7.63
☐ ☒
☐ ☐
☒
☒

7.64 der dritte Graph

7.65 **1)**
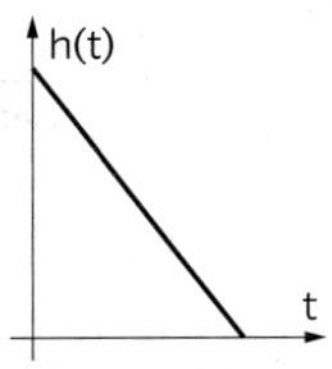

2)
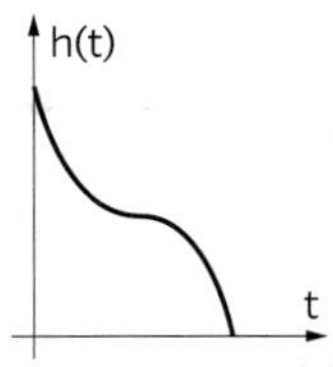

7.66
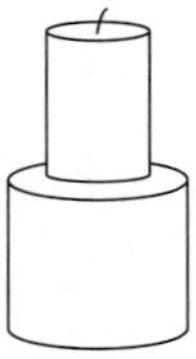

7.67 **a)** $V(r) = \frac{\pi h}{3} \cdot r^2$ (h konstant) Typ: $f(x) = c \cdot x^2$
größtmöglicher Definitionsbereich: $\mathbb{R}^+$

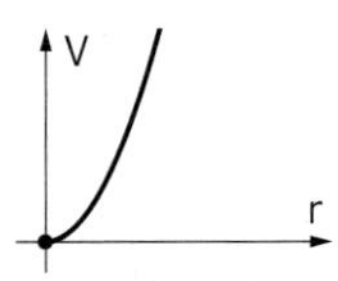

b) $V(h) = \frac{r^2\pi}{3} \cdot h$ (r konstant) Typ: $f(x) = k \cdot x$
größtmöglicher Definitionsbereich: $\mathbb{R}^+$

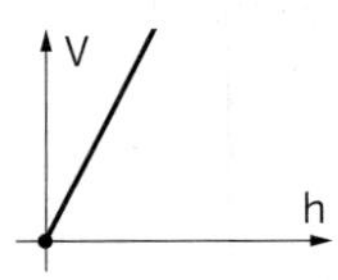

c) $h(r) = \frac{3V}{\pi} \cdot \frac{1}{r^2}$ (V konstant) Typ: $f(x) = \frac{c}{x^2}$
größtmöglicher Definitionsbereich: $\mathbb{R}^+$

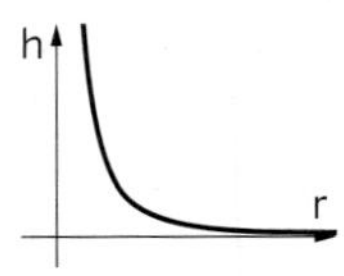

7.68 **a)** zB: $f(x) = x$ **b)** $f(x) = x^2$ **c)** $f(x) = \frac{1}{x}$

7.69
1) ☐ ☐ ☒ **4)** ☐ ☐ ☒
2) ☐ ☒ ☐ **5)** ☒ ☐ ☐
3) ☒ ☐ ☐ **6)** ☐ ☒ ☐

8 Lineare Funktionen

8.04 **(4)** Der Graph ist eine Gerade.
Beachte, dass auch in (2) eine Gerade gezeichnet ist, jedoch keine Funktion vorliegt.

8.05 **1)** ja; $k = 1$, $f(0) = d = 0$ **2)** ja; $k = 0$, $f(0) = d = -1$ **3)** Nein **4)** ja; $k = 1$, $f(0) = d = 1$ **5)** ja; $k = \frac{1}{2}$, $f(0) = d = -1$ **6)** ja; $k = 1$, $f(0) = d = -\frac{1}{2}$ **7)** nein **8)** nein

8.06 **a)** zB: (0 | 1) und (2 | 5)

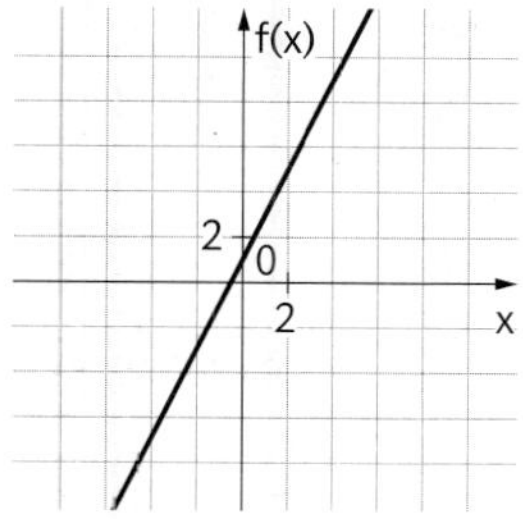

b) zB: (0 | −5) und (2 | −3)

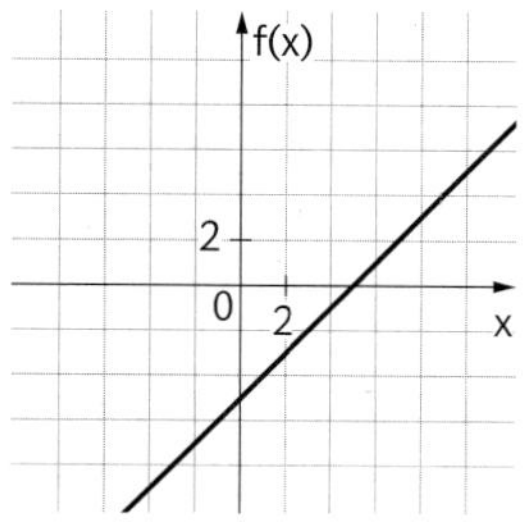

c) zB: (0 | 0,5) und (2 | −0,5)

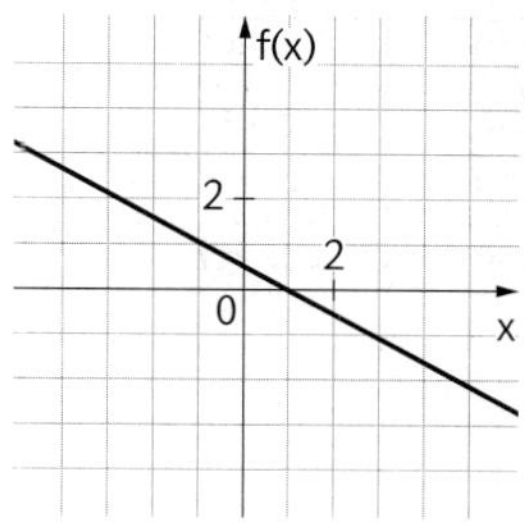

d) zB: (0 | 0) und (2 | −4)

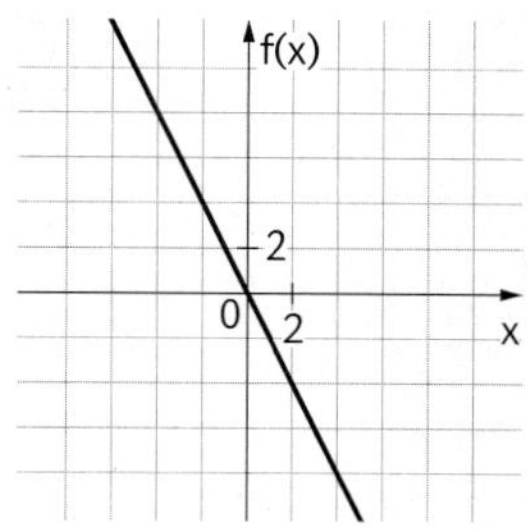

8.07 **a)** (−2 | 0) und (0 | 1)

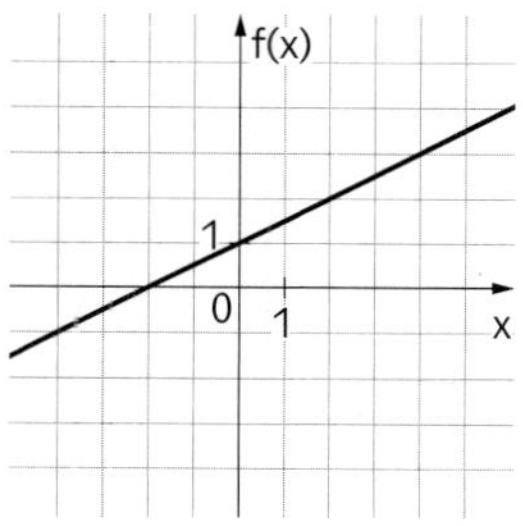

c) (5 | 0) und (0 | −2)

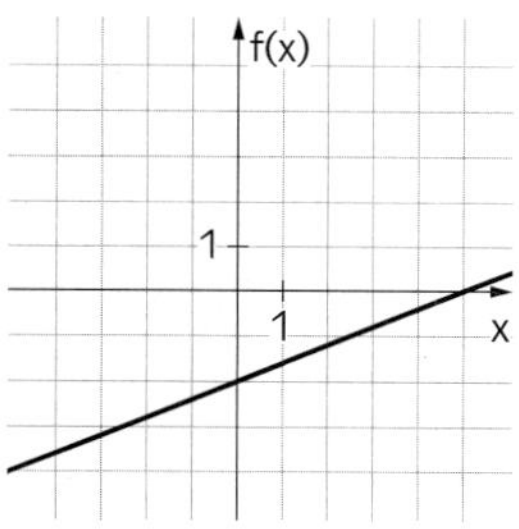

e) (0 | 0)

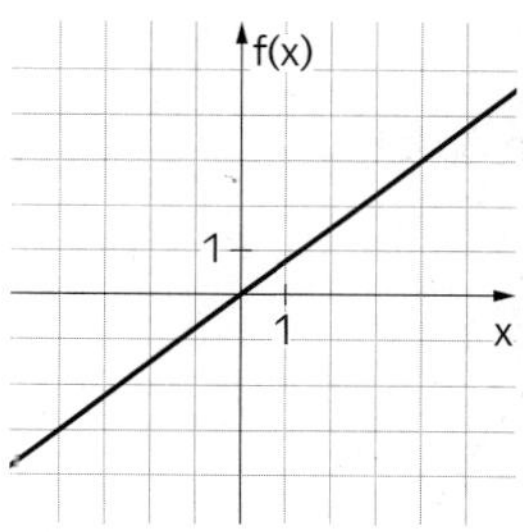

g) (−2 | 0) und (0 | 0,8)

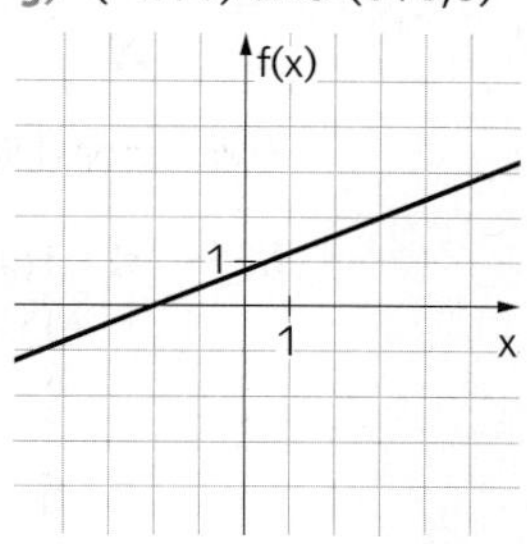

b) (2 | 0) und (0 | 3)

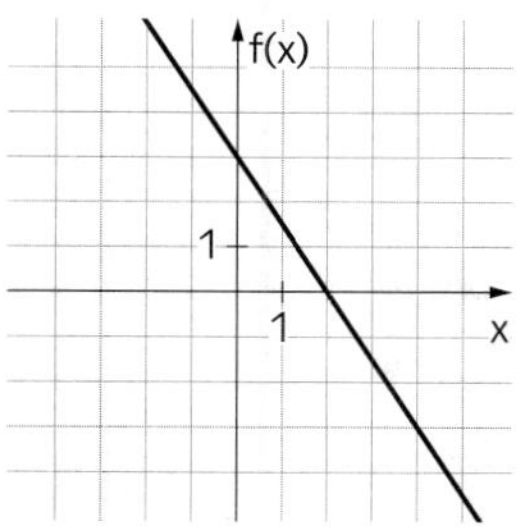

d) (−1 | 0) und (0 | −1)

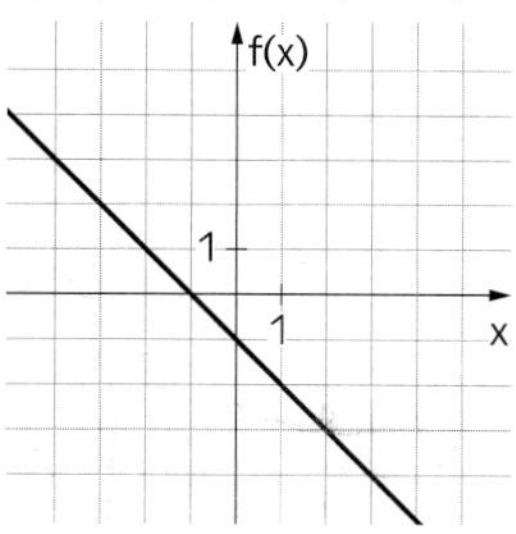

f) (24 | 0) und (0 | 4)

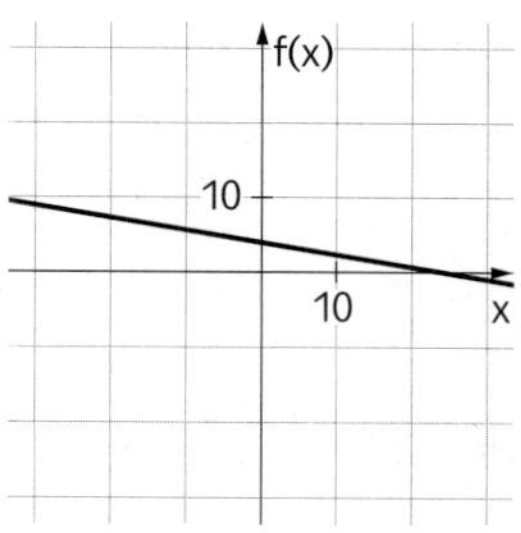

h) (3,5 | 0) und (0 | −3,5)

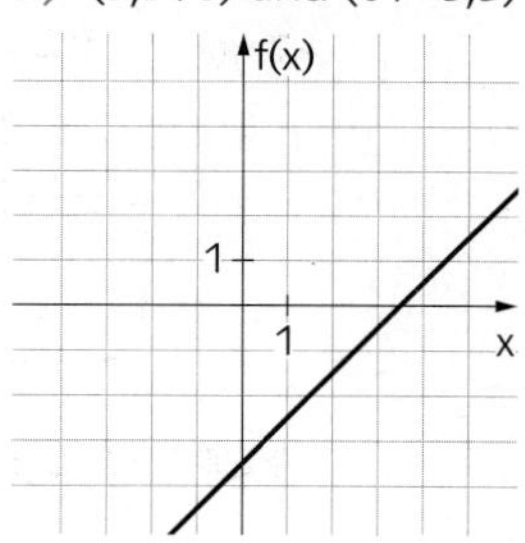

8.08 **a)** $f(x) = 2x - 3$,
zB: (0 | −3) und (2 | 1)

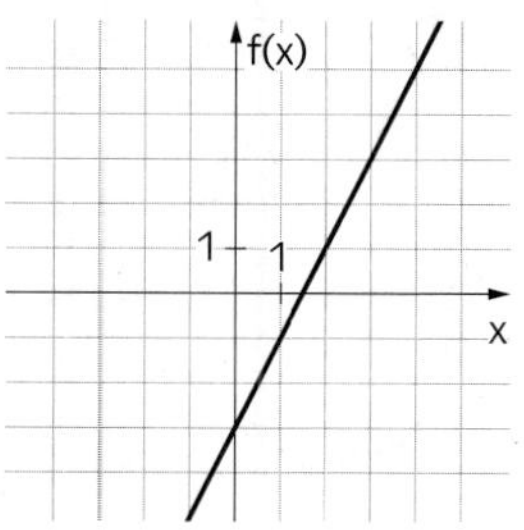

b) $f(x) = \frac{1}{2}x + \frac{5}{2}$,
zB: $\left(0 \middle| \frac{5}{2}\right)$ und $\left(2 \middle| \frac{7}{2}\right)$

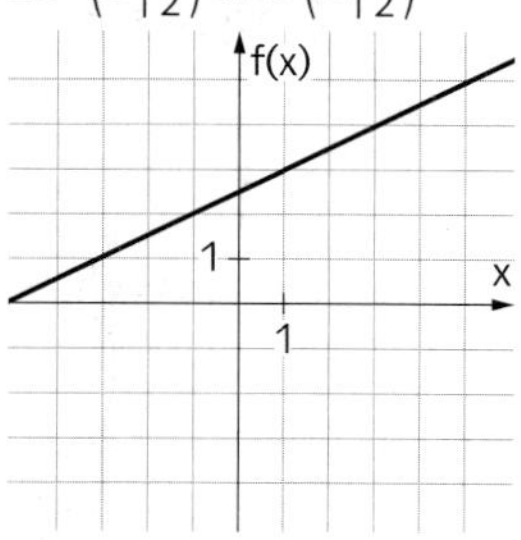

c) $f(x) = -2$,
zB: (0 | −2) und (2 | −2)

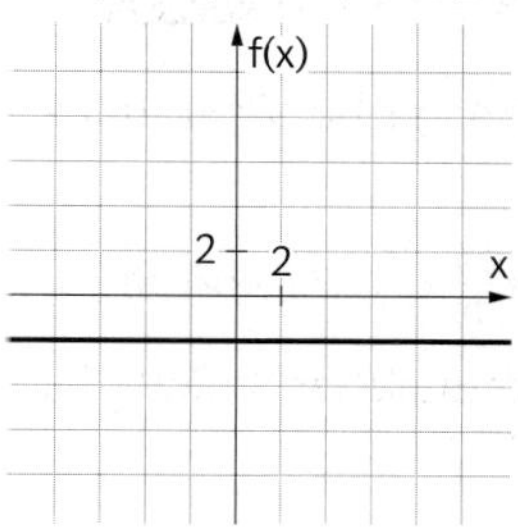

d) $f(x) = -\frac{1}{3}x + 3$,
zB: (0 | 3) und (3 | 2)

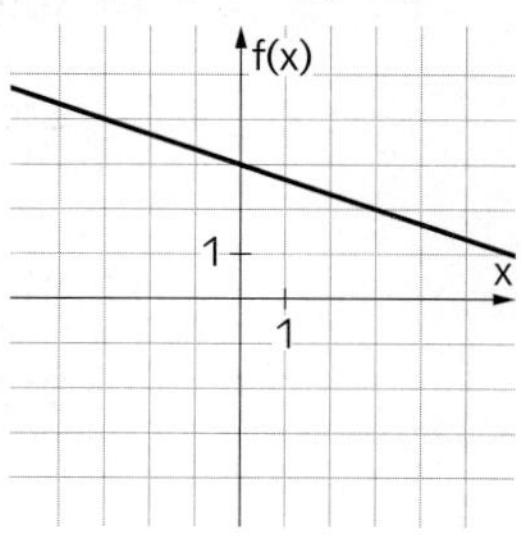

8.09 **a)** steigend **b)** steigend **c)** fallend **d)** fallend

8.10 **a)** nein **b)** ja **c)** nein **d)** ja

8.11 1) Der Graph wird nach oben parallel verschoben.
2) Der Graph wird nach unten parallel verschoben.
3) Der Graph dreht sich entgegen dem Uhrzeigersinn um den Punkt (0 | d).
4) Der Graph dreht sich im Uhrzeigersinn um den Punkt (0 | d).
5) Der Graph dreht sich entgegen dem Uhrzeigersinn und der Schnittpunkt mit der 2. Achse wird nach oben verschoben.
6) Der Graph dreht sich im Uhrzeigersinn und der Schnittpunkt mit der 2. Achse wird nach unten verschoben.

8.12 a) $h(t) = 2t$ für $0 \leq t \leq 5$
(t in min, h(t) in dm)

t	h(t)
0	0
1	2
2	4
3	6
4	8
5	10

b) $h(t) = 2t + 4$ für $0 \leq t \leq 3$
(t in min, h(t) in dm)

t	h(t)
0	4
1	6
2	8
3	10

8.13

t	h(t)	t	h(t)
0	150	6	60
1	135	7	45
2	120	8	30
3	105	9	15
4	90	10	0
5	75		

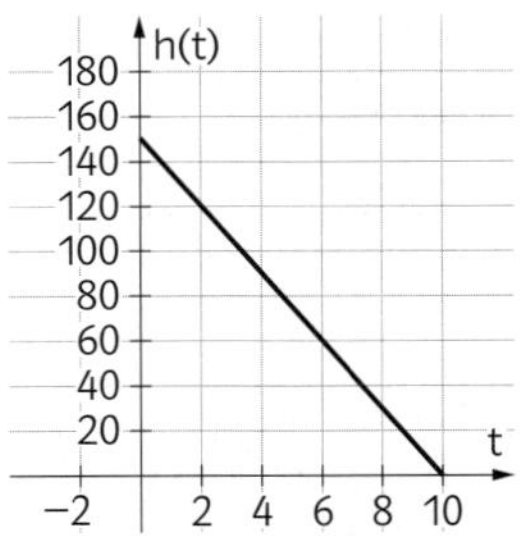

$h(t) = 150 - 15 \cdot t$ für $0 \leq t \leq 10$
(t in min, h(t) in cm)

8.14 1) Nach 5 Jahren ist der Wert der Maschine auf 0 € abgesunken.

Jahre nach dem Kauf	Wert (in €)
0	30 000
1	24 000
2	18 000
3	12 000
4	6 000
5	0

2) $W(t) = 30\,000 - 6\,000 \cdot t$ für $t = 0, 1, 2, 3, 4, 5$

3)

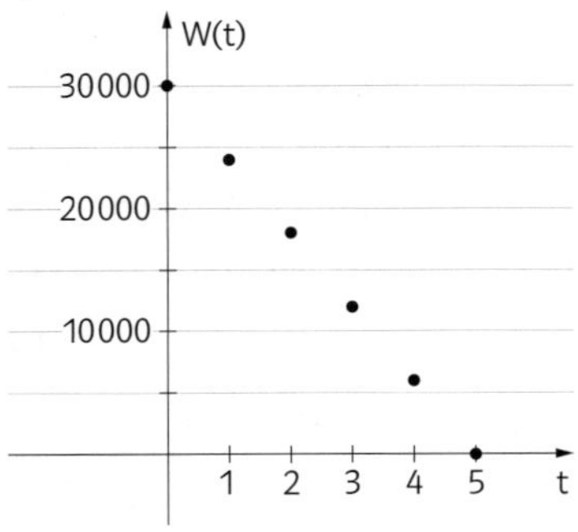

Es ist nicht sinnvoll, die Punkte durch eine Gerade zu verbinden, weil die Funktion W nur für $t = 0, 1, 2, 3, 4, 5$ definiert ist.

8.15 a) f(x) wächst um 2
b) f(x) wächst um 3
c) f(x) fällt um 5
d) f(x) fällt um 4
e) f(x) wächst um 1,8
f) f(x) fällt um 0,5
g) f(x) wächst um 1
h) f(x) fällt um 1

8.16 a) um 3 b) um 6 c) um 30 d) um 300

8.17 a) $k = \frac{1}{2}$, $d = \frac{5}{2}$ b) $k = -\frac{3}{2}$, $d = 4$ c) $k = -\frac{1}{4}$, $d = -1$ d) $k = \frac{2}{3}$, $d = -2$

8.18 a) $k = 2$, $d = 3$ b) $k = -0{,}5$, $d = -0{,}5$

8.19

Funktion	$p(x)=x-1$	$q(x)=\frac{3}{2}x+3$	$r(x)=-x+1$	$s(x)=-2$	$t(x)=-x$	$u(x)=\frac{2}{3}x-2$
Graph	D	E	A	H	F	B

8.20

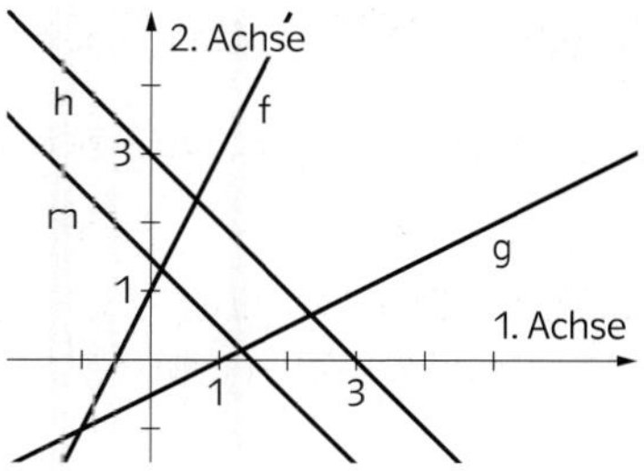

h und g

8.21

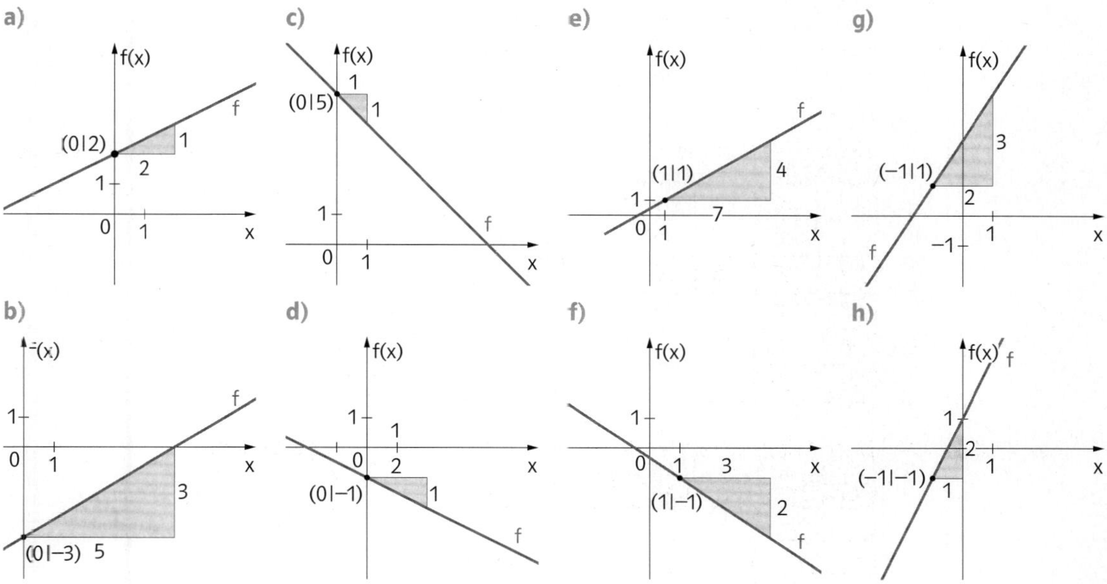

8.22

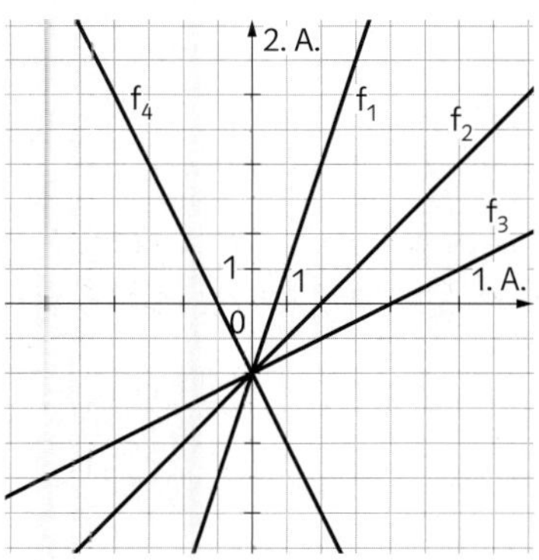

Alle Graphen gehen durch den Punkt (0|−2).

8.23

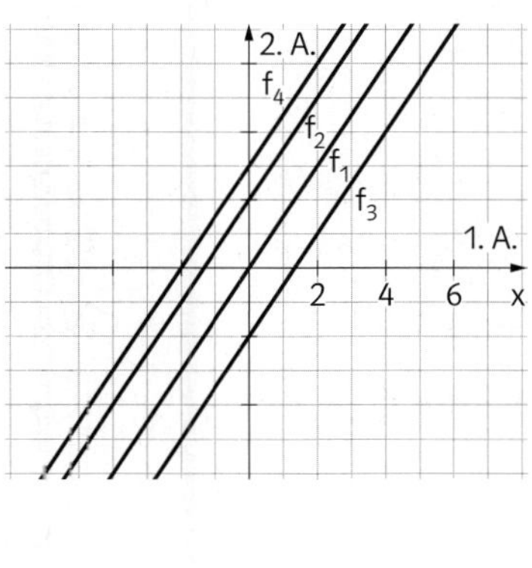

Alle Graphen sind zueinander parallel.

8.24

	Wird x um 1 erhöht, erhöht sich f(x) um	Die Änderung der Funktionswerte verhält sich zur Änderung der Argumente wie
b)	4	4:1
c)	$\frac{2}{7}$	2:7
d)	12	12:1
e)	$\frac{3}{2}$	3:2
f)	3,4	17:5
g)	13,2	66:5
h)	1000	1000:1

8.25 **1)** $\frac{f(x_2)-f(x_1)}{x_2-x_1}=k \Rightarrow \underbrace{f(x_2)-f(x_1)}_{\text{Änderung der Funktionswerte}} = k \cdot \underbrace{(x_2-x_1)}_{\text{Änderung der Argumente}}$ **2)** 3-mal so stark

8.26 **a)** $f(x)=-2x+3$ **b)** $f(x)=2x+1$ **c)** $f(x)=\frac{3}{2}x-1$ **d)** $f(x)=x-2$

8.27 Nach dem Strahlensatz gilt:
$[f(x+h)-f(x)]:k=h:1 \Rightarrow f(x+h)-f(x)=k\cdot h \Rightarrow f(x+h)=f(x)+k\cdot h$

8.29 **a)** $f(x)=2x-7$ **c)** $f(x)=3x+2$ **e)** $f(x)=-2x+6$ **g)** $f(x)=-2{,}5x+1{,}5$
b) $f(x)=2x-1$ **d)** $f(x)=-4x+5$ **f)** $f(x)=1{,}5x-1{,}5$ **h)** $f(x)=3x$

8.30 **a)** $f(x)=4x-13$ **b)** $f(x)=\frac{2}{3}x-\frac{7}{3}$ **c)** $f(x)=-\frac{2}{5}x+\frac{28}{5}$ **d)** $f(x)=x$

8.31 **a)** $f(x)=2x-a$ **b)** $f(x)=1{,}5x-2{,}5a$

8.32 **1)** $\left(-\frac{d}{k}\middle|0\right)$ und $(0\,|\,d)$ **2)** $k<0 \wedge d>0$ **3)** $k>0 \wedge d>0$

8.33 **a)** $f(x)=-\frac{b}{a}\cdot x+b$ **b)** $f(x)=-\frac{b}{a}\cdot x+b$ **c)** $f(x)=-\frac{b}{a}\cdot x+b$ **d)** $f(x)=-\frac{b}{a}\cdot x+b$

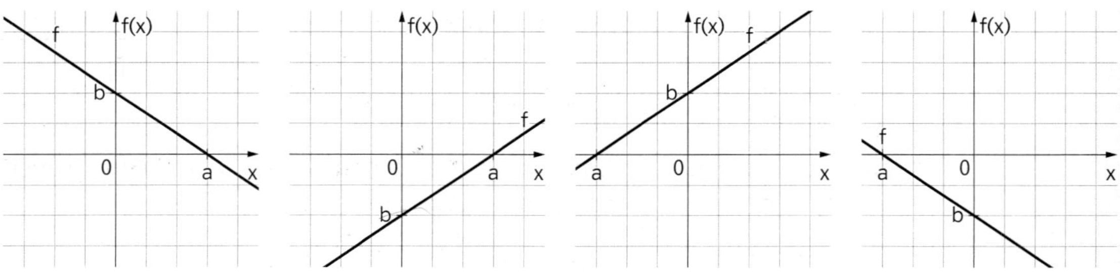

8.37 **a)** 90 km/h **b)** 270 km **c)** in 5 h **d)** 360 km **e)** [1; 4]

8.38 **1)** im Ortsintervall [34,5; 35,5] **2)** im Zeitintervall [15; 17]

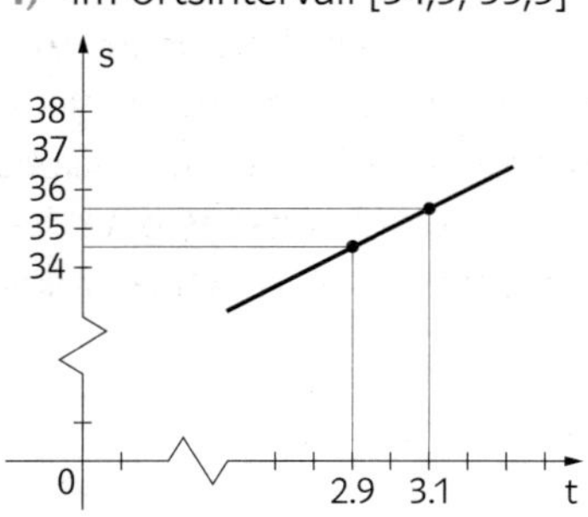

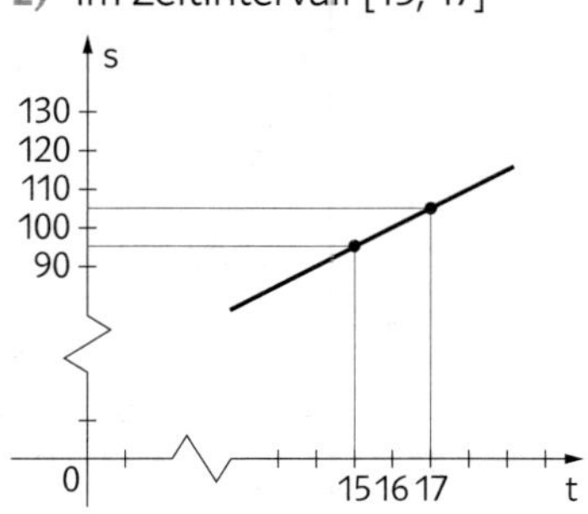

8.39 **a)** im Ortsintervall [18; 24] **b)** im Zeitintervall [4; 11]

8.40

a)	☐	☐	☐	☒
b)	☐	☐	☒	☐

8.41 **a)** $P(x) = 0{,}15 \cdot x$ (x in km, P(x) in €)

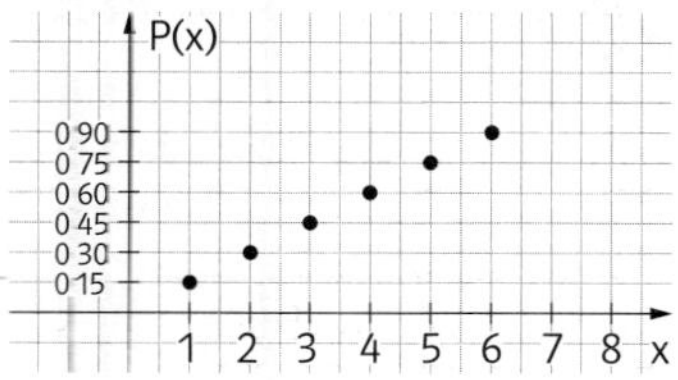

b) $P(x) = 0{,}15 \cdot x + 10$ (x in km, P(x) in €)

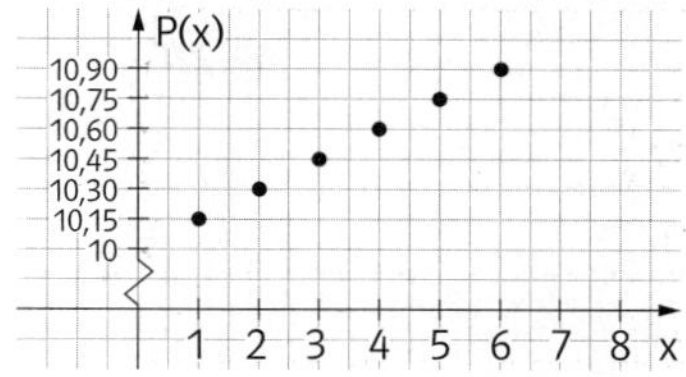

8.42 **1)**

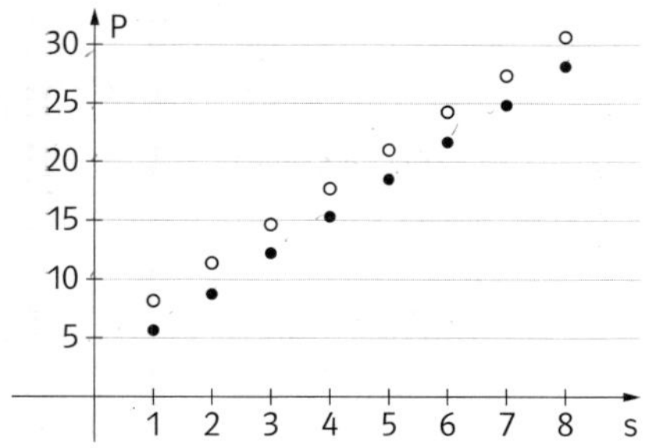

2) Steigung $k = 3{,}2$ = Gebührenzuwachs pro Kilometer

3) Siehe obige Abbildung!

• ohne Anfahrgebühr
○ mit Anfahrgebühr

8.43 $K(x) = 0{,}7 \cdot x + 420$
Fixkosten: 420 €, variable Kosten pro Einheit: 0,7 €

8.44 k = Wertverlust pro Jahr, d = Wert im Jahr des Kaufs
$k = -10\,000$, $d = 200\,000$

8.45 **1)** a = Wasservolumen zum Zeitpunkt 0
b = Wasservolumen zum Zeitpunkt c (volle Badewanne)
c = Zeitpunkt, zu dem die Badewanne voll ist

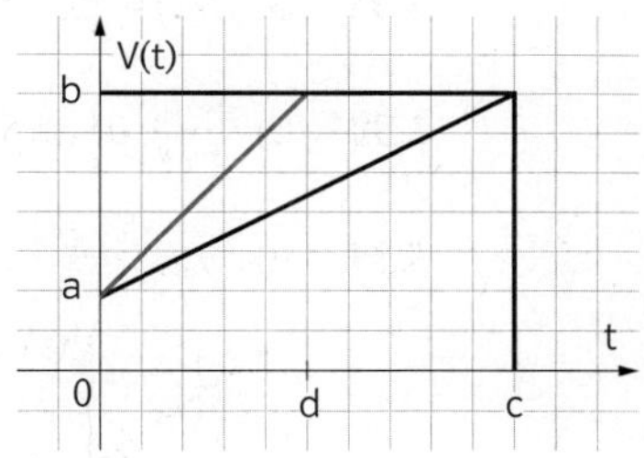

2) $\frac{b-a}{c}$ l **3)** ja **4)** nein

5) Die Wanne ist in der halben Zeit wie vorhin voll.

8.46 **1)** Fixum = 1100 €, Provision pro Staubsauger = 35 €

2) 350 €

3) Nein. Es gilt zB: Beim Verkauf von einem Staubsauger verdient er 1135 €, beim Verkauf von zwei Staubsaugern 1170 €, also nicht das Doppelte von 1135 €.

8.47

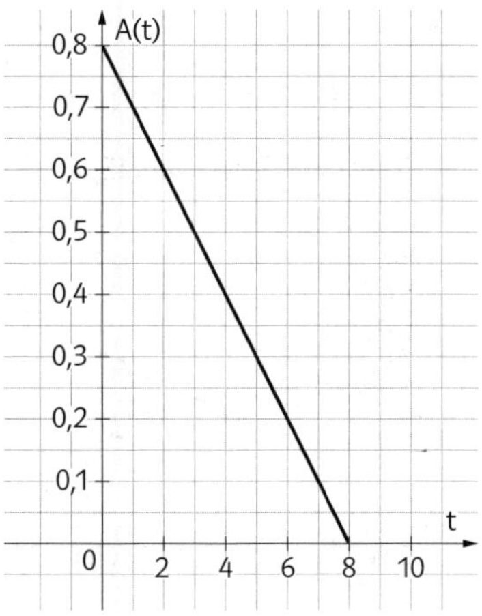

1) $A(t) = 0{,}8 - 0{,}1 \cdot t$

2) nach 3 h (vom Beginn des Alkoholabbaus an gerechnet, dh. 5 h nach der Alkoholeinnahme)

3) nach 8 h (vom Beginn des Alkoholabbaus an gerechnet, dh. 10 h nach der Alkoholeinnahme)

4) – nach 1,5 h 0,5 ‰ (vom Beginn des Alkoholabbaus an gerechnet, dh. 3,5 h nach der Alkoholeinnahme)
– nach 4 h nüchtern (vom Beginn des Alkoholabbaus an gerechnet, dh. 6 h nach der Alkoholeinnahme)

8.48 1)

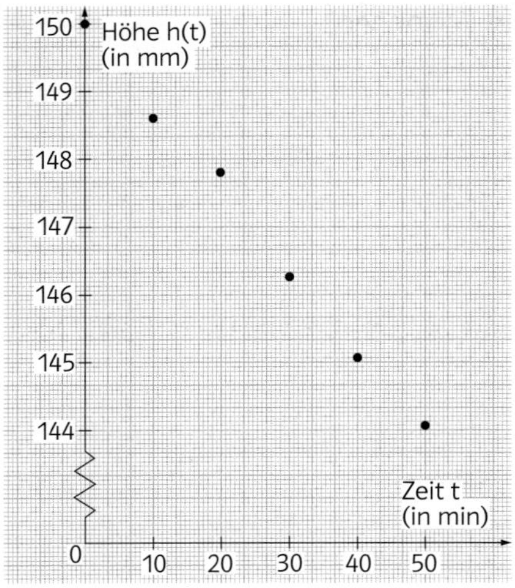

2) Die Punkte liegen annähernd auf einer Geraden. Geht man von den Punkten (0 | 150,0) und (50 | 144,1) aus, ergibt sich $h(t) = -0{,}118 \cdot t + 150$. Geht man von anderen Punkten aus, kann sich eine geringfügig abweichende Termdarstellung ergeben.

3) Die Zahl $k = -0{,}118$ gibt die Abnahme der Höhe (in mm) pro Minute an, die Zahl $d = 150$ die Ausgangshöhe (in mm).

4) nach ca. 21 h 11 min
Eine grafische Lösung (Verlängerung der Geraden und Schnitt mit der 1. Achse) ist in der vorliegenden Abbildung nicht möglich, weil die 2. Achse unterbrochen ist.

8.49 1)

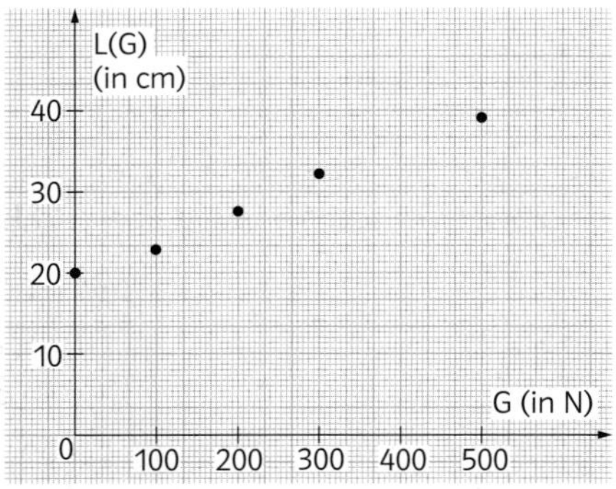

2) Die Punkte liegen annähernd auf einer Geraden. Die Funktion L beschreibt die Zunahme recht gut, wie man der folgenden Tabelle entnimmt.

G (in N)	L(G) laut Messung (in cm)	$L(G) = 0{,}038 \cdot G + 20$ (in cm)
0	20,0	20,0
100	22,9	23,8
200	27,6	27,6
300	32,1	31,4
500	39,0	39,0

3) $k = 0{,}038$ gibt die Längenzunahme (in cm) pro Newton an, $d = 20$ die Ausgangslänge.

8.50

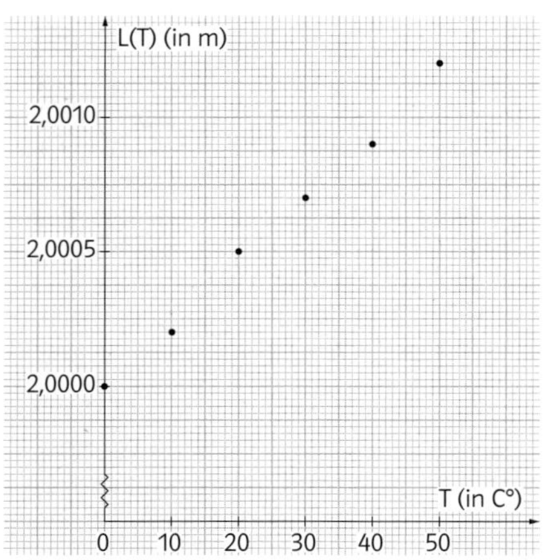

$\alpha \approx 0{,}000012$

8.51 1)

n	A(n) laut Angabe	A(n) = 600 · n + 25 300
0	25 300	25 300
1	26 100	25 900
2	26 300	26 500
3	26 900	27 100
4	27 900	27 700
5	28 300	28 300

2) Die Punkte liegen annähernd auf einer Geraden. $A(n) = 600 \cdot n + 25\,300$. Tabelle siehe 1)!

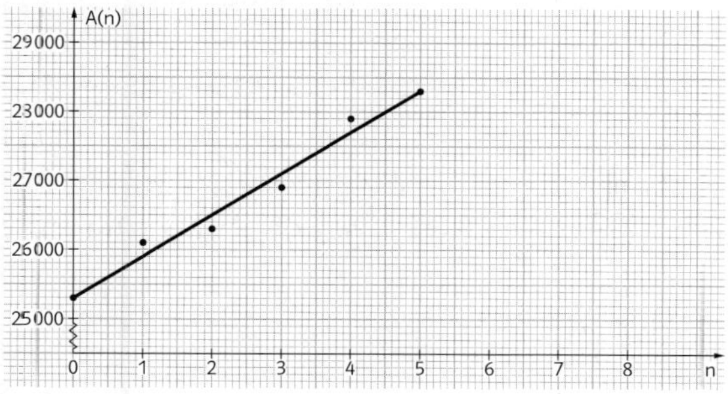

3) 28 900 bzw. 30 100 Stück. Die Prognose kann aus verschiedenen Gründen ganz falsch sein, zB weil der Markt gesättigt ist oder weil Konkurrenzprodukte auf den Markt kommen.

8.54 a) $f(x) = 0{,}4 \cdot x$
$f(3) = 1{,}2$
$f(4{,}5) = 1{,}8$

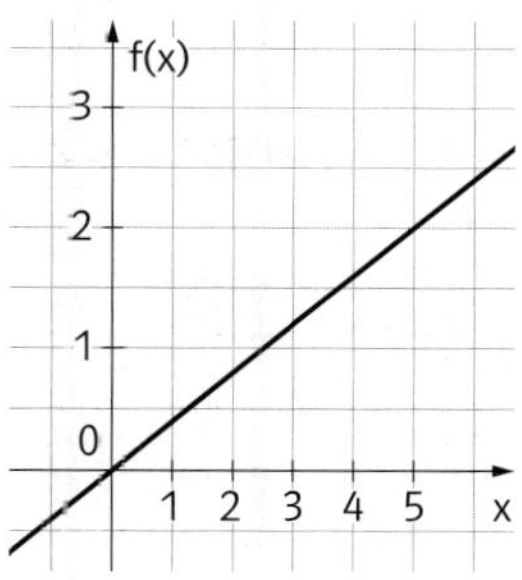

c) $f(x) = 1{,}5 \cdot x$
$f(3) = 4{,}5$
$f(4{,}5) = 6{,}75$

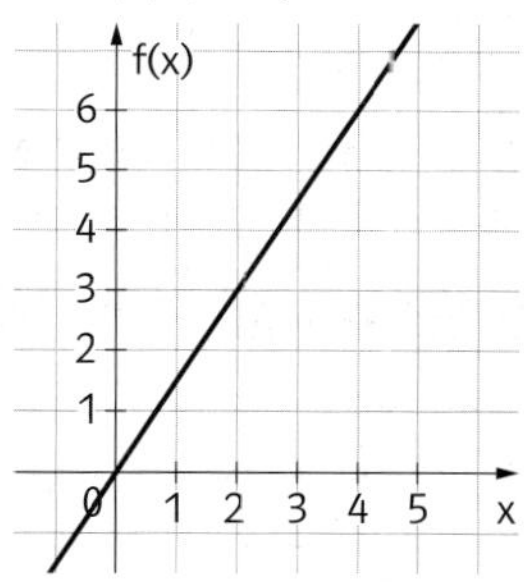

e) $f(x) = 1{,}8 \cdot x$
$f(3) = 5{,}4$
$f(4{,}5) = 8{,}1$

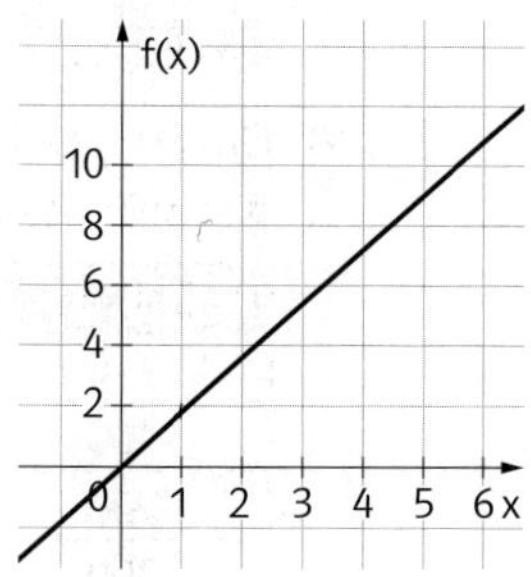

b) $f(x) = 4 \cdot x$
$f(3) = 12$
$f(4{,}5) = 18$

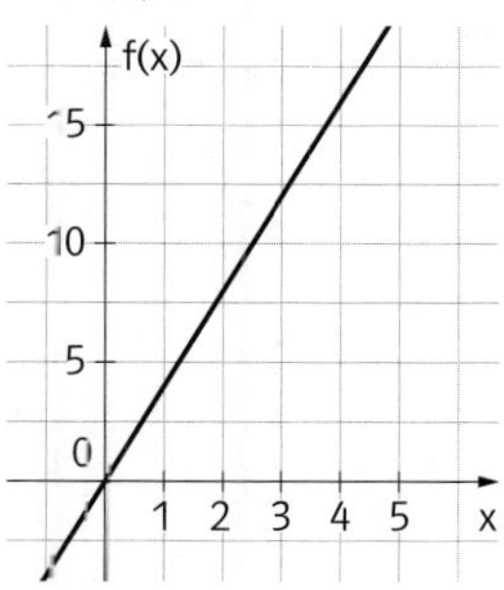

d) $f(x) = 3 \cdot x$
$f(3) = 9$
$f(4{,}5) = 13{,}5$

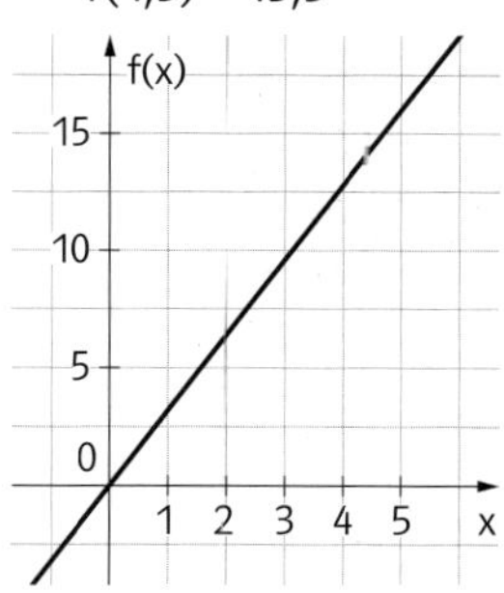

8.55 a) $P(1) = 3{,}5$, $P(5) = 17{,}5$, $P(45) = 157{,}5$

b) $P(1) = 4{,}3$, $P(25) = 107{,}5$, $P(100) = 430$

c) $P(1) = \frac{b}{a}$, $P(2a) = 2b$, $P(10a) = 10b$

d) $P(1) = \frac{d}{c}$, $P(c+1) = P(c) + P(1) = d + \frac{d}{c}$, $P(c-1) = P(c) - P(1) = d - \frac{d}{c}$

8.56 a) $P(x) = 32,4 \cdot x$
1 m kostet 32,40 €, 5 m kosten 162 € und 9,4 m kosten 304,56 €.
b) $P(x) = 40,5 \cdot x$
1 m kostet 40,50 €, 5 m kosten 202,50 € und 9,4 m kosten 380,70 €.
c) $P(x) = 45,8 \cdot x$
1 m kostet 45,80 €, 5 m kosten 229 € und 9,4 m kosten 430,52 €.
d) $P(x) = 24,3 \cdot x$
1 m kostet 24,30 €, 5 m kosten 121,50 € und 9,4 m kosten 228,42 €.

8.57 a) ja; $k = 6,5$ b) ja; $k = 0,8$ c) ja; $k = \frac{1}{0,7} = \frac{10}{7} \approx 1,4286$ d) ja; $k = 100$

8.58 a) Nein. Für $f(x) = k \cdot x + d$ ist $f(1) = k + d$. Somit ist $f(1) \neq k$, falls $d \neq 0$ ist.
b) Nein. Für $f(x) = k \cdot x + d$ gilt:
$f(a \cdot x) = k \cdot a \cdot x + d = a \cdot k \cdot x + d$ und $a \cdot f(x) = a \cdot (k \cdot x + d) = a \cdot k \cdot x + a \cdot d$
Somit ist $f(a \cdot x) \neq a \cdot f(x)$, falls $d \neq 0$ und $a \neq 1$ ist.
c) Nein. Für $f(x) = k \cdot x + d$ gilt:
$f(x + y) = k \cdot (x + y) + d$ und $f(x) + f(y) = k \cdot x + d + k \cdot y + d = k \cdot (x + y) + 2d$
Somit $f(x + y) \neq f(x) + f(y)$, falls $d \neq 0$ ist.

8.59 a) ja
b) nein; zB: (3 | −6) statt (3 | 6)
c) nein; zB: (2 | 8) statt (2 | 6)
d) ja
e) ja
f) nein; zB: (−1 | −1) statt (−1 | 1)

8.60 a) ja; $K(x) = 1,02 \cdot x$; Proportionalitätsfaktor = 1,02
b) ja; $K(x) = 1,025 \cdot x$; Proportionalitätsfaktor = 1,025
c) ja; $K(x) = 1,03 \cdot x$; Proportionalitätsfaktor = 1,03
d) ja; $K(x) = \left(1 + \frac{p}{100}\right) \cdot x$; Proportionalitätsfaktor $= 1 + \frac{p}{100}$

8.61 a) $B(N) = 1,2 \cdot N$ b) 20 % c) $\frac{B(N)}{N} = 1,2$ (konstant)

8.62 1) k gibt den Benzinverbrauch pro Kilometer an. $\frac{1}{k}$ gibt die Kilometeranzahl pro Liter an (dh. die Anzahl der Kilometer, die man mit 1 Liter Benzin zurücklegen kann.
2) $V(x) = 50 - k \cdot x$
V(x) ist zu x nicht direkt proportional.
3)
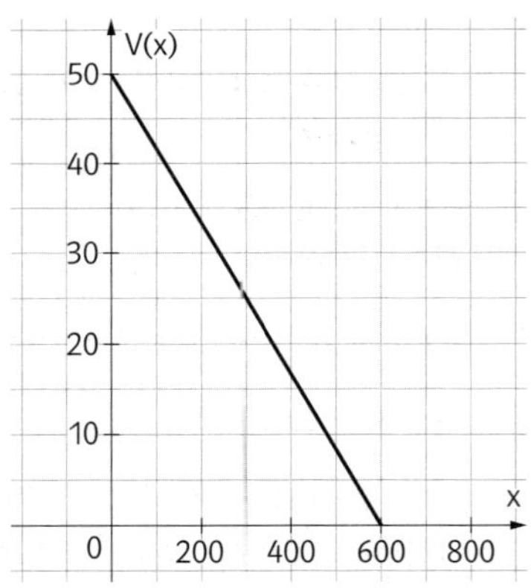

8.63 1) $M(G) = 0,38 \cdot G$
2) $J(G) = 2,53 \cdot G$
3) $M(G) : J(G) = 0,38 : 2,53 \approx 1 : 6,66$
4)
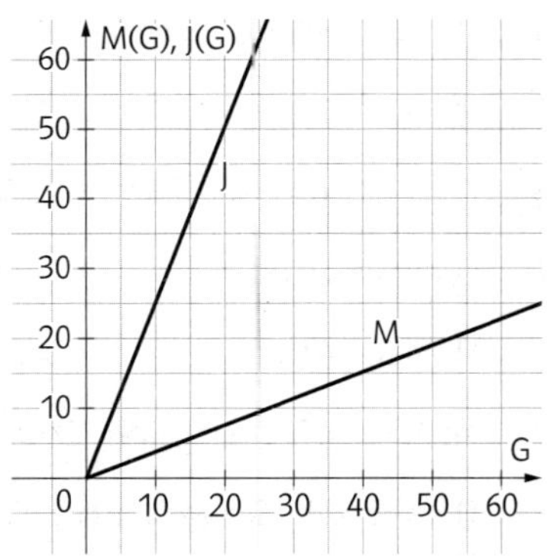

8.64 1) $m(V) = \varrho \cdot v$
2) $m(1) = \varrho \cdot m(1)$ ist die Dichte des Körpers.
3) Eisen: $m_e(V) = 7870 \cdot V$
Gold: $m_g(V) = 19\,300 \cdot V$
4) $m_e(V) : m_g(V) = 7870 : 19\,300 \approx 1 : 2{,}45$

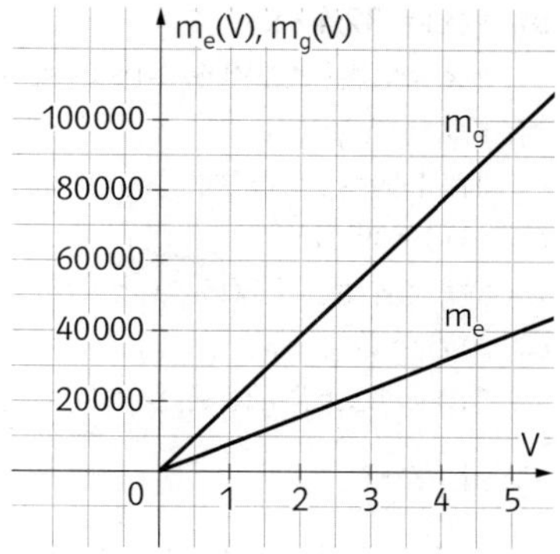

8.65 a) ja; Proportionalitätsfaktor $= \frac{1}{R}$ b) $R = 12{,}5\,\Omega$

8.67 1) mehr als 500 kg
2) $G(x) = 4x - 2\,000$
3) mindestens 1250 kg
4) Der Verlust beträgt 200 €.

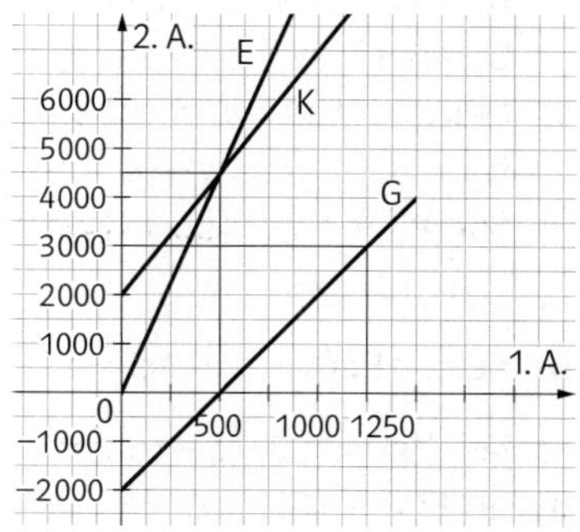

8.68 mehr als 8 000 km (Bei genau 8 000 km kommen beide Mopeds gleich teuer.)

8.69 mindestens 13 Verträge

8.70 Bei einer Reparaturzeit von mehr als 6 h ist das Angebot von Center B günstiger.

8.71 1) nein
2) Bei einem jährlichen Höchstverbrauch von weniger als 8 400 kWh wäre das zweite Angebot günstiger.

8.72 1) Bei weniger als 60 km ist das Angebot B günstiger.
2) um 4 €

8.74 nach 2,5 min in einer Entfernung von 750 m von Martins Startpunkt

8.75 nach 2 h 20 min ca. 1633 km vom Startpunkt des ersten Flugzeugs aus

8.76 1) nach 24 min in einer Entfernung von 1,4 km von Janas Startpunkt
2) Jana müsste um 0,25 km/h schneller und David um 0,25 km/h langsamer gehen.

8.77 1) nach 30 000 Jahren 2) 100 cm 3) nach 25 000 Jahren

8.78 1) nach 2,5 h 2) ab 3 h 45 min

8.79 1) 1. Ballon nach 70 min, 2. Ballon nach 95 min 2) nach mehr als 20 min

8.80 nach 5 h 20 min

8.81 1) nach 4 min 2) nach 3,5 min und 4,5 min

8.83 nach 3 h 45 min in einer Entfernung von 300 km vom Ausgangsort

8.84 1) nach 1 h 18 min in einer Entfernung von 104 km vom Ausgangspunkt
2) 15 km 3) 35 km

8.85 **1)** nach 3 h (um 11 Uhr) in einer Entfernung von 240 km vom Ort A
2) eine halbe Stunde
3) noch 40 km

8.86 Kevin holt Lea nicht ein, bevor diese den Ort B erreicht hat.

8.87 **a)** $f(x) = k \cdot x + d$ (mit $k, d \in \mathbb{R}$). Der Graph ist eine Gerade. Ist $d = 0$, so geht diese durch den Urspung.
b) $f(x) = k \cdot x$ (mit $k \in \mathbb{R}$). Der Graph ist eine Gerade durch den Ursprung.

8.88

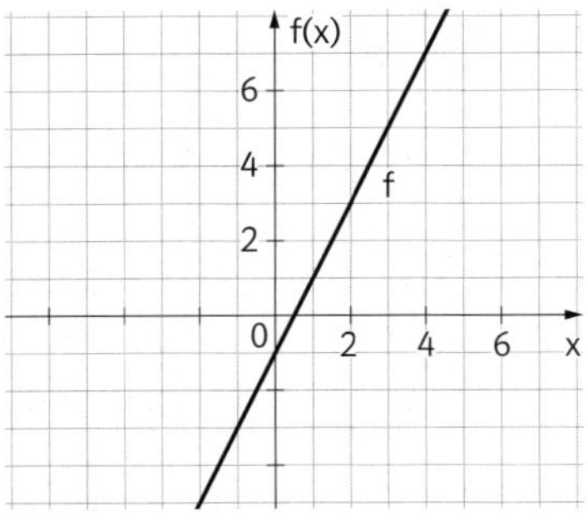

$2 = k$ = Steigung der Funktion f, $-1 = d = f(0)$ = Funktionswert an der Stelle 0. Der Graph von f geht aus dem Graphen von f_0 durch eine Parallelverschiebung um 1 nach unten hervor.

8.89 k = Steigung, $d = f(0)$

8.90

a)

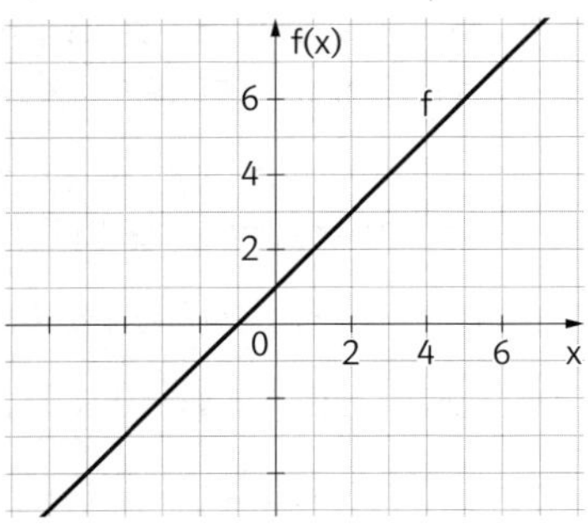

d)

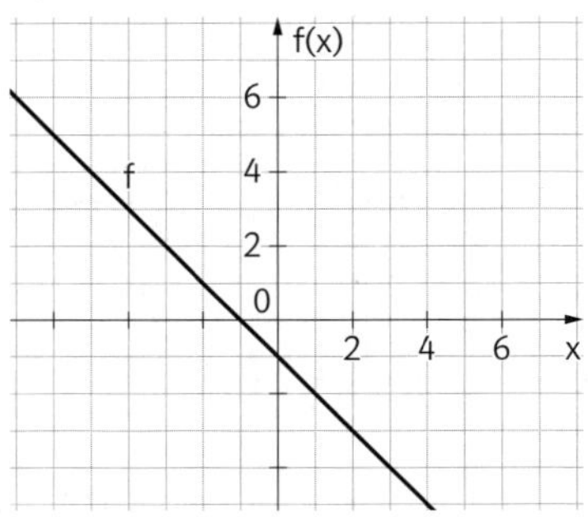

g)

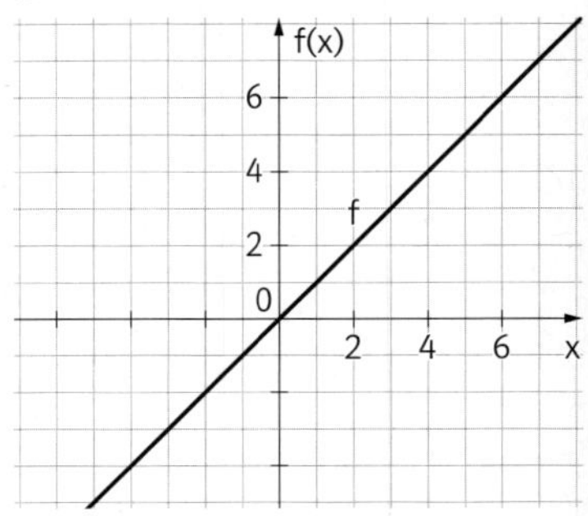

b)

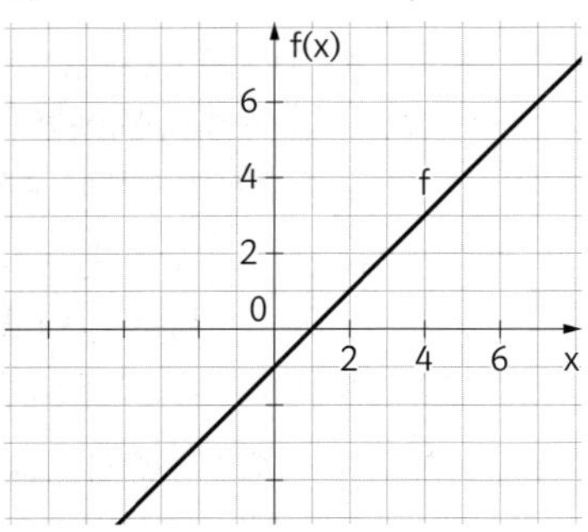

e)

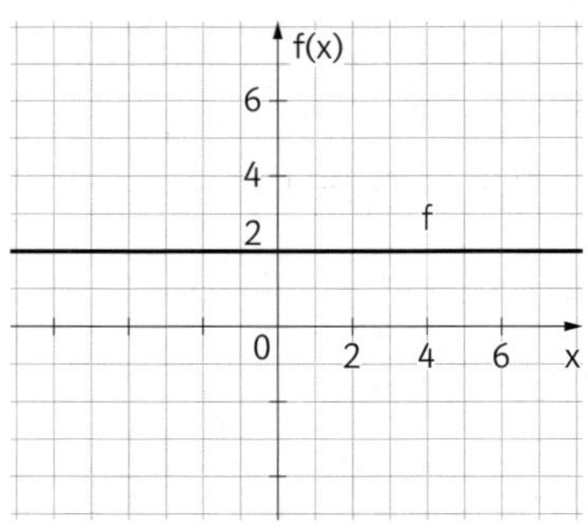

h)

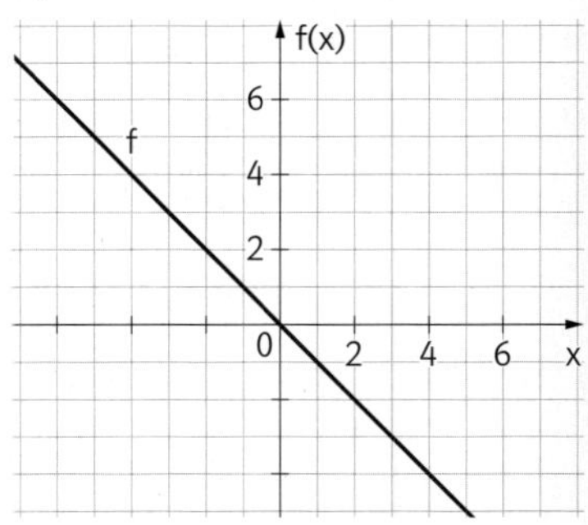

c)

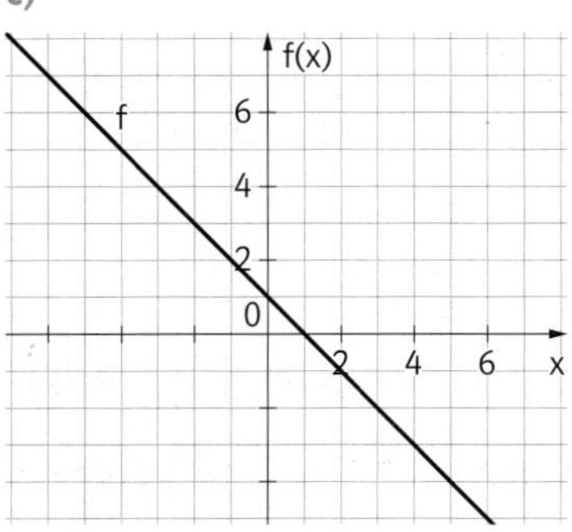

f)

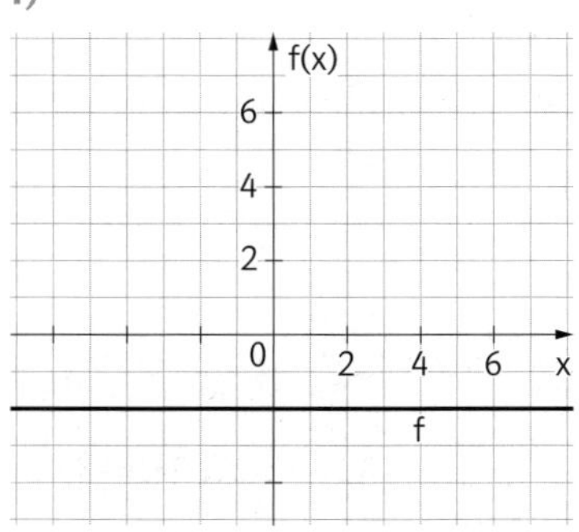

i)

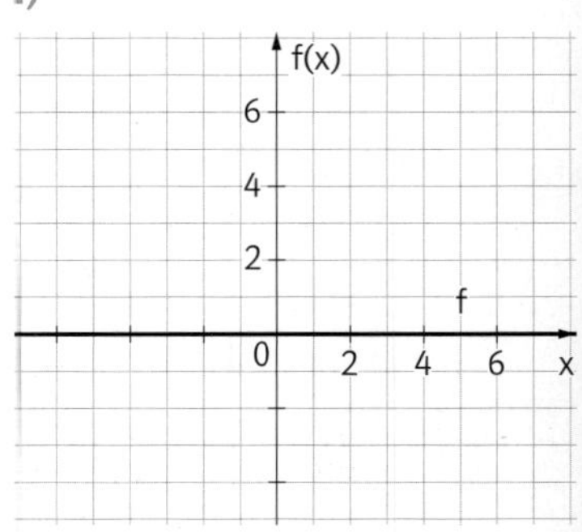

8.91 Siehe die Sätze auf Seite 145, 148 und 149!

8.92 Gleiche Zunahme der Argumente bewirkt stets gleiche Zu- bzw. Abnahme der Funktionswerte (siehe Seite 149).

8.93 Man zeichnet ein beliebiges Steigungsdreieck ein und misst die Kathetenlängen a und b (siehe die Skizzen auf Seite 148). Dann ist $k = \pm\frac{b}{a}$, je nachdem, ob f steigend oder fallend ist.

8.94 f(x) heißt zu x direkt proportional, wenn $f(x) = k \cdot x$ für ein $k \in \mathbb{R}^*$ gilt.
Beispiel: Die Warenmenge ist zum Kilogrammpreis direkt proportional.

8.95 Siehe Seite 159!

8.96 Aus $f(x) = k \cdot x$ (mit $k \neq 0$) folgt $x = \frac{1}{k} \cdot f(x)$ (siehe Seite 159).

8.97 Zeit-Ort-Funktion: a = Geschwindigkeit, b = Entfernung vom Ausgangsort zum Zeitpunkt 0
Kostenfunktion: a = variable Kosten (Kostenzuwachs) pro Einheit, b = Fixkosten
Tariffunktion: a = Verbrauchsgebühr (Gebührenzuwachs) pro Einheit, b = Grundgebühr (Grundtarif)

8.99 **a)** ja **b)** nein; zB: (5|−4) statt (5|−5)

8.100

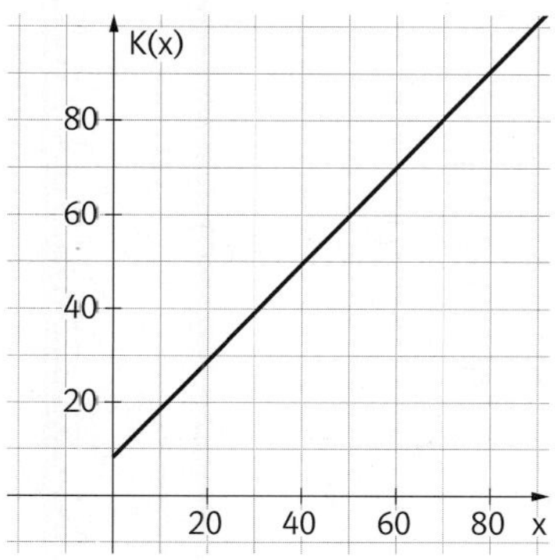

$K(x) = 8{,}2 + 1{,}03 \cdot x$

8.101 **a)** mehr als 20 kg **b)** mehr als 35 kg

8.102 **1)** B bricht eine Stunde später auf als A.
2) ja
3) B ist schneller. Die Steigung von s_B ist größer als die von s_A. A geht mit 4 km/h, B mit 6 km/h.
4) B holt A 3 h nach dem Aufbruch von A in einer Entfernung von 12 km ein.
5) 16 km
6) $s_A(t) = 4t$, $s_B(t) = 6t - 6$

8.103 **a)** $E(x) = 1{,}13 \cdot x$

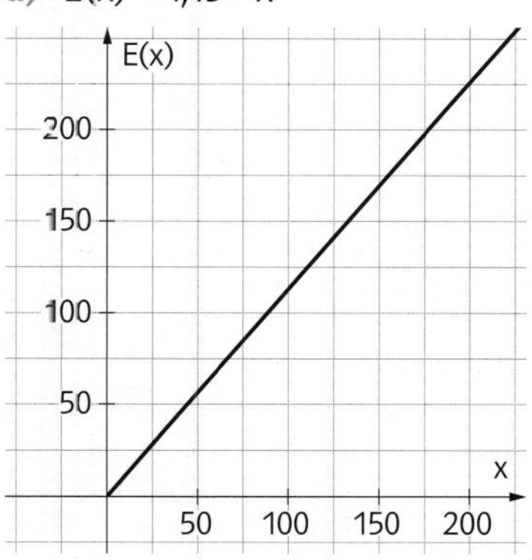

b) $E(x) = 0{,}00752 \cdot x$

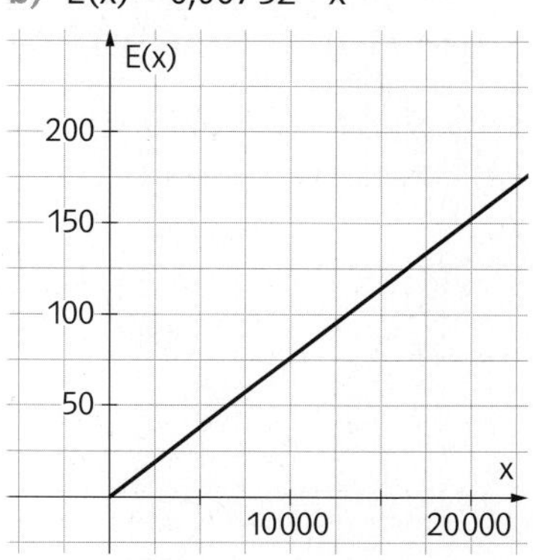

8.104

1. Lücke: 72	3. Lücke: 120	5. Lücke: 13	7. Lücke: 2,4	9. Lücke: 83
2. Lücke: 4	4. Lücke: 10	6. Lücke: 2	8. Lücke: 6	

8.105
1) $G(m) = g \cdot m \approx 9{,}81 \cdot m$
2) G(1) ist das Gewicht (in Newton) eines Körpers mit der Masse 1 kg.
3) ja; Proportionalitätsfaktor $= \frac{1}{g} \approx 0{,}1$

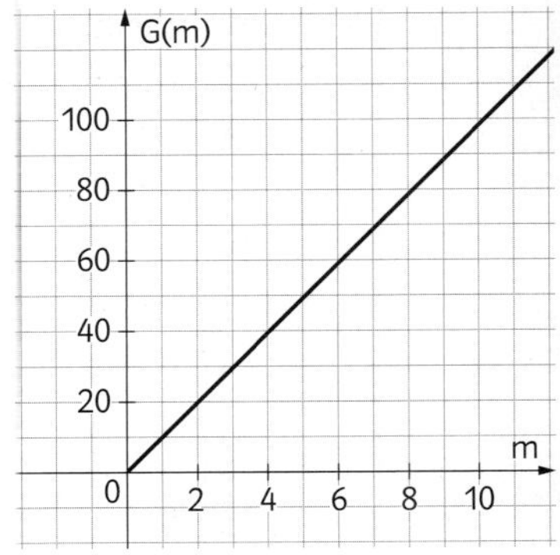

8.106
a) 1) ja, weil die Graphen Geraden sind
2) A: 10 m/s, B: 2 m/s
3) nein, sie sind 20 m voneinander entfernt
4) ja
5) Die beiden Körper treffen einander nach 2,5 s in einer Entfernung von 25 m vom Startpunkt von A.
b) 1) ja, weil die Graphen Geraden sind
2) A: 25 m/s, B: 7,5 m/s
3) nein, 17,5 m
4) nein, um 1 s
5) Die beiden Körper treffen einander nach 2 s in einer Entfernung von 25 m vom Startpunkt von A.

8.107
a)
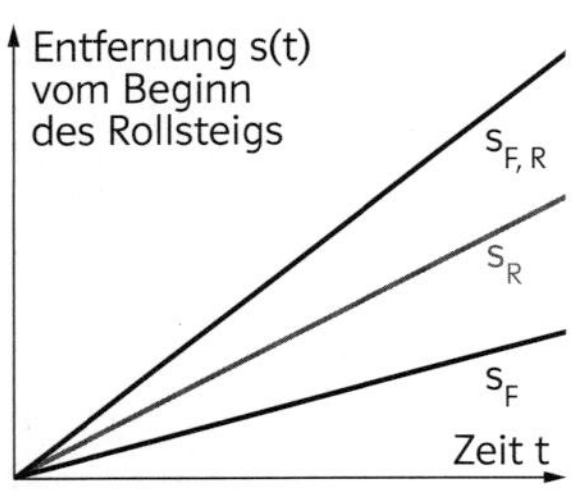

b)
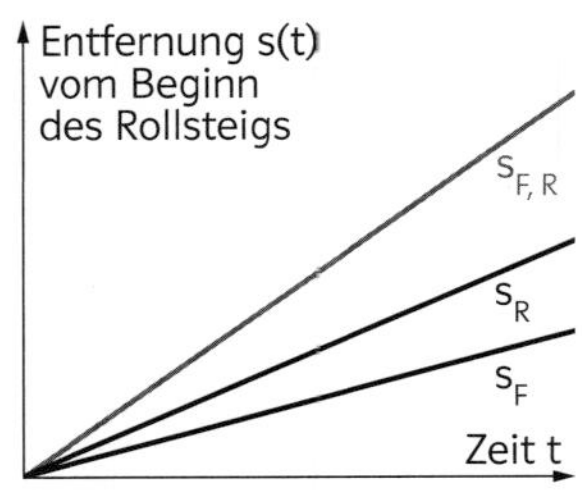

8.108
1) 4 h bzw. 3 h
2) 30 km/h bzw. 40 km/h
3) nach $\frac{12}{7}$ h ≈ 1,7 h in einer Entfernung von ca 51,4 km vom Hafen A entfernt
4) 30 km
5) ca. im Zeitintervall $\left[\frac{10}{7} \middle| 2\right] \approx [1{,}4;\, 2]$
In diesem Zeitintervall befindet sich das 1. Schiff ca. zwischen 42,9 km und 60 km vom Hafen A entfernt und das 2. Schiff ca. zwischen 62,9 km und 40 km vom Hafen A entfernt.

8.109
1) eine halbe Stunde; ca. 400 km
2) Flugzeug 1: nach $\frac{15}{8}$ h = 1,875 h in einer Entfernung von 1500 km;
Flugzeug 2: nach $\frac{9}{8}$ h = 1,125 h in einer Entfernung von 500 km

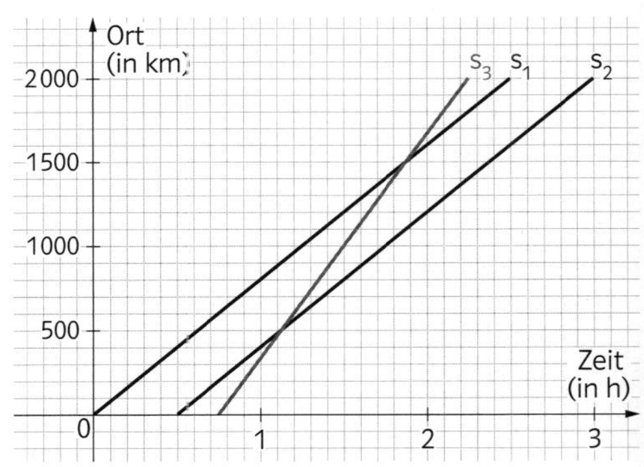

8.110 **1)** Anastasia: 10 m/s, Dimitri: $\frac{250}{31}$ m/s ≈ 8 m/s

2) nach $\frac{310}{6}$ s ≈ 52 s in einer Entfernung von ca. 517 m von Anastasias Startpunkt

3) Anastasia ist nach 80 s = 1 min 20 s am Ziel. Dimitri befindet sich zu diesem Zeitpunkt noch ca. 55 m vom Ziel entfernt.

4)

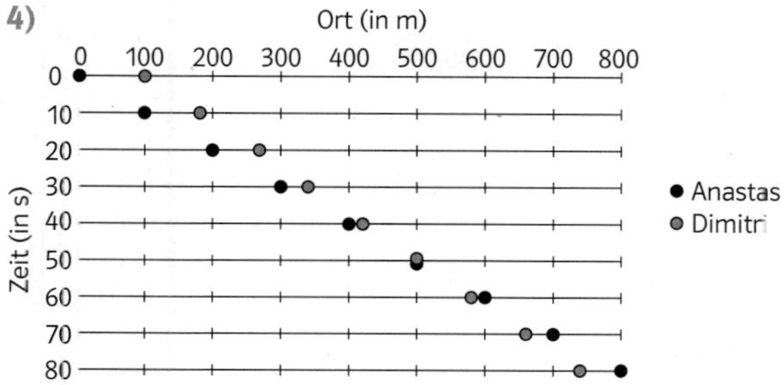

8.111 **1)** Volumen bei 100 °C und 1 bar ≈ 27,3 l (bzw. dm^3)
Volumen bei 100 °C und 2 bar ≈ 13,7 l (bzw. dm^3)

2) bei 1 bar um ca. 0,073 l, bei 2 bar um ca. 0,037 l

3) ca. −273 °

8.112 **1)** 55 km **2)** 7,5 km **3)** ca. 12 min

4) Nein, der PKW überholt den LKW erst nach 140 km.

5) nach ca. 2 h 5 min

6) mit ca. 89 km/h

9 Einige nichtlineare Funktionen

9.03 a) $f(x) = \frac{2}{x}$ b) $f(x) = \frac{10}{x}$ c) $f(x) = \frac{14}{x}$ d) $f(x) = \frac{25}{x}$ e) $f(x) = \frac{1}{x}$ f) $f(x) = \frac{450}{x}$

9.04 Gilt nicht. Gegenbeispiel: $f(x) = \frac{1}{x}$. Es gilt zB $f(1 + 1) = f(2) = \frac{1}{2}$, aber $f(1) + f(1) = 1 + 1 = 2$.

9.05 1) t(v) ist zu v indirekt proportional.

2)

v	t(v)
2	50
4	25
6	$\frac{50}{3} \approx 16{,}67$
8	12,5
10	10
12	$\frac{25}{3} \approx 8{,}33$

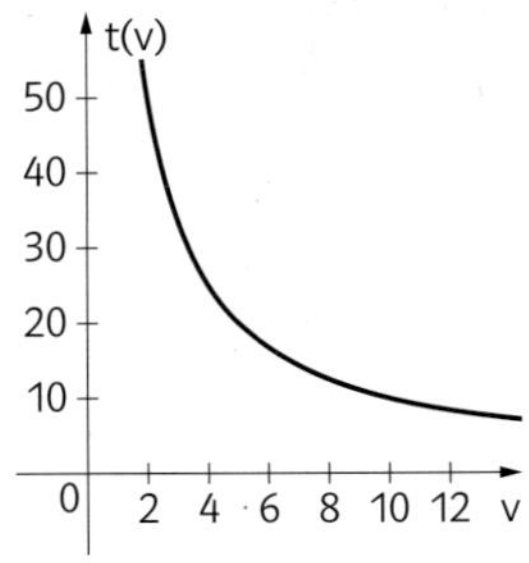

9.06 a) ja

b) nein, zB (4 | 0,5) statt (4 | 3)

c) nein, zB $\left(5 \middle| \frac{1}{5}\right)$ statt $\left(5 \middle| \frac{1}{2}\right)$

d) nein, zB $\left(6 \middle| \frac{1}{2}\right)$ statt $\left(6 \middle| \frac{1}{3}\right)$

e) ja

9.07 a) für (1), (2) und (4) b) für (3) c) für (1), (2) und (4)

9.08 a) $\left[\frac{1}{4}; 2\right]$

b) $\left[-1; -\frac{1}{5}\right]$

c) um höchstens 2

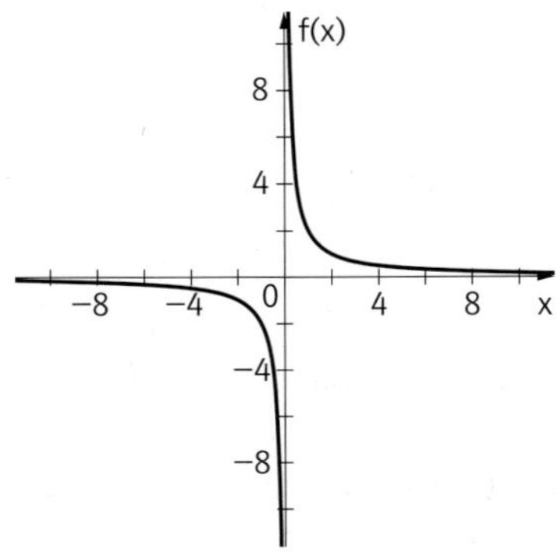

9.09 1) $F(r) = \frac{600\,000}{r}$

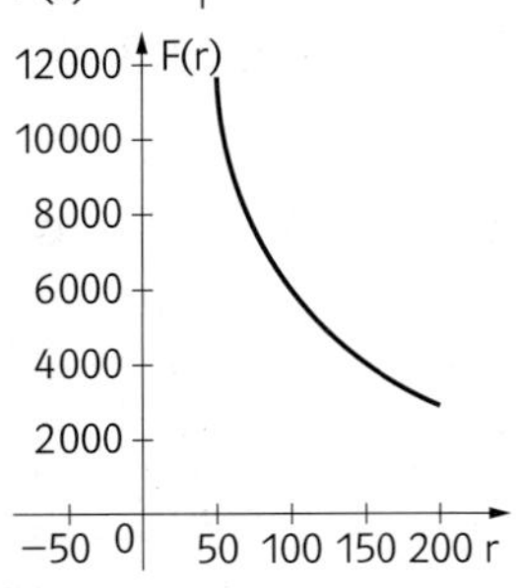

2) $F(2r) = \frac{600\,000}{2r} = \frac{1}{2} \cdot \frac{600\,000}{r} = \frac{1}{2} \cdot F(r)$

$F(3r) = \frac{600\,000}{3r} = \frac{1}{3} \cdot \frac{600\,000}{r} = \frac{1}{3} \cdot F(r)$

$F\left(\frac{1}{2} \cdot r\right) = \frac{600\,000}{\frac{1}{2} \cdot r} = 2 \cdot \frac{600\,000}{r} = 2 \cdot F(r)$

$F(a \cdot r) = \frac{600\,000}{a \cdot r} = \frac{1}{a} \cdot \frac{600\,000}{r} = \frac{1}{a} \cdot F(r)$

9.10 1) $h(A) = \frac{3V}{A}$. Für $V = 8$: $h(A) = \frac{24}{A}$

2) $h(2A) = \frac{1}{2} \cdot h(A)$

3) $A \cdot h(A) = 3V$

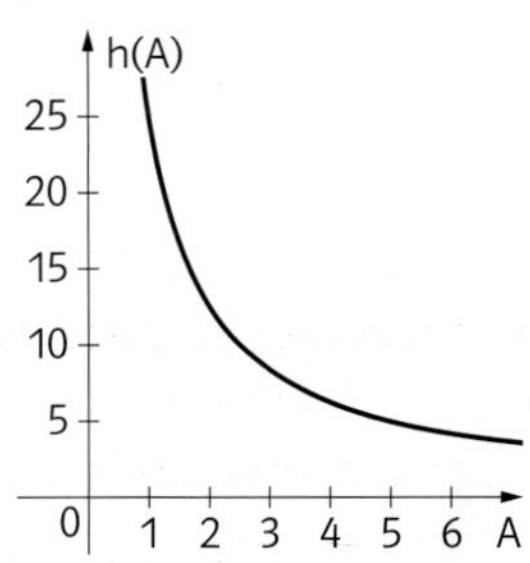

9.11 **1)** p ist zu V(p) indirekt proportional. **2)** Das Volumen sinkt auf den vierten Teil. **3)** auf ein Fünftel **4)** um ca. 11 %

9.14

a) $S = (2|0)$, Achse: $x = 2$

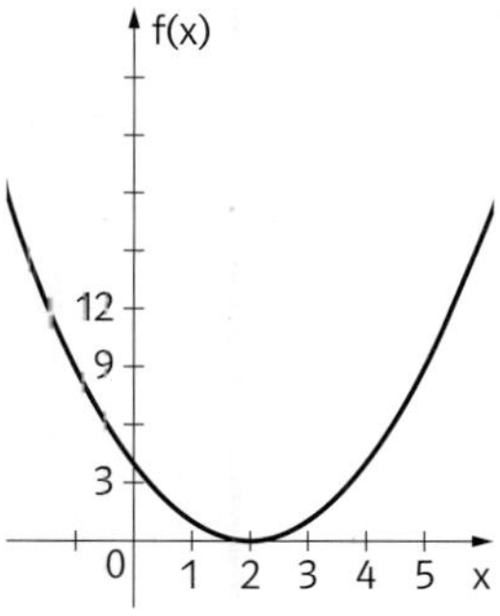

b) $S = (-5|1)$, Achse: $x = -5$

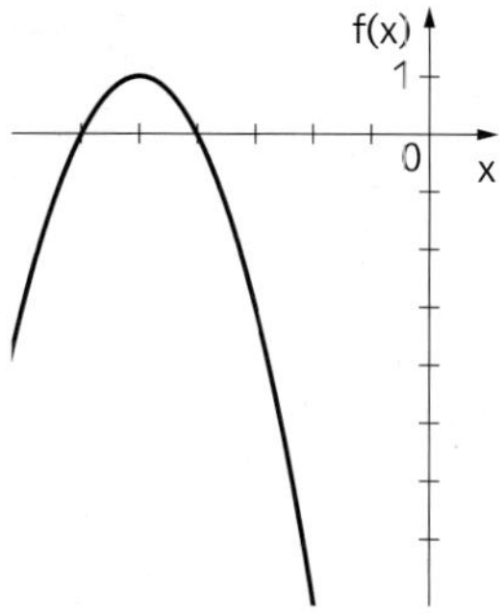

c) $S = (4|-20)$, Achse: $x = 4$

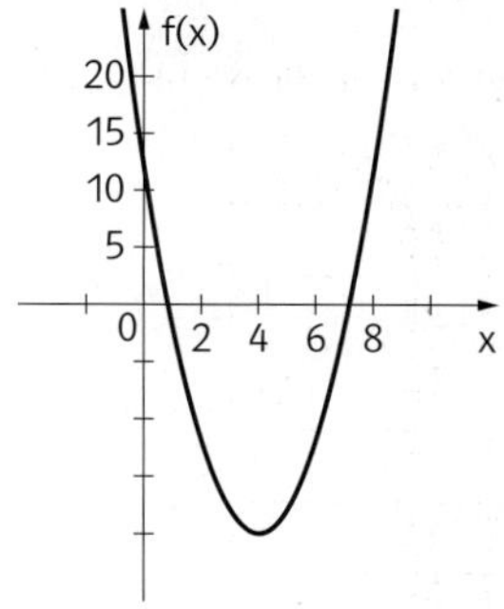

d) $S = (11|0)$, Achse: $x = 11$

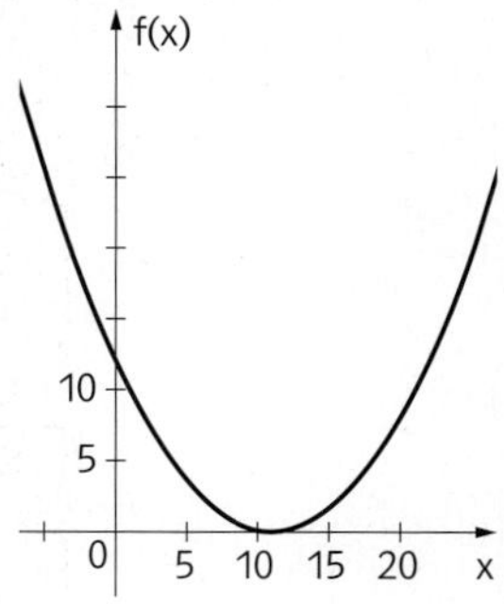

9.15

a) Nullstellen: −2 und 2, $S = (0|-4)$

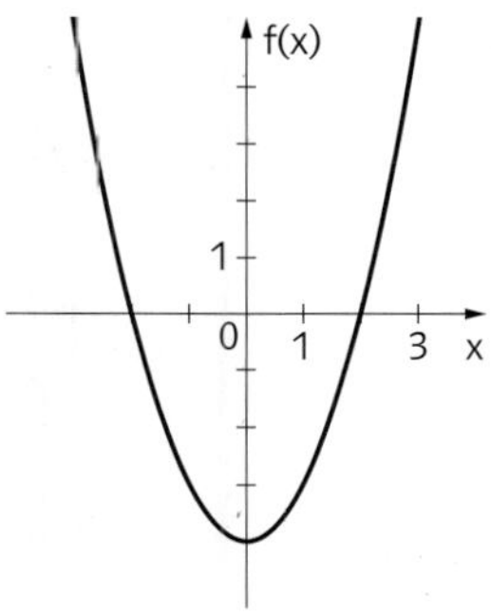

b) Nullstellen: −3 und 2, $S = \left(-\frac{1}{2}\middle|\frac{25}{4}\right)$

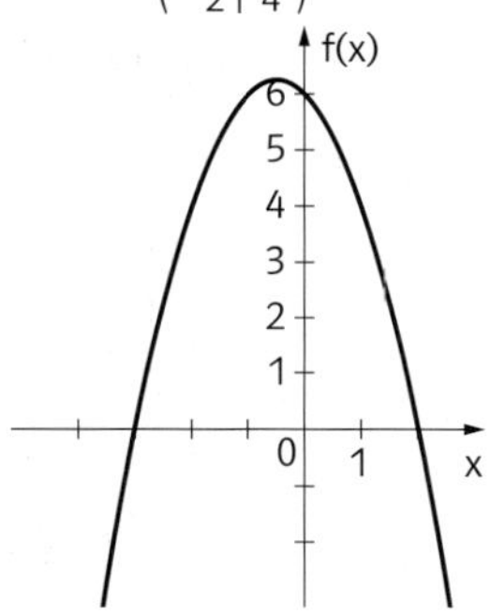

c) Nullstellen: 0 und 6, $S = (3|9)$

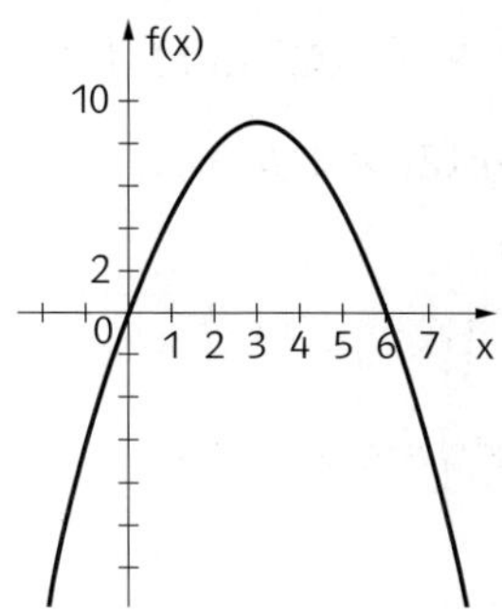

d) Nullstellen: −3 und 1, $S = (-1|-4)$

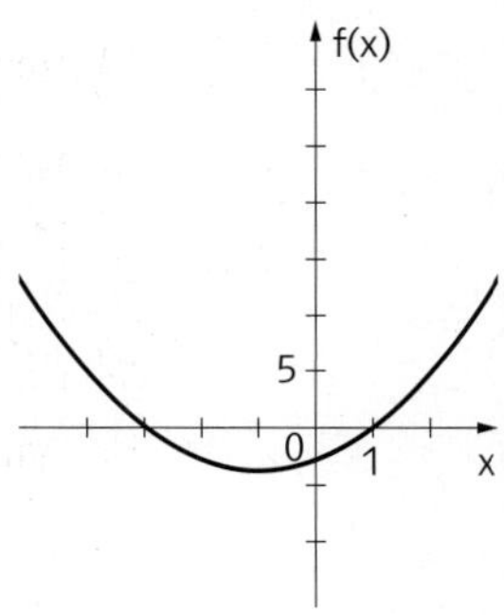

9.16

a) **1)** Schnittpunkte mit 1. Achse: $(-2|0)$ und $(2|0)$, Schnittpunkt mit 2. Achse: $(0|-16)$
2) $S = (0|-16)$ **3)** $x = 0$

b) **1)** Schnittpunkte mit 1. Achse: $(1{,}5|0)$ und $(2|0)$, Schnittpunkt mit 2. Achse: $(0|-3)$
2) $S = (1{,}75|0{,}0625)$ **3)** $x = 1{,}75$

c) **1)** Schnittpunkte mit 1. Achse: $(2|0)$ und $(8|0)$, Schnittpunkt mit 2. Achse: $(0|16)$
2) $S = (5|-9)$ **3)** $x = 5$

d) **1)** Schnittpunkte mit 1. Achse: $(-5|0)$ und $(5|0)$, Schnittpunkt mit 2. Achse: $(0|-5)$
2) $S = (0|-5)$ **3)** $x = 0$

9.17

a) $f(x) = x^2 - x - 6$

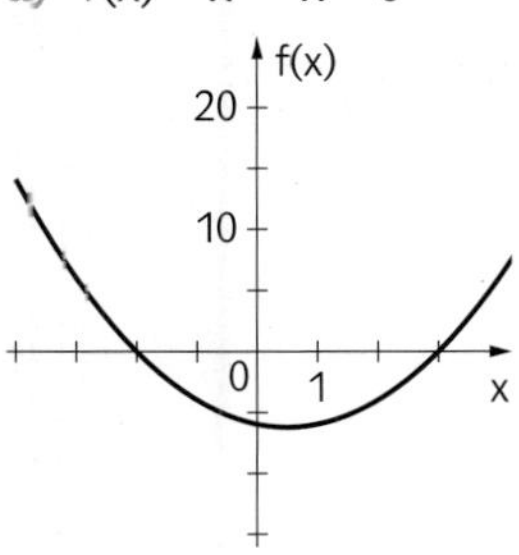

b) $f(x) = x^2 - 3x - 1{,}75$

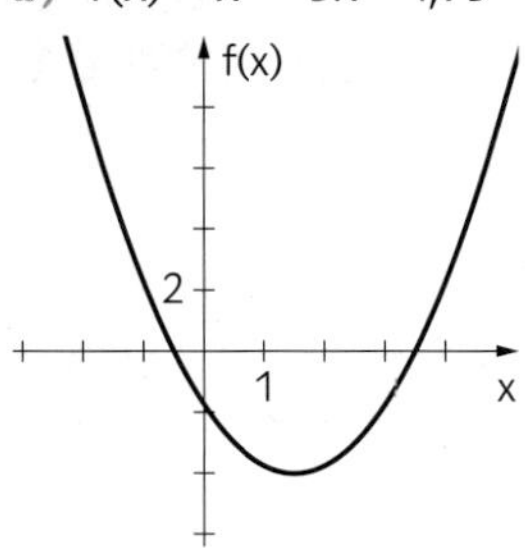

c) $f(x) = x^2 - 10x$

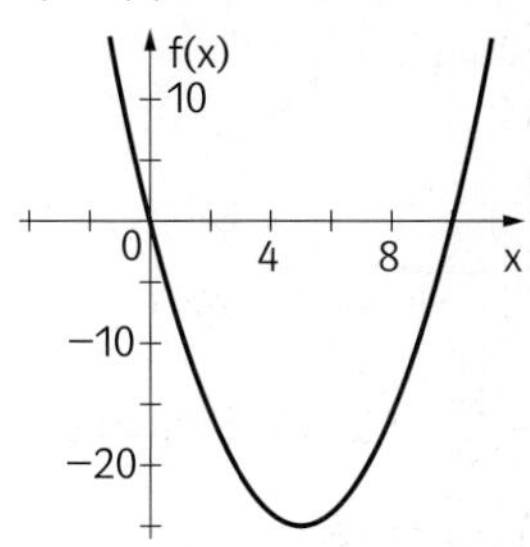

d) $f(x) = x^2 - 2x - 8$

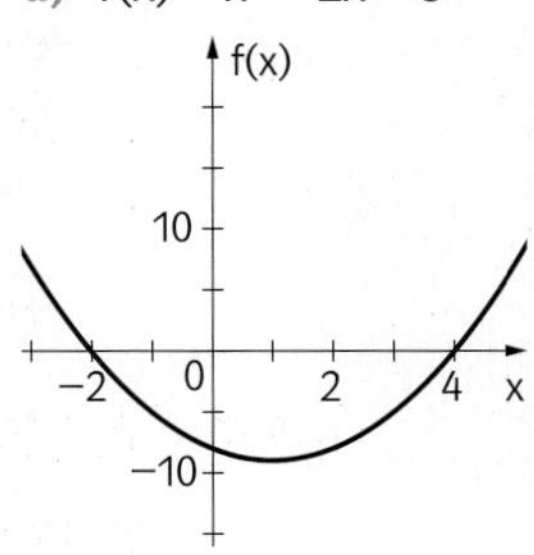

9.18
a) $S = (1|1)$, nach oben offen, keine Nullstellen
b) $S = (-3|-3)$, nach unten offen, keine Nullstellen
c) $S = (4|0)$, nach oben offen, Nullstelle: 4
d) $S = (0|4)$, nach unten offen, Nullstellen: −3 und 3

9.19 **a)** zB: $f(x) = x^2 + 1$ **b)** zB: $f(x) = x^2$ **c)** zB: $f(x) = x^2 - 4$

9.20 Die erste, dritte und fünfte Aussage sind richtig.

9.22 Die Parabel ist nach dem Satz auf Seite 173 (für $a = 1,\ b = p,\ c = q$) nach oben offen.

$S = \left(-\frac{b}{2a} \middle| c - \frac{b^2}{4a}\right) = \left(-\frac{p}{2} \middle| q - \frac{p^2}{4}\right)$

Die Achse der Parabel besitzt die Gleichung $x = -\frac{p}{2}$ und ist somit parallel zur 2. Achse.

9.23 **a)** zB: $f(x) = 2x^2 - 8x + 11$ **b)** zB: $f(x) = x^2 - 4x + 5$

9.24

$$f\left(-\frac{b}{2a} - h\right) = a\left(-\frac{b}{2a} - h\right)^2 + b\left(-\frac{b}{2a} - h\right) + c =$$
$$= a\left(\frac{b^2}{4a^2} + \frac{bh}{a} + h^2\right) + b\left(-\frac{b}{2a} - h\right) + c =$$
$$= \frac{b^2}{4a} + bh + ah^2 - \frac{b^2}{2a} - bh + c = ah^2 - \frac{b^2}{4a} + c$$
$$f\left(-\frac{b}{2a} + h\right) = a\left(-\frac{b}{2a} + h\right)^2 + b\left(-\frac{b}{2a} + h\right) + c =$$
$$= a\left(\frac{b^2}{4a^2} - \frac{bh}{a} + h^2\right) + b\left(-\frac{b}{2a} + h\right) + c =$$
$$= \frac{b^2}{4a} - bh + ah^2 - \frac{b^2}{2a} + bh + c = ah^2 - \frac{b^2}{4a} + c$$

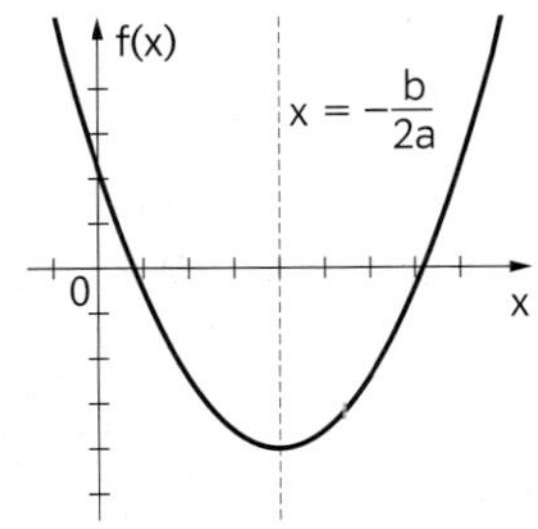

9.25 Nullstellen: $\frac{-b + \sqrt{b^2 - 4ac}}{2a}$ und $\frac{-b - \sqrt{b^2 - 4ac}}{2a}$

Mittelwert der Nullstellen: $\frac{1}{2}\left(\frac{-b + \sqrt{b^2 - 4ac}}{2a} + \frac{-b - \sqrt{b^2 - 4ac}}{2a}\right) = \frac{-2b}{4a} = -\frac{b}{2a}$

9.26 $x_1 + x_2 = \frac{-b + \sqrt{b^2 - 4ac}}{2a} + \frac{-b - \sqrt{b^2 - 4ac}}{2a} = \frac{-2b}{2a} = -\frac{b}{a}$

9.28 **1)**

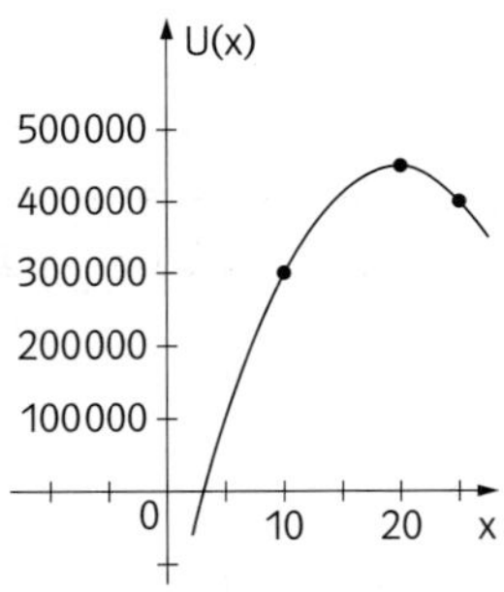

Die Punkte liegen annähernd auf einer Parabel. Mit steigendem Stückpreis kaufen immer weniger Leute das Produkt, daher nimmt der Umsatz immer langsamer zu und schließlich sogar ab.

2) $U(x) = -\frac{5000}{3}x^2 + 65000x - \frac{550000}{3}$

3) ca. 416 667 €

4) Bei einem Stückpreis von ca. 19,50 €. Der Umsatz beträgt dabei ca. 450 417 €.

9.29 **1)**

t	v(t) laut Abbildung	v(t) laut Termdarstellung in 2)
0	80	80
1	45	≈ 47
2	30	30
3	30	30
4	51	≈ 47
5	80	80

2) Ein quadratisches Modell ist angemessen, weil die Punkte annähernd auf einer Parabel liegen. Geht man von den Punkten (0 | 80), (2 | 30) und (5 | 80) aus, ergibt sich: $v(t) = \frac{25}{3}t^2 - \frac{125}{3}t + 80$. Die gefragten Werte sind in obiger Tabelle enthalten.

9.30 **1)**

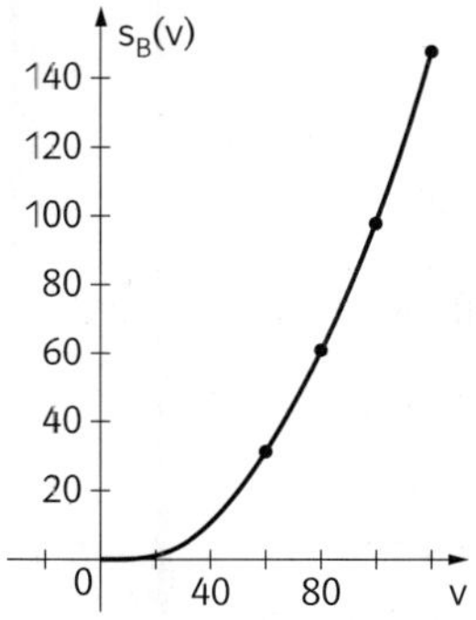

2) Ausgehend von den Punkten (60 | 32) und (120 | 144) ergibt sich: $s_B(v) = \frac{1}{90} \cdot v^2 - \frac{2}{15} \cdot v$
Graph: siehe 1)! Werte: siehe folgende Tabelle!

3)

Geschwindigkeit (in km/h)	60	80	100	120
Gemessener Bremsweg (in m)	32	61	98	144
Bremsweg laut Theorie (in m)	32	60,4	97,8	144
Bremsweg laut Faustregel (in m)	36	64	100	144

9.31 **1)** Geht man von den Punkten (0 | 2110) und (2 | 3520) aus, sind 4225 Stück zu erwarten.
Termdarstellung: $V(t) = 705 \cdot t + 2110$
Geht man von anderen Punkten aus, kann sich eine etwas abweichende Stückzahl ergeben.
2) $V(t) = 285t^2 + 135t + 2110$; 5080 Stück

9.32 **1)** Bei 8° C.
2) Bei 4° C. Das Volumen nimmt um ca. 110 mm³ ab.
3) ca. 225 mm³
4) Nein. Aus dem Graphen kann nur die Volumsänderung abgelesen werden.
5) Wählt man die Punkte (0 | 0), (8 | 0) und (11 | 225), dann ergibt sich: $V(Z) = \frac{75}{11} \cdot Z^2 - \frac{600}{11} \cdot Z$
(Dabei ist Z die Temperaturzunahme in °C.)

9.33 **1)** ca. 1,8 m
2) zB ca. 6 m und 10 m
3) bei 8 m; ca. 3,6 m
4) ca. 19 m
5) Geht man von den Punkten (0 | 1,8), (6 | 3,5) und (10 | 3,5) aus, ergibt sich:
$h(w) = -\frac{17}{600} \cdot w^2 + \frac{34}{75} \cdot w + 1{,}8$. Wurfweite: ca. 19 m

9.39 **a)** $f(x) = 8x^2$ **b)** $f(x) = 15x^2$

9.40 **1)** $V(s) = \frac{2}{3} \cdot s^2$

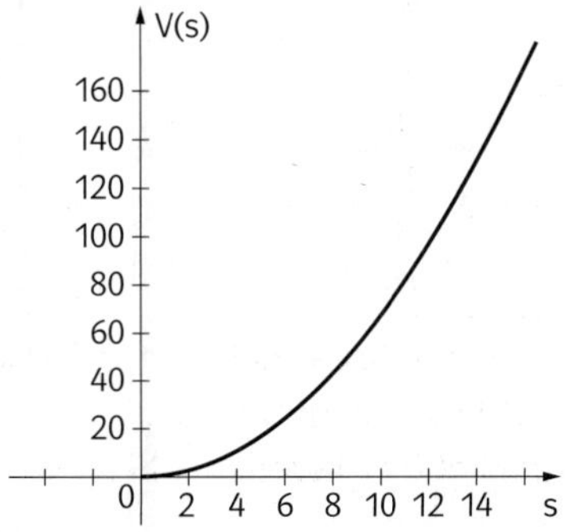

2) V(s) wird verneunfacht bzw. ver-n^2-facht.

9.41 **1)** größtmögliche Definitionsmenge: $\mathbb{R}^+$
2) Der Flächeninhalt wird 10 000-mal so groß.
3) auf das Zehnfache

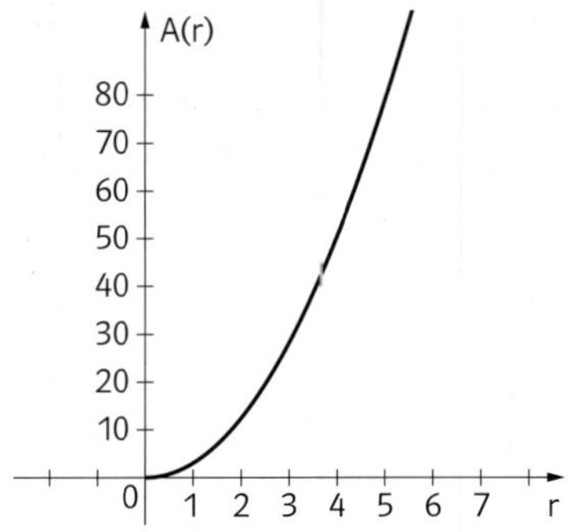

9.42 **1)**

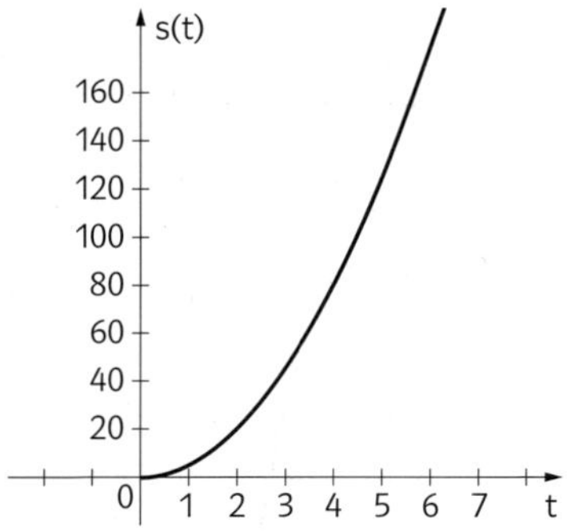

2) Auf das 25-fache. $s(5t) = 5 \cdot (5t)^2 = 25 \cdot (5t^2) = 25 \cdot s(t)$

9.43 $F(r) = \frac{1{,}899\,414 \cdot 10^{19}}{r^2}$

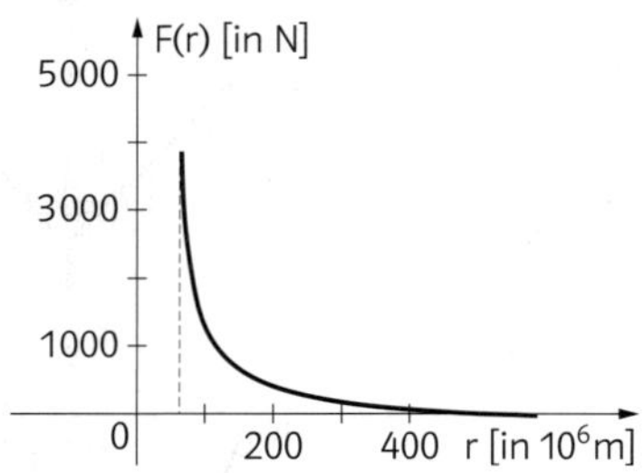

9.44 **1)** $h(x) = \frac{10}{x^2}$ [x und h(x) in dm]

2) h(x) sinkt auf ein Viertel.

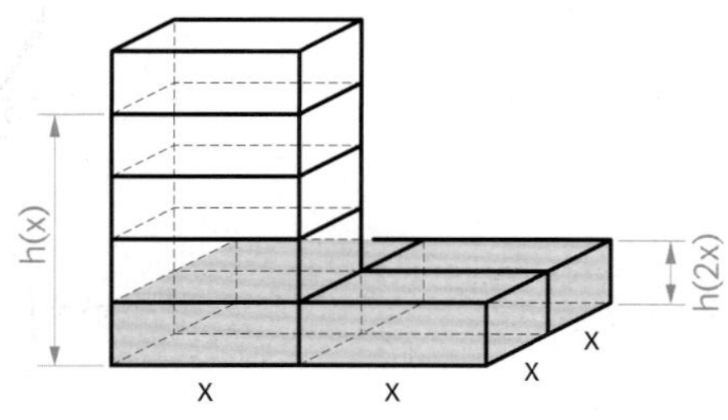

3)

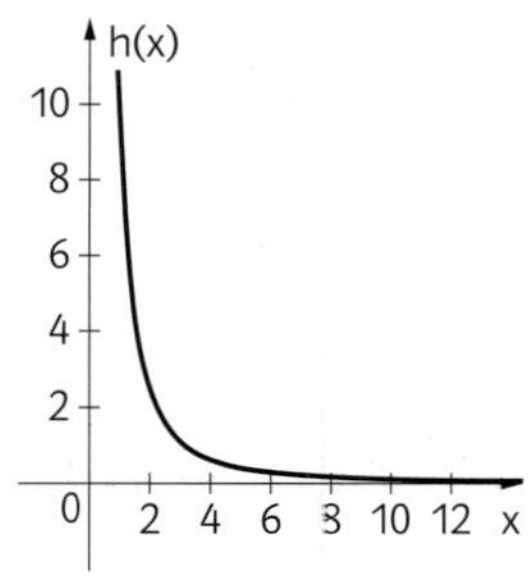

9.45 **a)** $f(a \cdot x) = c \cdot (a \cdot x)^2 = a^2 \cdot cx^2 = a^2 \cdot f(x)$ f(x) wird a^2-mal so groß.

b) $f(a \cdot x) = \frac{c}{(a \cdot x)^2} = \frac{1}{a^2} \cdot \frac{c}{x^2} = \frac{f(x)}{a^2}$ f(x) sinkt auf den a^2-ten Teil.

c) $f(a \cdot x) = c \cdot (a \cdot x)^3 = a^3 \cdot cx^3 = a^3 \cdot f(x)$ f(x) wird a^3-mal so groß.

d) $f(a \cdot x) = \frac{c}{(a \cdot x)^3} = \frac{1}{a^3} \cdot \frac{c}{x^3} = \frac{f(x)}{a^3}$ f(x) sinkt auf den a^3-ten Teil.

9.46 **a)** [0,5; 8] **b)** [2; 8]

9.47 a) $\left[\frac{1}{16}; \frac{1}{4}\right]$ b) $\left[\frac{1}{9}; 1\right]$

9.48 1) Nein, es kann nicht $f(x) = \frac{k}{x}$ gelten. Denn durch Einsetzen der Punktkoordinaten ergibt sich: $k = f(x) \cdot x = 3 \cdot 1 = 3$ und $k = f(x) \cdot x = \frac{3}{4} \cdot 2 = \frac{3}{2}$

2) ja, $f(x) = \frac{3}{x^2}$

9.50 a)

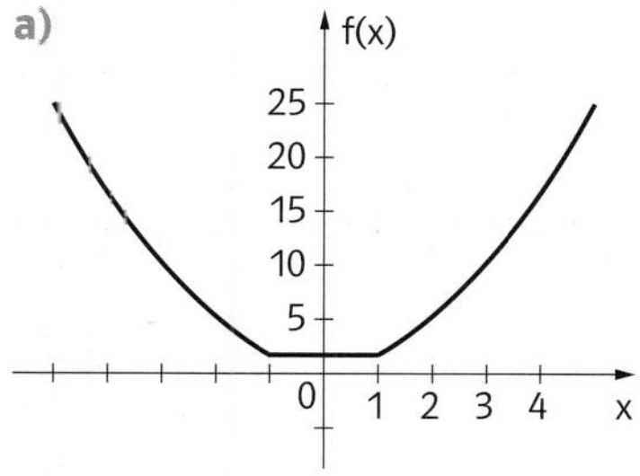

c)

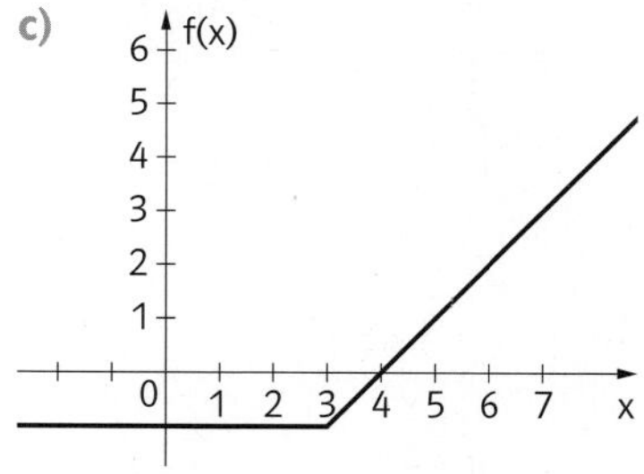

b)

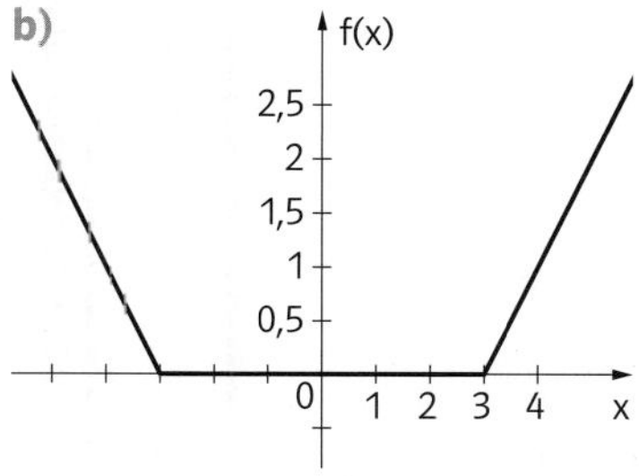

d)

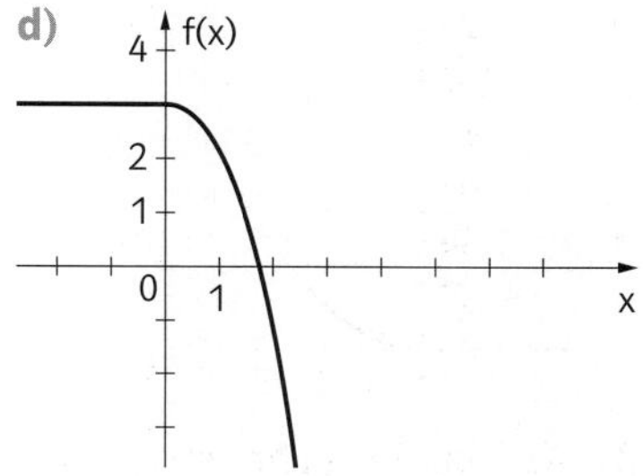

9.51 a)

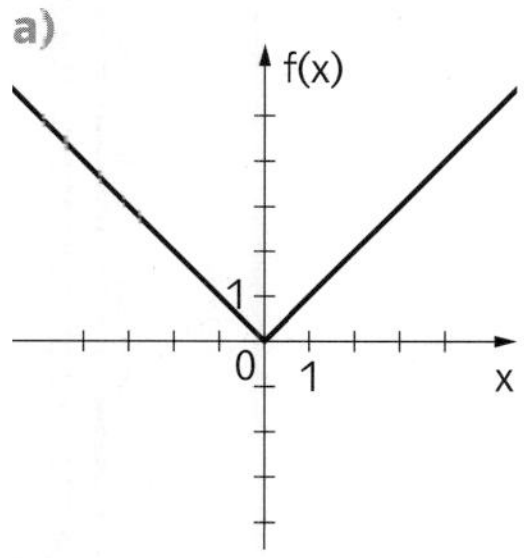

c)

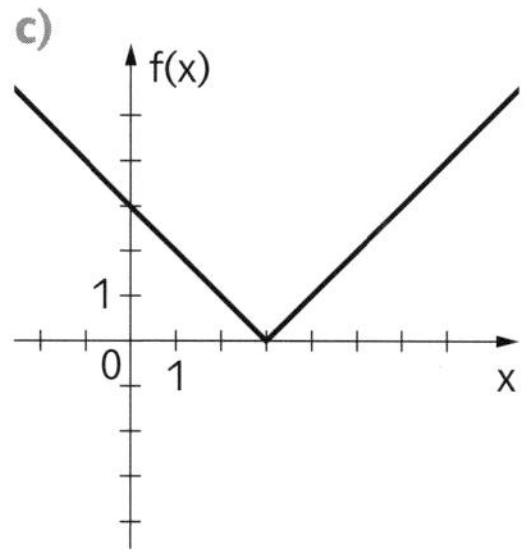

e)

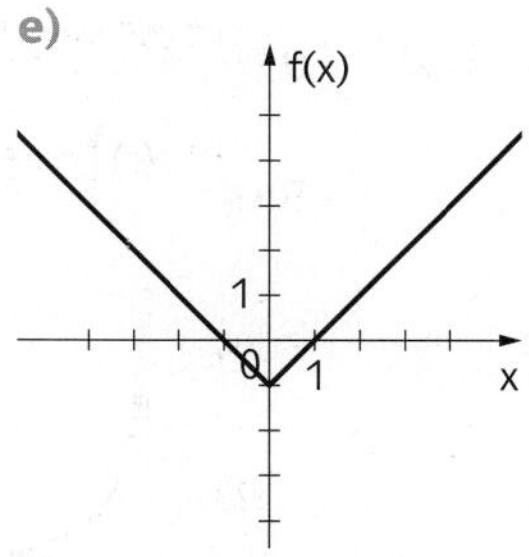

b)

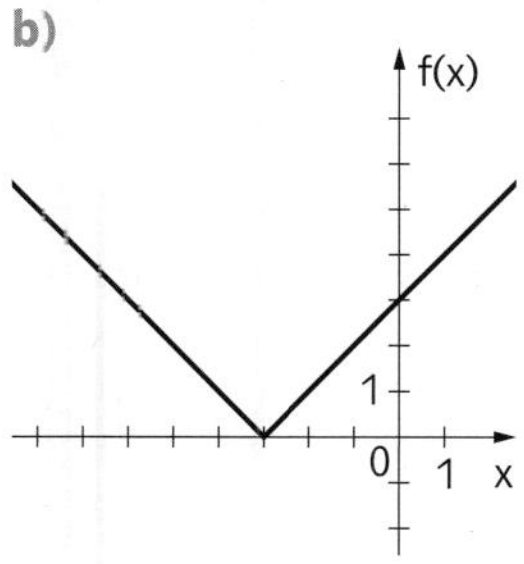

d)

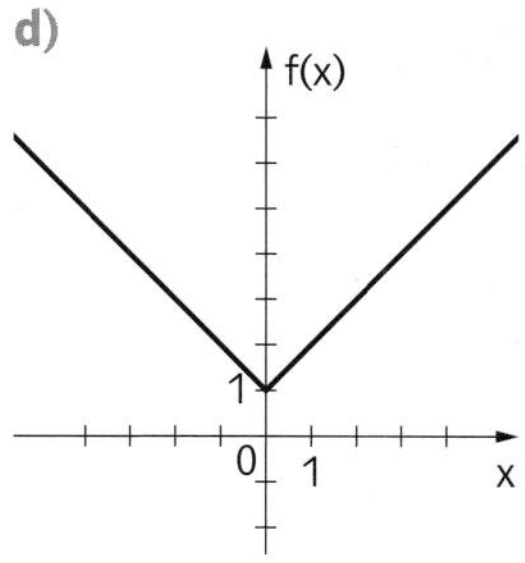

f)

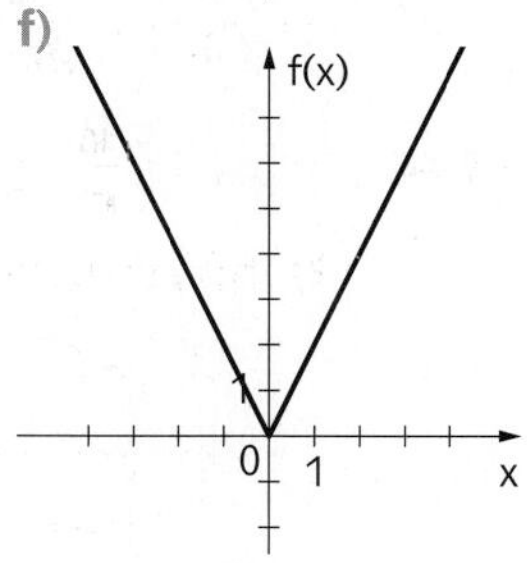

9.52 a) $f(x) = \begin{cases} 2 & \text{für } x \leq 0 \\ -3x + 2 & \text{für } x > 0 \end{cases}$

c) $f(x) = \begin{cases} -x + 1 & \text{für } x \leq 1 \\ x - 1 & \text{für } x > 1 \end{cases}$

e) $f(x) = \begin{cases} -x & \text{für } x \leq 0 \\ x & \text{für } 0 < x < 2 \\ 2 & \text{für } x \geq 2 \end{cases}$

b) $f(x) = \begin{cases} 1 & \text{für } x \leq -1 \\ -x & \text{für } -1 < x < 1 \\ x - 2 & \text{für } x \geq 1 \end{cases}$

d) $f(x) = \begin{cases} -3x & \text{für } x \leq 0 \\ 3x & \text{für } x > 0 \end{cases}$

f) $f(x) = \begin{cases} -\frac{1}{2}x + 1 & \text{für } x \leq 2 \\ \frac{1}{2}x - 1 & \text{für } x > 2 \end{cases}$

9.53 a) Die Person bewegt sich gleichförmig zum Baum hin.

b) Die Person entfernt sich gleichförmig vom Baum.

c) Die Person bewegt sich zuerst gleichförmig zum Baum hin, bleibt dann eine Zeit lang beim Baum stehen und entfernt sich dann wieder gleichförmig vom Baum.

d) Die Person entfernt sich zuerst gleichförmig vom Baum, bleibt dann eine Zeit lang stehen und bewegt sich dann wieder gleichförmig zum Baum hin.

e) Die Person bleibt zunächst in einer gewissen Entfernung vom Baum eine Zeit lang stehen, bewegt sich dann gleichförmig zum Baum hin, bleibt dann eine Zeit lang beim Baum stehen und entfernt sich dann wieder gleichförmig vom Baum.

f) Die Person bleibt in einer gewissen Entfernung vom Baum stehen.

9.54 $s(t) = \begin{cases} 110t & \text{für } 0 \leq t \leq 2 \\ 220 & \text{für } 2 < t < 3 \\ 120t - 140 & \text{für } 3 \leq t \leq 4{,}5 \end{cases}$

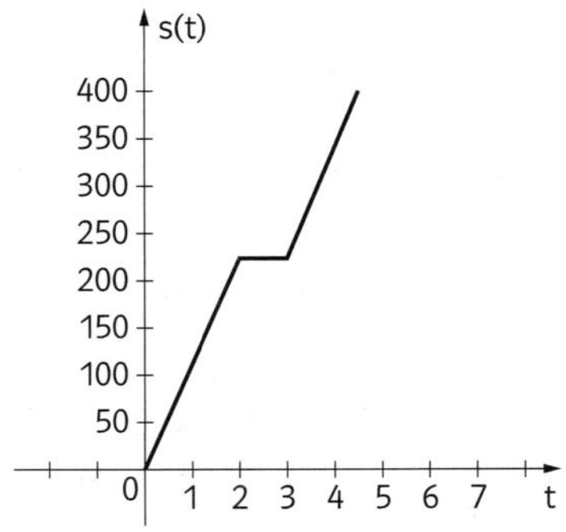

9.55 $h(t) = \begin{cases} t & \text{für } 0 \leq t \leq 4 \\ 4 & \text{für } 4 < t < 9 \\ t - 5 & \text{für } 9 \leq t \leq 15 \\ 10 & \text{für } 15 < t < 18 \\ -t + 28 & \text{für } 18 \leq t \leq 21 \end{cases}$

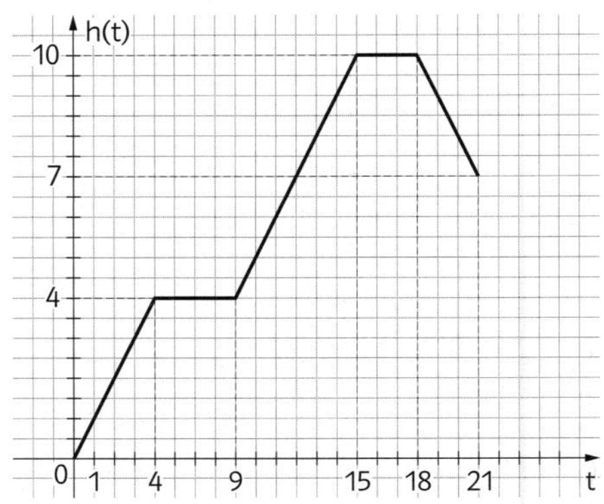

9.56 $s_A(t) = 60t,\ s_B(t) = \begin{cases} 0 & \text{für } 0 \leq t < 0{,}5 \\ 80t - 40 & \text{für } 0{,}5 \leq t \leq 2{,}5 \\ 160 & \text{für } 2{,}5 < t < 3 \\ 70t - 50 & \text{für } t \geq 3 \end{cases}$

Die LKWs passieren einander drei Mal:

120 km von Villach entfernt um 09:30 Uhr
160 km von Villach entfernt um 10:10 Uhr
300 km von Villach entfernt um 12:30 Uhr

9.57

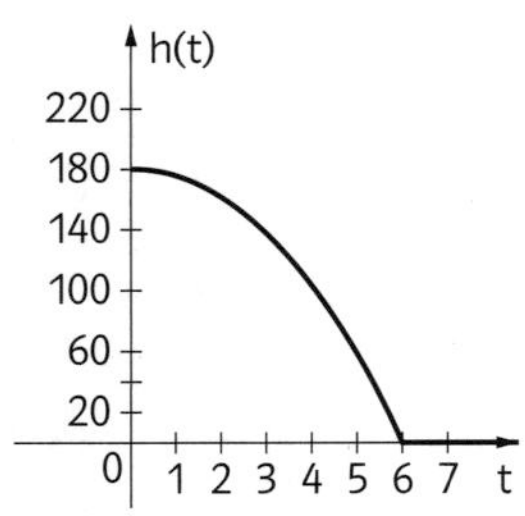

9.58

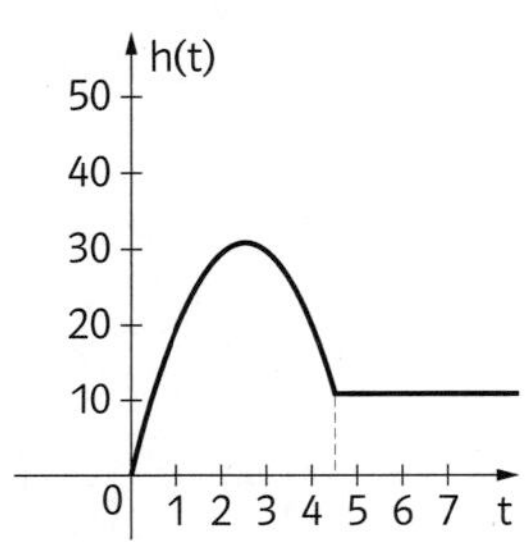

9.59 $d(x) = \begin{cases} x & \text{für } 0 \leq x \leq 50 \\ 100 - x & \text{für } 50 < x \leq 100 \end{cases}$

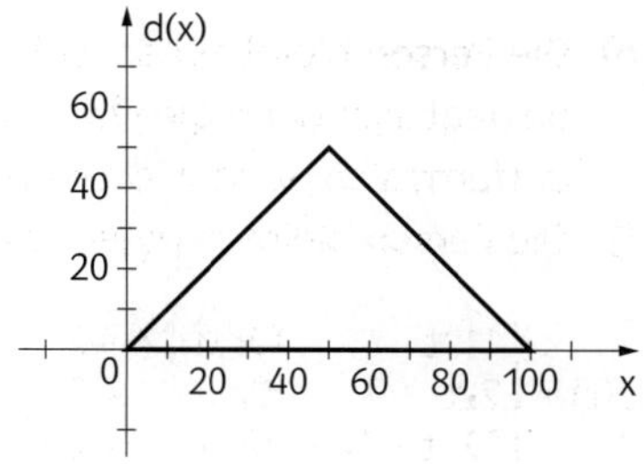

9.61 **a)**

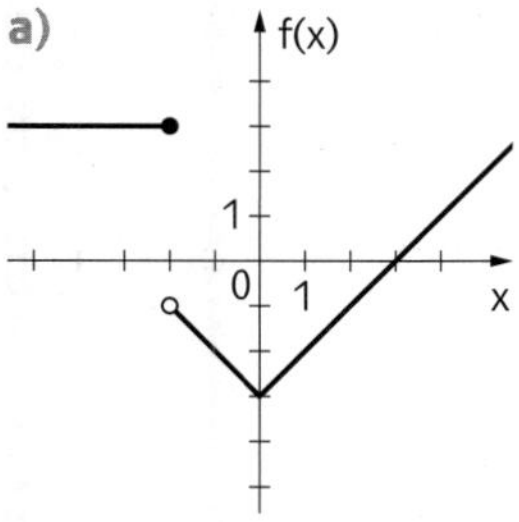

b)

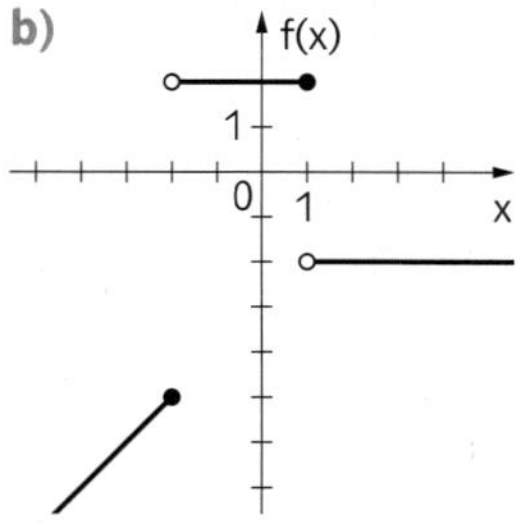

c)

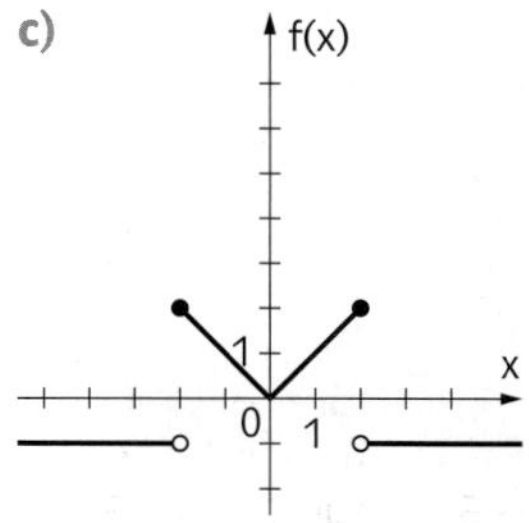

d)

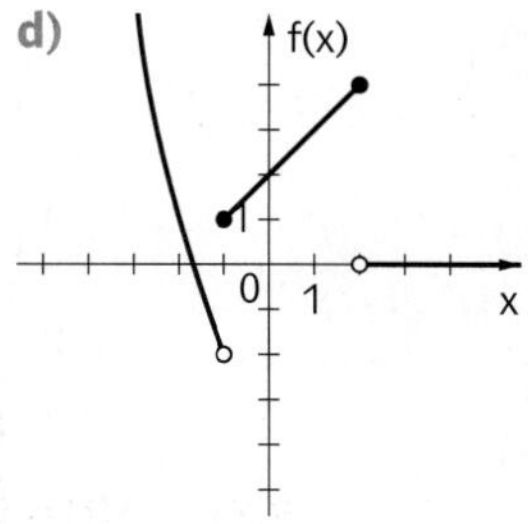

9.62 **a)** $f(x) = \begin{cases} -2x - 2 & \text{für } x < -1 \\ 2 & \text{für } -1 \leq x < 1 \\ -2x + 5 & \text{für } x \geq 1 \end{cases}$

b) $f(x) = \begin{cases} 3x + 6 & \text{für } x < -1 \\ -x - 1 & \text{für } -1 \leq x \leq 0 \\ x - 1 & \text{für } 0 < x \leq 1 \\ x & \text{für } x > 1 \end{cases}$

c) $f(x) = \begin{cases} 3 & \text{für } x \leq -1 \\ -2x & \text{für } -1 < x \leq 0 \\ 2x & \text{für } 0 < x \leq 1 \\ 1 & \text{für } x > 1 \end{cases}$

d) $f(x) = \begin{cases} 2 & \text{für } x < 0 \\ \frac{1}{3}x + 1 & \text{für } x \geq 0 \end{cases}$

9.63 $G(t) = \begin{cases} 4{,}0 & \text{für } 0 < t \leq 1 \\ 4{,}8 & \text{für } 1 < t \leq 1{,}5 \\ 5{,}6 & \text{für } 1{,}5 < t \leq 2 \\ 6{,}4 & \text{für } 2 < t \leq 2{,}5 \\ 7{,}2 & \text{für } 2{,}5 < t \leq 3 \\ 8{,}0 & \text{für } 3 < t \leq 3{,}5 \\ 8{,}8 & \text{für } 3{,}5 < t \leq 4 \end{cases}$

Für $1{,}5 \leq t \leq 2$ gilt $G(t) = 5{,}6$.

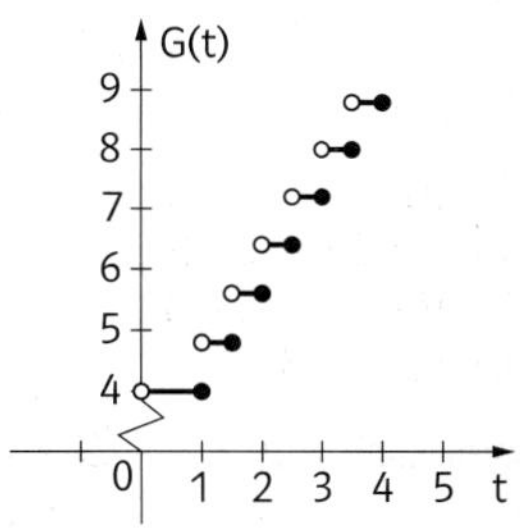

9.64

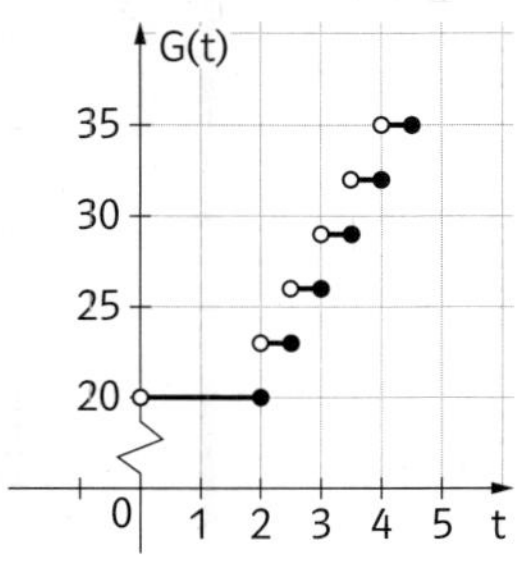

9.65 $U(t) = \begin{cases} 230 & \text{für } 0 \leq t < 1 \\ 0 & \text{für } 1 \leq t < 2 \\ 230 & \text{für } 2 \leq t < 3 \\ 0 & \text{für } 3 \leq t < 4 \\ 230 & \text{für } t = 4 \end{cases}$

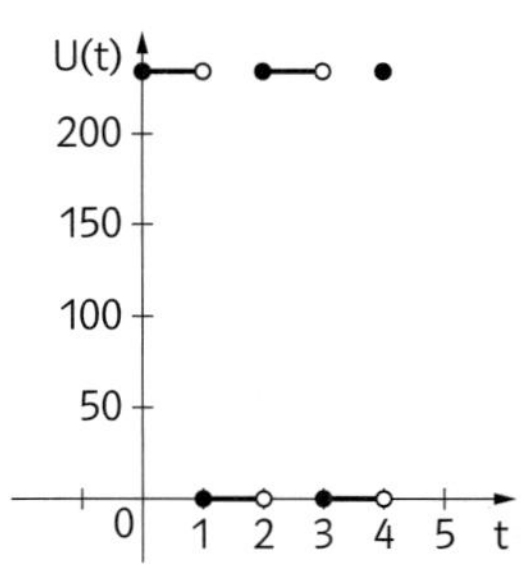

9.66 a) $V(h) = 4h$

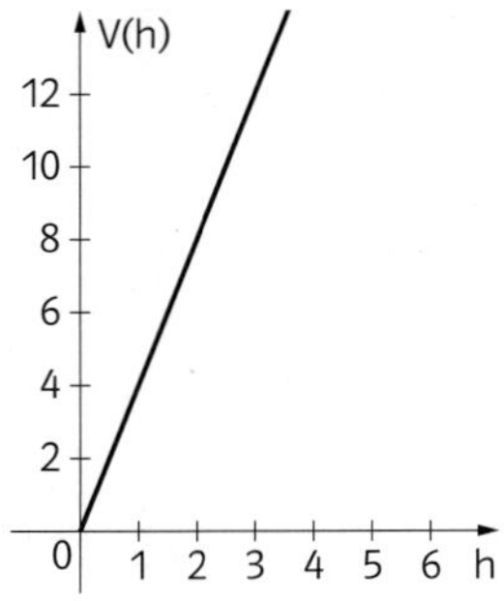

b) $V(a) = 2a^2$

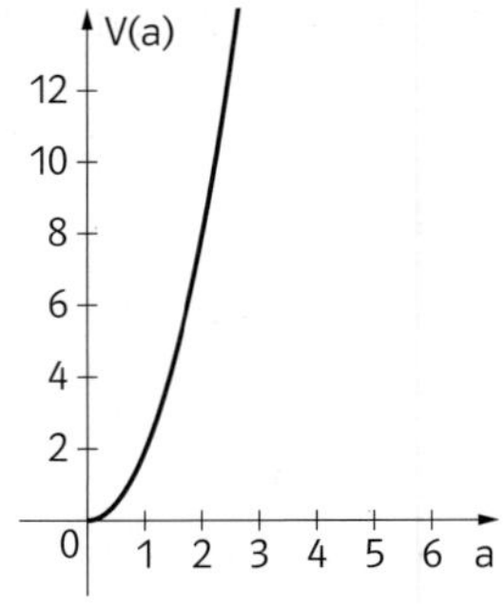

9.67 a) $F(m) = 10m$

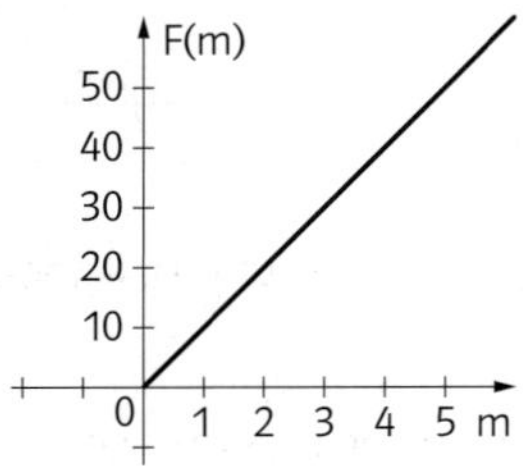

b) $F(v) = 2v^2$

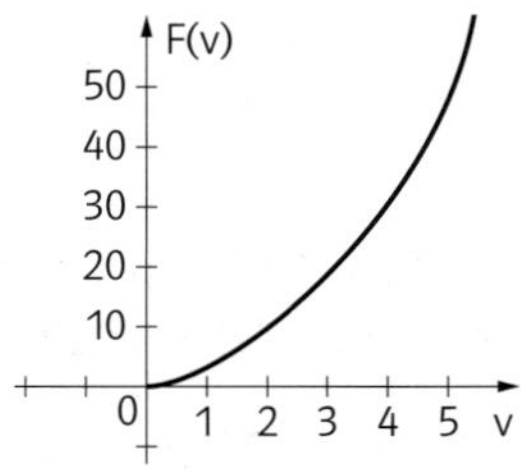

c) $F(r) = \frac{2\,500\,000}{r^2}$

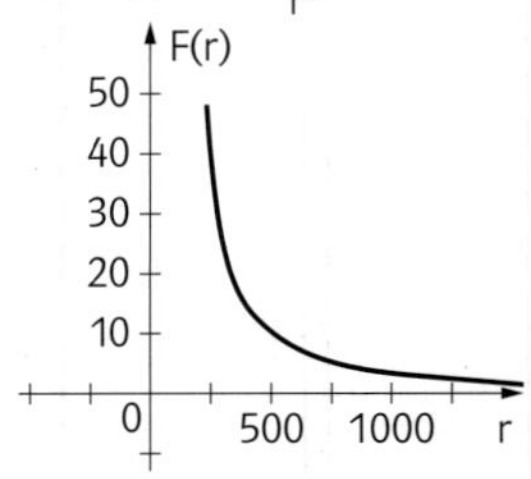

9.68 $h \mapsto V(h) = \frac{r^2\pi}{3} \cdot h$ (r konstant). Typ: $f(x) = k \cdot x$
V(h) ist zu h direkt proportional.

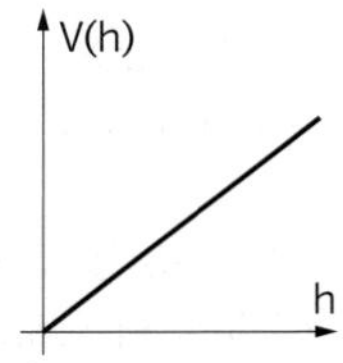

$r \mapsto V(r) = \frac{\pi h}{3} \cdot r^2$ (h konstant). Typ: $f(x) = c \cdot x^2$
V(r) ist zum Quadrat von r direkt proportional

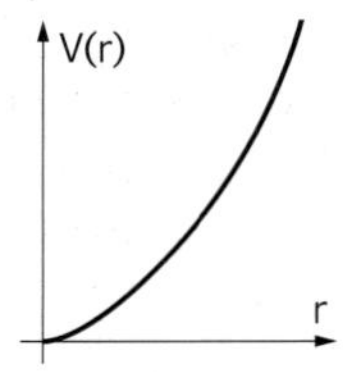

9.69 $m \mapsto E(m) = \frac{v^2}{2} \cdot m$ (v konstant). Typ: $f(x) = k \cdot x$
E(m) ist zu m direkt proportional.

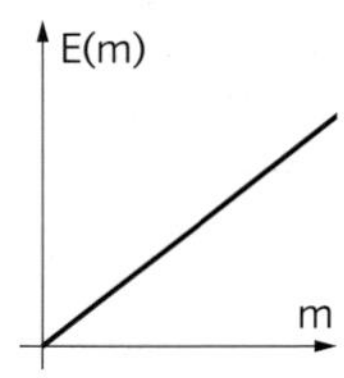

$v \mapsto E(v) = \frac{m}{2} \cdot v^2$ (m konstant). Typ: $f(x) = c \cdot x^2$
E(v) ist zum Quadrat von v direkt proportional.

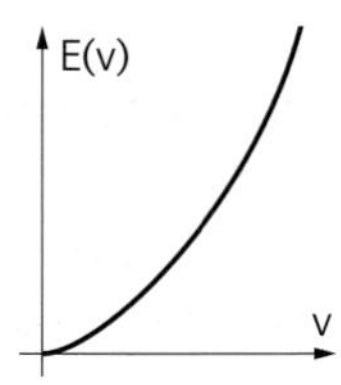

9.70 $m \mapsto F(m)$ (G, M, r konstant). Typ: $f(x) = k \cdot x$
F(m) ist zu m direkt proportional.

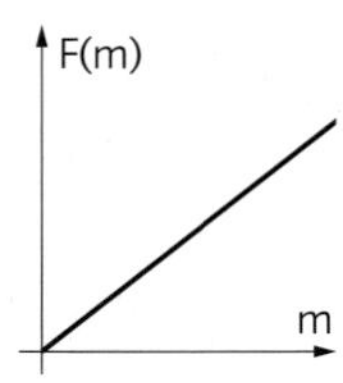

$r \mapsto F(r)$ (G, M, m konstant). Typ: $f(x) = \frac{c}{r^2}$
F(r) ist zum Quadrat von r indirekt proportional.

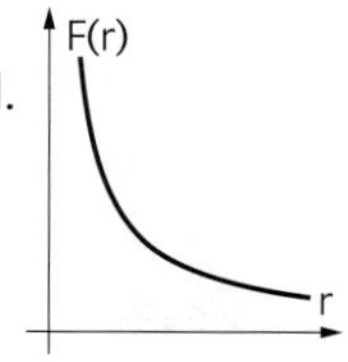

9.71 a) (2) b) (4)

9.72 $V = x^2\left(y - \frac{z}{3}\right)$

1) $y \mapsto V$ und $z \mapsto V$

2)

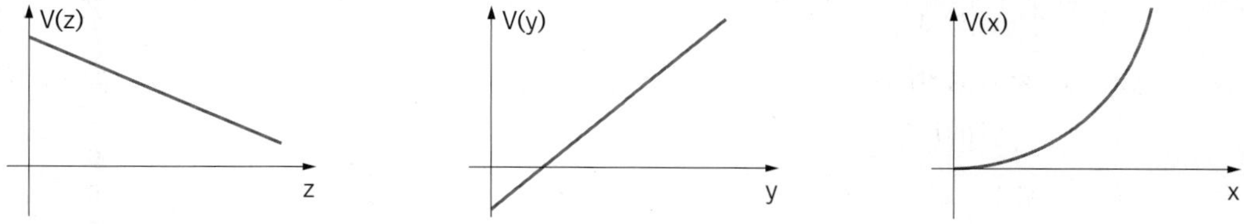

9.74 Betrachte beispielsweise eine Zeit-Ort-Funktion der Form $s(t) = k \cdot t + d$ und überlege selbst, dass die Aussagen in den orange unterlegten Kästen zutreffen!

9.75 1) (1) Die Kosten werden für ganzzahlig gerundete Verbrauchswerte berechnet.
(2) Die Kosten sind zum Verbrauch direkt proportional.
(3) Bis unter 1 kWh zahlt man nichts, dann bis unter 2 kWh 20 c, dann bis unter 3 kWh 40 c, usw.
(4) Für 0 kWh zahlt man nichts, dann bis einschließlich 1 kWh 20 c, dann bis einschließlich 2 kWh 40 c, usw.

2) Keines der vier Modelle beschreibt die Praxis ganz genau. Das Modell (2) kommt der Praxis vermutlich am nächsten, wobei der Verbrauch meist mit einer Nachkommastelle angegeben wird.

3) (1) $\mathbb{N}$ (2) $\mathbb{R}_0^+$ (3) $\mathbb{R}_0^+$ (4) $\mathbb{R}_0^+$
In der Praxis ist der Verbrauch nach oben beschränkt.

4) (1) $K(x) = 20 \cdot x$ für $x \in \mathbb{N}$ (2) $K(x) = 20 \cdot x$ für $x \in \mathbb{R}_0^+$

(3) $K(x) = \begin{cases} 0 & \text{für } 0 \le x < 1 \\ 20 & \text{für } 1 \le x < 2 \\ 40 & \text{für } 2 \le x < 3 \\ 60 & \text{für } 3 \le x < 4 \\ 80 & \text{für } 4 \le x < 5 \\ & \text{usw.} \end{cases}$ (4) $K(x) = \begin{cases} 0 & \text{für } x = 0 \\ 20 & \text{für } 0 < x \le 1 \\ 40 & \text{für } 1 < x \le 2 \\ 60 & \text{für } 2 < x \le 3 \\ 80 & \text{für } 3 < x \le 4 \\ & \text{usw.} \end{cases}$

5) $K_2(1{,}4372) = 28{,}744$ $K_3(1{,}4372) = 20$ $K_4(1{,}4372) = 40$
Die Berechnungen sind in der Praxis nicht sinnvoll, weil der Verbrauch nicht so genau gemessen werden kann.

9.76 a) zum Beispiel:
- Abhängigkeit des Wasservolumens V von der Zeit t in einem quaderförmigen Becken bei gleichmäßiger Füllung.
- Abhängigkeit des Ortes s von der Zeit t bei gleichförmiger Bewegung.
- Abhängigkeit der Gesamtkosten K von der Produktionsmenge x.

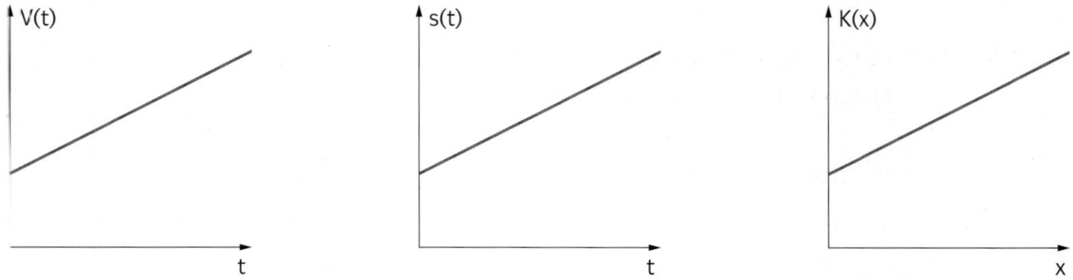

b) zum Beispiel:
- Abhängigkeit des Treibstoffverbrauchs T von der Geschwindigkeit v.
- Abhängigkeit der Fliehkraft F von der Geschwindigkeit v bei konstanter Masse und konstantem Radius.
- Abhängigkeit der Fallstrecke s von der Zeit t beim freien Fall.

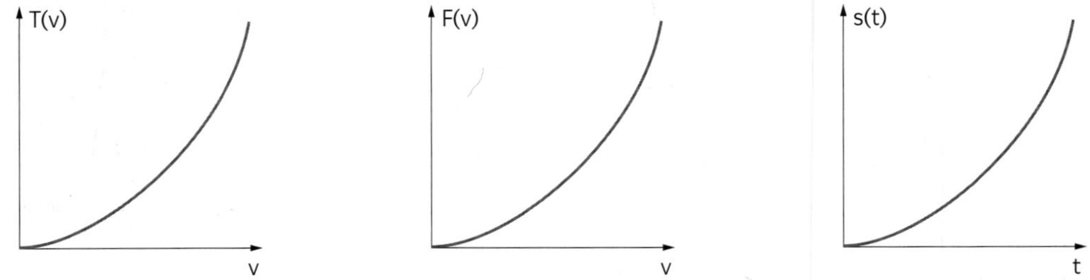

9.77

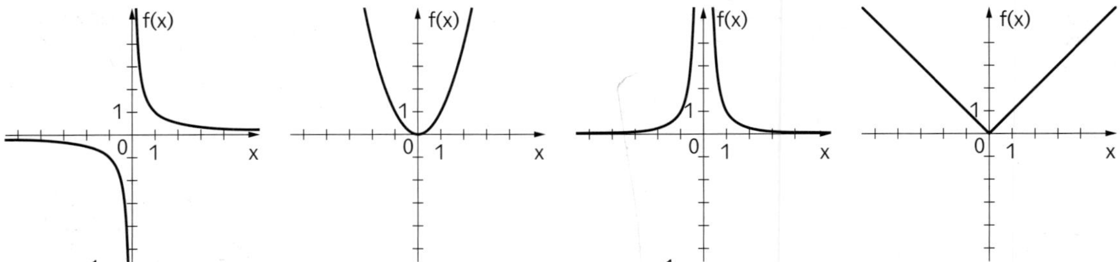

$x \mapsto \frac{1}{x}$ $x \mapsto x^2$ $x \mapsto \frac{1}{x^2}$ $x \mapsto |x|$

9.78 $f(x) = \frac{k}{x}$. Der Graph ist keine Gerade und sieht ungefähr so aus:

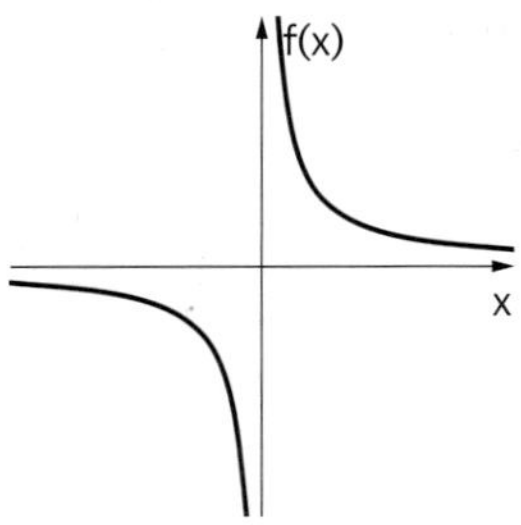

9.79 $2 = f(1)$

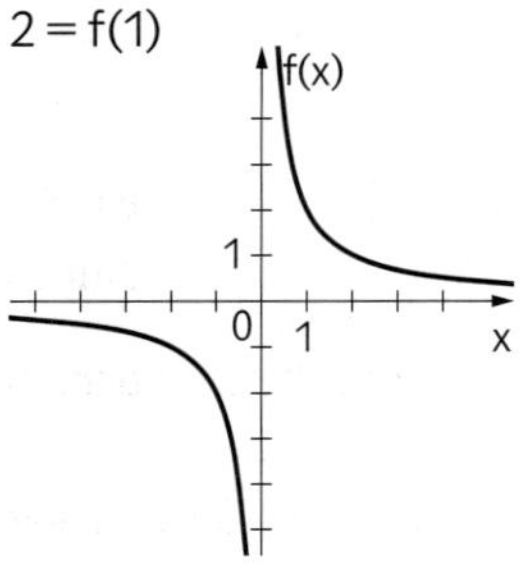

9.80 Die Funktionswerte sind zu den Argumenten indirekt proportional, wenn $f(x) = \frac{k}{x}$ (mit $k \neq 0$) gilt. Beispiel: Die Fliehkraft ist indirekt proportional zum Radius.

9.81 Aus $f(x) = \frac{k}{x}$ folgt $x = \frac{k}{f(x)}$. Dh. die Funktionswerte sind zu den Argumenten indirekt proportional und umgekehrt.

9.82 **a)** Nach oben offene Parabel mit dem Scheitel im Ursprung.

b) Parabel mit dem Scheitel $S = \left(-\frac{b}{2a} \middle| f\left(-\frac{b}{2a}\right)\right) = \left(-\frac{b}{2a} \middle| c - \frac{b^2}{4a}\right)$.

Nach oben offen für $a > 0$, nach unten offen für $a < 0$.

9.83 **a)** zB: $f(x) = x^2$
größtmöglicher Definitionsbereich: $\mathbb{R}$

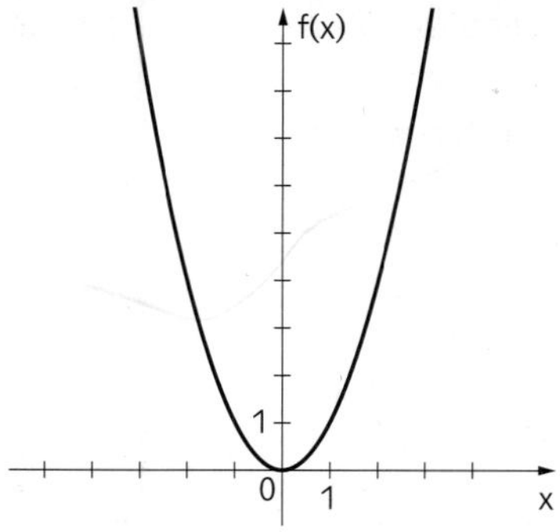

b) zB: $f(x) = \frac{1}{x^2}$
größtmöglicher Definitionsbereich: $\mathbb{R}^*$

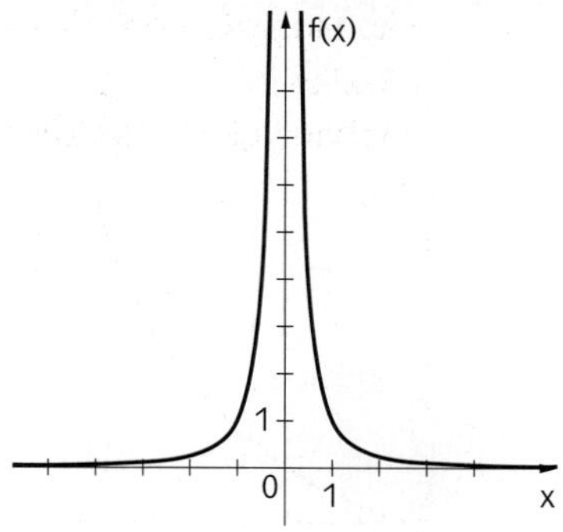

9.84 **a)** zB: $f(x) = \begin{cases} 1 & \text{für } x \leq 1 \\ x & \text{für } x > 1 \end{cases}$

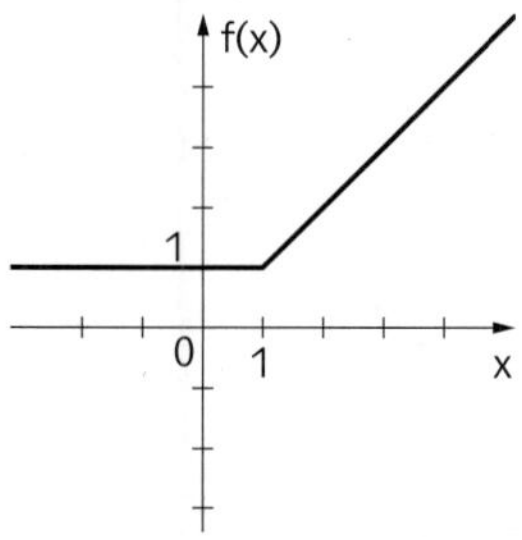

b) zB: $f(x) = \begin{cases} x & \text{für } x \leq 1 \\ -x+1 & \text{für } x > 1 \end{cases}$

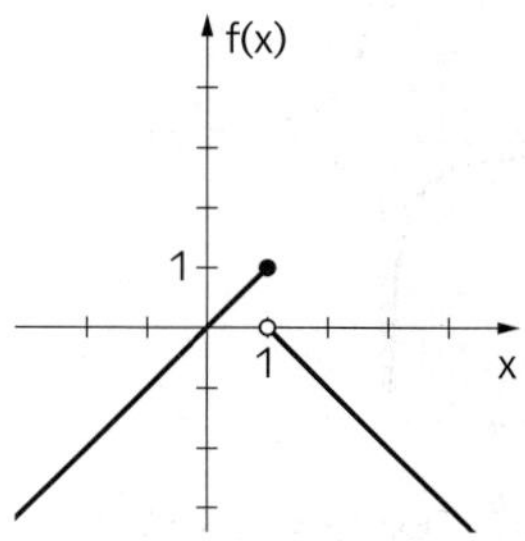

9.85 Siehe die orange unterlegten Kästen auf den Seiten 187 und 188!

9.87

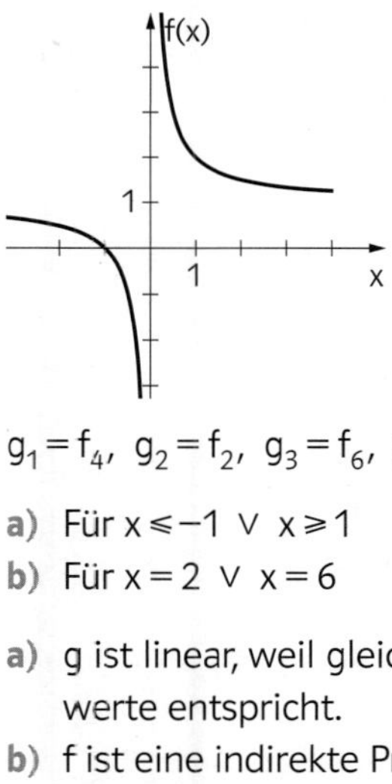

a) $A = \left\{-\frac{1}{3}; 1\right\}$ **b)** $A = \mathbb{R}^+$

9.88 $g_1 = f_4$, $g_2 = f_2$, $g_3 = f_6$, $g_4 = f_1$

9.89 **a)** Für $x \leq -1 \vee x \geq 1$
b) Für $x = 2 \vee x = 6$
c) Für $-2 < x < 0$
d) Für $-2 \leq x \leq 2$
e) $f(x) \in [-1; 3]$
f) $x \in [-1; 1]$
g) $S = (0|-1)$
Nullstellen: −1 und 1

9.90 **a)** g ist linear, weil gleichem Zuwachs der Argumente jeweils der gleiche Zuwachs der Funktionswerte entspricht.
b) f ist eine indirekte Proportionalitätsfunktion, weil für jedes gegebene Zahlenpaar gilt: $k = f(x) \cdot x = 3$

9.91 Die Funktion s könnte vom Typ $f(x) = c \cdot x^2$ sein.

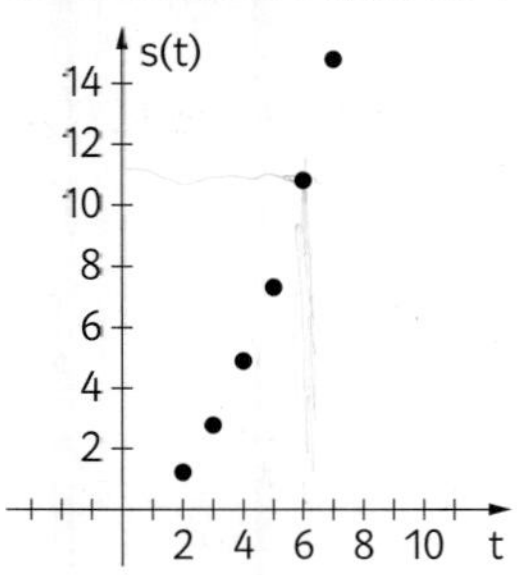

9.92 a) f_3 b) f_2 c) f_1 d) f_5

9.93 Die Funktionswerte können zu den Argumenten indirekt proportional sein. $f(x) = \frac{3}{x}$

9.94 a) f(x) ist zu x^2 direkt proportional. Wird x mit $a \in \mathbb{R}^+$ multipliziert, wird f(x) mit a^2 multipliziert.
b) f(x) ist zu x^2 indirekt proportional. Wird x mit $a \in \mathbb{R}^+$ multipliziert, wird f(x) durch a^2 dividiert.

9.95 a) $\left[\frac{4}{3}; 2\right]$ b) $\left[0; \frac{2}{3}\right]$

9.96 a) $\left[-1; -\frac{1}{9}\right]$ b) $\left[-1; -\frac{1}{9}\right]$

9.97 a) y nimmt zu. b) y sinkt auf den hundertsten Teil. c) (2)

9.98 a) V nimmt ab. b) V sinkt auf den dritten Teil. c) (3) d) Ja. $V = \frac{c}{U} \Rightarrow U = \frac{c}{V}$ e) U sinkt auf den dritten Teil.

9.99 Man kann beispielsweise die Funktion P betrachten, die jeder Getränkemenge x (in Liter) den Preis (in Euro) zuordnet.

$$P(x) = \begin{cases} 1{,}5 \cdot x & \text{für } 0 \leq x < 50 \\ 1{,}5 \cdot x - 15 & \text{für } x \geq 50 \end{cases}$$

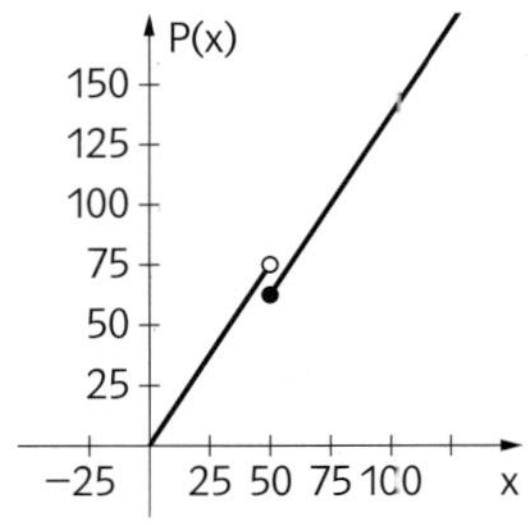

9.100 $K(x) = \begin{cases} 14 \cdot x & \text{für } x < 10 \\ 14 \cdot x - 20 & \text{für } x \geq 10 \end{cases}$

Beispiele für Fragen: Wie viel kostet 1 kg? Wie viel Preisnachlass wird gewährt, wenn man mindestens 10 kg kauft?

9.101 A: i B: h C: n D: f E: k F: g

9.102 (1)
$$V(x) = \begin{cases} 5{,}00 & \text{für } 0 < x \leq 2 \\ 4{,}95 & \text{für } 3 \leq x \leq 5 \\ 4{,}60 & \text{für } 6 \leq x \leq 9 \\ 3{,}85 & \text{für } 10 \leq x \leq 15 \\ 2{,}95 & \text{für } 16 \leq x \leq 22 \\ 2{,}25 & \text{für } 23 \leq x \leq 28 \\ 1{,}50 & \text{für } x \geq 29 \end{cases}$$

(2)
$$K(x) = \begin{cases} 1{,}95x + 5 & \text{für } 0 < x \leq 2 \\ 1{,}95x + 4{,}95 & \text{für } 3 \leq x \leq 5 \\ 1{,}95x + 4{,}60 & \text{für } 6 \leq x \leq 9 \\ 1{,}95x + 3{,}85 & \text{für } 10 \leq x \leq 15 \\ 1{,}95x + 2{,}95 & \text{für } 16 \leq x \leq 22 \\ 1{,}95x + 2{,}25 & \text{für } 23 \leq x \leq 28 \\ 1{,}95x + 1{,}50 & \text{für } x \geq 29 \end{cases}$$

3) 33,10 €
4) Höchstens 24 Ohrstöpsel. K(24) = 49,05 €

9.103 a) $A = [-2; -1] \cup [1; 2]$ b) $A =]-1; -0{,}5[\cup]0{,}5; 1[$

9.104 a) um höchstens 0,82 b) um höchstens 21

9.105 $K(x) = \begin{cases} 92{,}00 & \text{für } x \leq 200 \\ 92{,}00 + 0{,}25(x - 200) & \text{für } x > 200 \end{cases}$

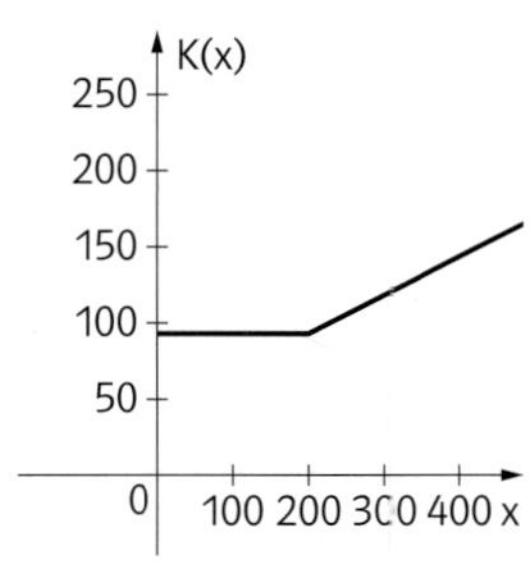

9.106 $K(t) = \begin{cases} 6{,}90 & \text{für } 0 < t < 1 \\ 12{,}30 & \text{für } 1 \le t < 2 \\ 17{,}70 & \text{für } 2 \le t < 3 \\ 23{,}10 & \text{für } 3 \le t < 4 \\ 28{,}50 & \text{für } 4 \le t < 5 \end{cases}$

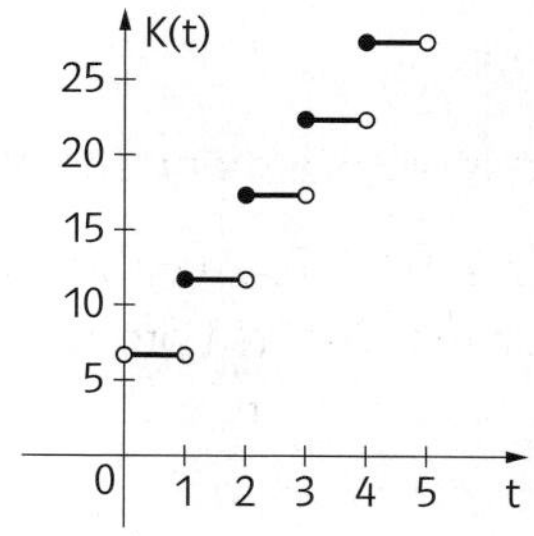

9.107 a) $s(t) = \begin{cases} 10 - 2t & \text{für } 0 \le t \le 5 \\ 2t - 10 & \text{für } 5 < t \le 10 \end{cases}$

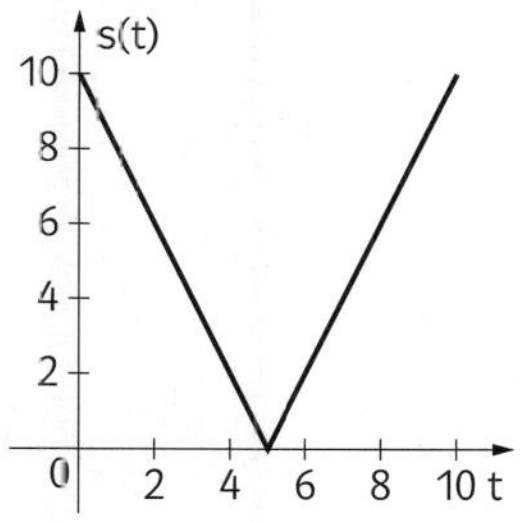

b) $v(t) = \begin{cases} 2 & \text{für } 0 \le t \le 5 \\ -2 & \text{für } 5 < t \le 10 \end{cases}$

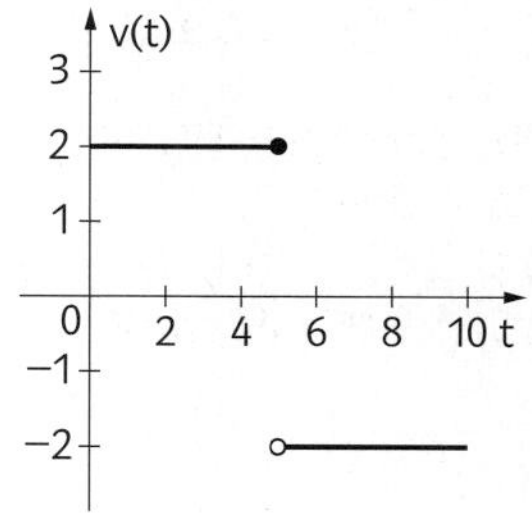

9.108 1) $s(t) = \begin{cases} 54t & \text{für } 0 \le t < 1\frac{1}{3} \\ 72 & \text{für } 1\frac{1}{3} \le t \le 1\frac{1}{2} \\ 54t - 9 & \text{für } 1\frac{1}{2} < t \le 3\frac{1}{2} \end{cases}$

2) zwischen ca. 72 km/h und 86,4 km/h
3) früheste Ankunftszeit: ca. 8:35 Uhr.
späteste Ankunftszeit: ca. 9:00 Uhr.

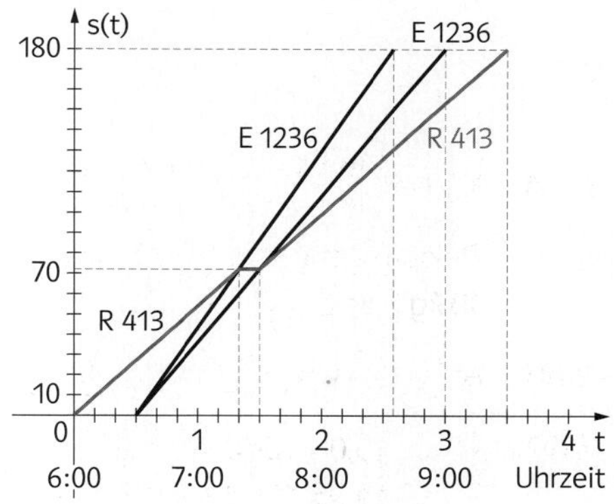

9.109 1) $t(r) = \frac{3}{r}$
2) Die Zeit wird halbiert.
3) $r \cdot t(r) = 3$ = Gesamtvorrat an Kaffee

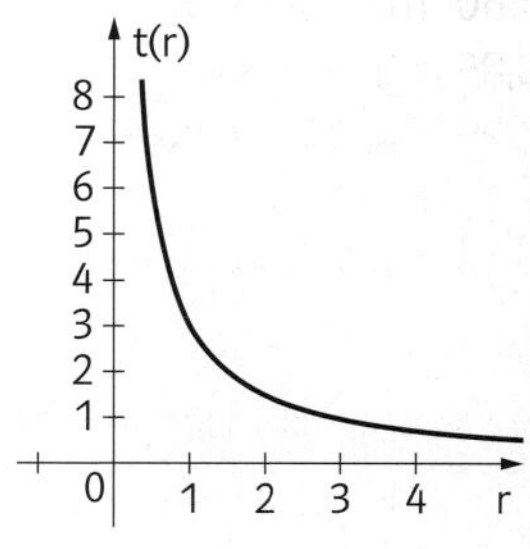

9.110 Die Werte für $x = -2$ stimmen nicht überein.

10 Lineare Gleichungen und Gleichungssysteme in zwei Variablen

10.03 a) $2x - y = -5$ b) $x + 2y = -3$ c) $21x + 3y = 2$ d) $x - y = 3$

10.04 a) $y = 2 \cdot x - 4$
b) keine explizite Form möglich, denn die Gleichung $5x + 0 \cdot y = 10$ kann nicht nach y aufgelöst werden.
c) $y = -\frac{2}{3} \cdot x + \frac{4}{3}$
d) $y = -14$

10.05 Zum Beispiel:
a) $(-3|4)$, $(0|2)$, $(1{,}5|1)$, $(3|0)$, $(4{,}5|-1)$

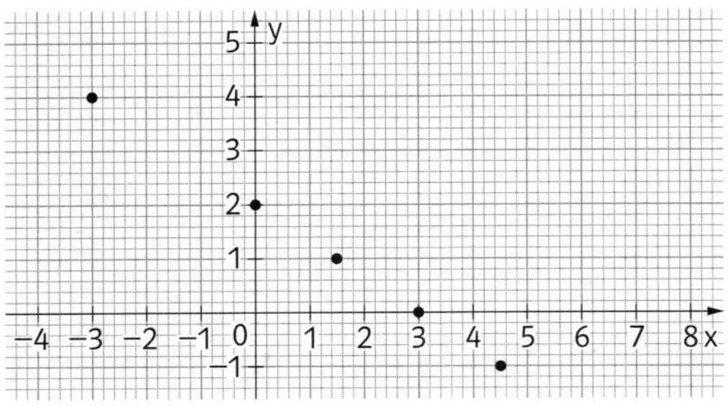

c) $(-2|5)$, $(-1|3)$, $(0|1)$, $(0{,}5|0)$, $(1|-1)$

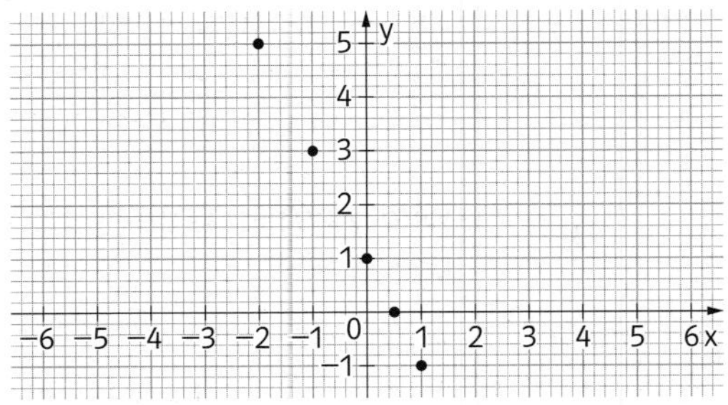

b) $(-4|-3)$, $(0|-2)$, $(2|-1{,}5)$, $(4|-1)$, $(8|0)$

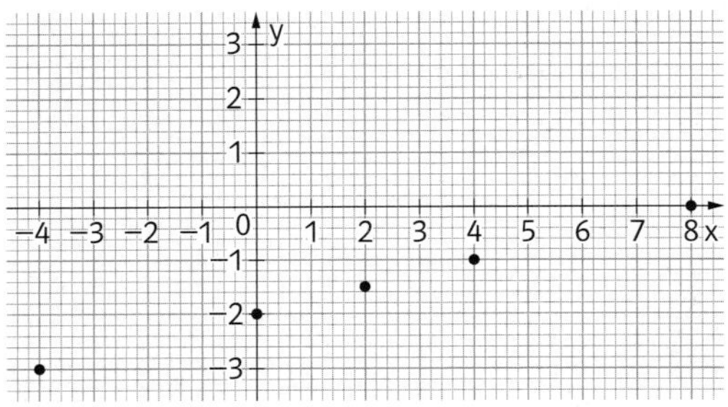

d) $(-10|-5)$, $(-5{,}5|-3)$, $(-1|-1)$, $(3{,}5|1)$, $(8|3)$

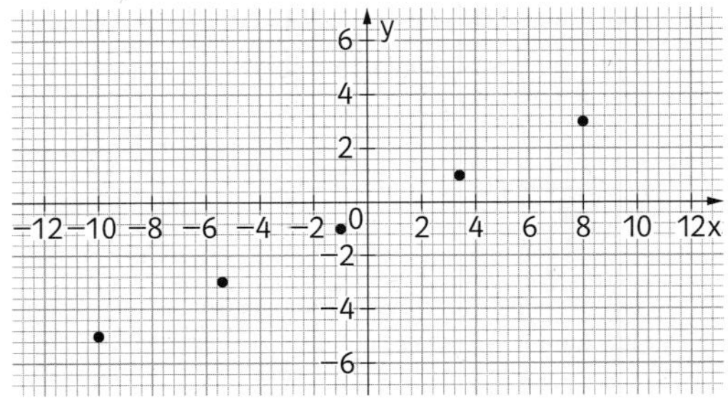

10.06 a) $L = \left\{(x|y) \in \mathbb{R}^2 \,\middle|\, y = -\frac{d}{e}x + \frac{h}{e}\right\}$
b) $L = \left\{(x|y) \in \mathbb{R}^2 \,\middle|\, y = \frac{m}{n}x - \frac{p}{n}\right\}$
c) $L = \left\{(x|y) \in \mathbb{R}^2 \,\middle|\, x = \frac{s}{r} \wedge \text{ y beliebig}\right\}$

10.07 a) $L = \left\{(a|b) \in \mathbb{R}^2 \,\middle|\, b = -\frac{u}{v}a + \frac{w}{v}\right\}$
b) $L = \left\{(a|b) \in \mathbb{R}^2 \,\middle|\, b = -\frac{x}{y}a - \frac{z}{y}\right\}$
c) $L = \left\{(a|b) \in \mathbb{R}^2 \,\middle|\, b = \frac{h}{g} \wedge \text{ a beliebig}\right\}$

10.08 a) $L = \left\{(x|y) \in \mathbb{R}^2 \,\middle|\, y = -\frac{2}{3}x + \frac{7}{3}\right\}$
Ja, das ist der Graph einer linearen Funktion f: $y = kx + d$ mit $k = -\frac{2}{3}$ und $d = \frac{7}{3}$.
b) $L = \left\{(x|y) \in \mathbb{R}^2 \,\middle|\, y = \frac{1}{4}x - \frac{1}{4}\right\}$
Ja, das ist der Graph einer linearen Funktion f: $y = kx + d$ mit $k = \frac{1}{4}$ und $d = -\frac{1}{4}$.
c) $L = \{(x|y) \in \mathbb{R}^2 \mid x = 3 \wedge \text{ y beliebig}\}$
Nein, das ist die Parallele zur 2. Achse durch den Punkt $(3|0)$. Diese Gerade legt keine Funktion fest.
d) $L = \{(x|y) \in \mathbb{R}^2 \mid y = x\}$
Ja, das ist der Graph einer linearen Funktion f: $y = kx + d$ mit $k = 1$ und $d = 0$ (1. Mediane).

10.09 Ja, gemeinsame Lösungsmenge: $L = \left\{(x|y) \in \mathbb{R}^2 \,\middle|\, y = \frac{1}{3}x + 5\right\}$

10.10 Zum Beispiel:

a) $2x - 6y = -8$; $-x + 3y = 4$; $\frac{1}{3}x - y = -\frac{4}{3}$

b) $2x + y = 4$; $-2x - y = -4$; $6x + 3y = 12$

c) $2x - y = 8$; $-4x + 2y = -16$; $x - \frac{1}{2}y = 4$

d) $x + y = 2$; $-2x - 2y = -4$; $3x + 3y = 6$

10.11 **a)** entspricht der 1. Achse **b)** entspricht der 2. Achse

10.12 **a)** Parallele zur 1. Achse durch den Punkt $\left(0 \middle| \frac{c}{b}\right)$. **b)** Parallele zur 2. Achse durch den Punkt $\left(\frac{c}{a} \middle| 0\right)$

10.13 Geradengleichung in expliziter Form: $y = -\frac{a}{b}x + \frac{c}{b}$ Steigung der Geraden: $k = -\frac{a}{b}$

Schnittpunkt mit der 2. Achse: $\left(0 \middle| \frac{c}{b}\right)$ Schnittpunkt mit der 1. Achse: $\left(\frac{c}{a} \middle| 0\right)$

(1) Wird a größer, so dreht sich die Gerade im Uhrzeigersinn, der Schnittpunkt mit der 2. Achse bleibt unverändert.

(2) Wird a kleiner, so dreht sich die Gerade entgegen dem Uhrzeigersinn, der Schnittpunkt mit der 2. Achse bleibt unverändert.

(3) Wird b größer, so dreht sich die Gerade entgegen dem Uhrzeigersinn, der Schnittpunkt mit der 1. Achse bleibt unverändert.

(4) Wird b kleiner, so dreht sich die Gerade im Uhrzeigersinn, der Schnittpunkt mit der 1. Achse bleibt unverändert.

10.14

a) explizite Form: $y = 0$ implizite Form: $y = 0$

b) explizite Form: nicht möglich implizite Form: $x = 0$

c) explizite Form: $y = 2$ implizite Form: $y = 2$

d) explizite Form: nicht möglich implizite Form: $x = -3$

e) explizite Form: $y = x$ implizite Form: $x - y = 0$

f) explizite Form: $y = -x$ implizite Form: $x + y = 0$

10.15 **1)**

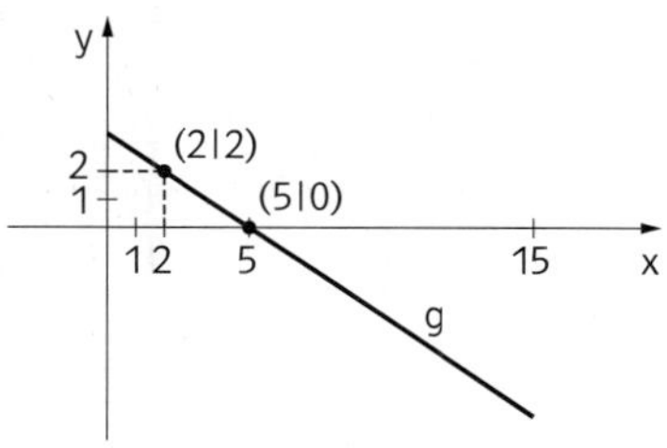

(2) (2|2); (5|0)

10.16 **a)** x … Anzahl der 10-€-Scheine
y … Anzahl der 20-€-Scheine
$10x + 20y = 270$

Anzahl der 10-€-Scheine	Anzahl der 20-€-Scheine
1	13
3	12
5	11
7	10
9	9
11	8
13	7
15	6
17	5
19	4
21	3
23	2
25	1
27	0

b) x … Anzahl der 20-€-Scheine
y … Anzahl der 50-€-Scheine
$20x + 50y = 280$

Anzahl der 20-€-Scheine	Anzahl der 50-€-Scheine
4	4
9	2
14	0

10.17 Sollen alle 36 Kühe in x vollen 5-Kuh-Ställen und y vollen 7-Kuh-Ställen untergebracht werden, dann muss $(x \mid y)$ eine Lösung der Gleichung $5x + 7y = 36$ mit $x \in \mathbb{N}$ und $y \in \mathbb{N}$ sein.
Die einzige solche Lösung ist $(3 \mid 3)$. Dh. alle 36 Kühe haben in 3 vollen 5-Kuh-Ställen und 3 vollen 7-Kuh-Ställen Platz.

10.18 Sollen alle 64 Notebooks in x vollen Typ-A-Paketen und y vollen Typ-B-Paketen verschickt werden, dann ist $(x \mid y)$ eine Lösung der Gleichung

$8x + 12y = 64 \Leftrightarrow y = \frac{2 \cdot (8 - x)}{3}$ mit $x \in \mathbb{N}$ und $y \in \mathbb{N}$

Für jede Lösung $(x \mid y)$ muss $x \in \{0, \ldots, 8\}$ sein.
Daher kann es höchstens 9 Verpackungsmöglichkeiten geben.
Die tatsächlichen Verpackungsmöglichkeiten sind:

Anzahl x der Typ-A-Pakete	Anzahl y der Typ-B-Pakete
2	4
5	2
8	0

10.19 $y = -\frac{a}{b}x + \frac{c}{b}$
Wird c größer, so wird die Gerade parallel nach oben verschoben.
Wird c kleiner, so wird die Gerade parallel nach unten verschoben.

10.20 **a)** $y = c$ mit $c \in \mathbb{R}$

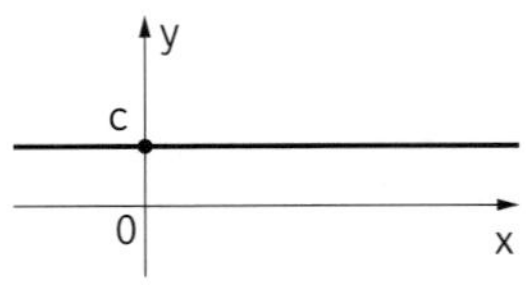

b) $x = c$ mit $c \in \mathbb{R}$

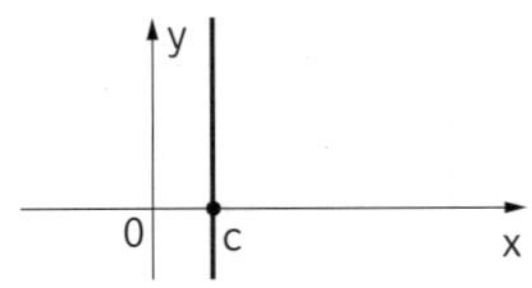

10.21 **a)** $y = -2x + 3$
b) Es ergibt sich keine lineare Gleichung, denn nimmt x um 1 zu, so ändert sich y nicht stets um denselben Wert.
c) $y = 5$
d) Es ergibt sich keine lineare Gleichung, denn nimmt x um 1 zu, so ändert sich y nicht stets um denselben Wert.
e) $y = 4x$

10.22 **(3)** ist wahr.
Begründung: $g\colon y = -3x + 8$
$A \in g \Rightarrow a_2 = -3a_1 + 8$
$B \in g \Rightarrow b_2 = -3b_1 + 8$
Wäre $a_2 \leq b_2 \Rightarrow -3a_1 + 8 \leq -3b_1 + 8 \Rightarrow -3a_1 \leq -3b_1 \Rightarrow a_1 \geq b_1$, Widerspruch zur Voraussetzung!

10.23 Geht eine Gerade durch $(0 \mid 0)$ und den weiteren Gitterpunkt $(a \mid b)$, dann besitzt sie als Steigung die rationale Zahl $\frac{b}{a}$. Daher kann eine Gerade durch $(0 \mid 0)$ mit irrationaler Steigung, zB $y = \sqrt{2} \cdot x$, neben $(0 \mid 0)$ keinen weiteren Gitterpunkt enthalten.

10.27 **a)**

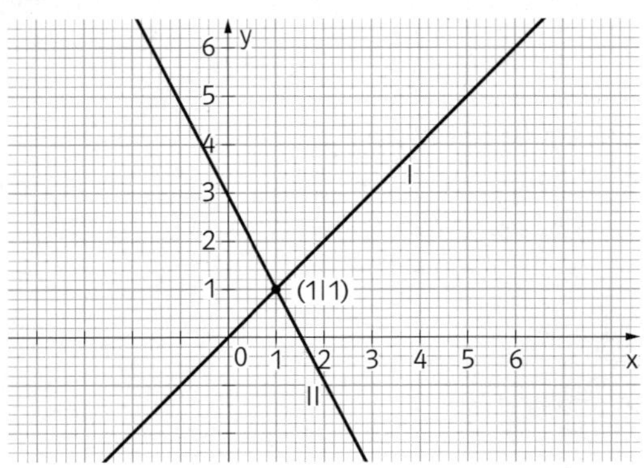

Lösung: $(1 \mid 1)$

b)

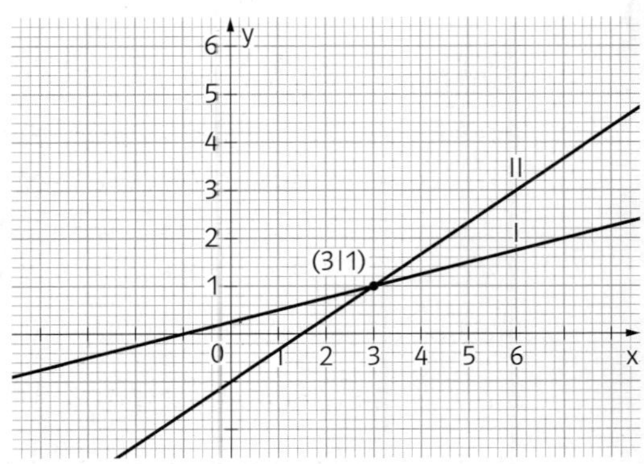

Lösung: $(3 \mid 1)$

c)

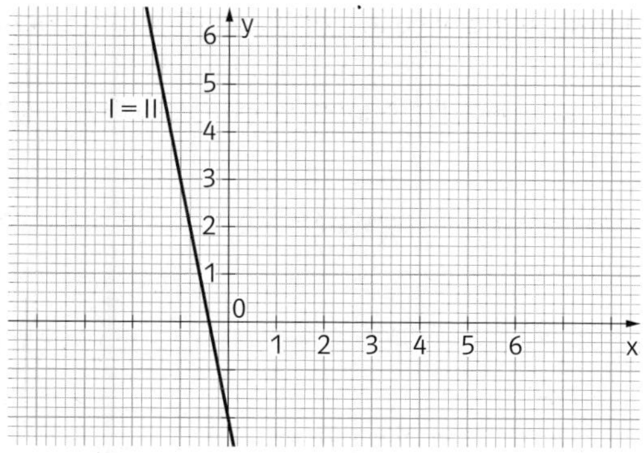

unendlich viele Lösungen

d)

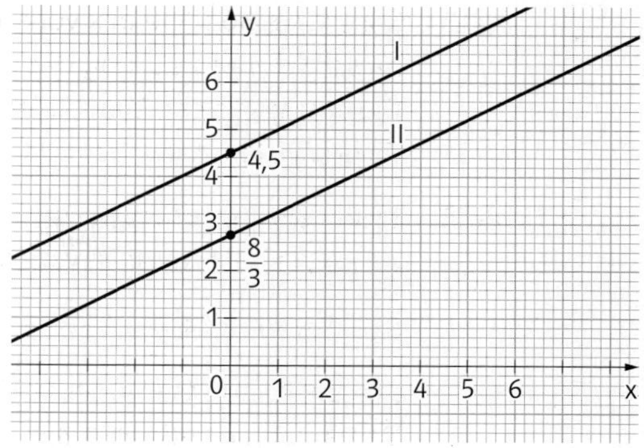

keine Lösung

e)

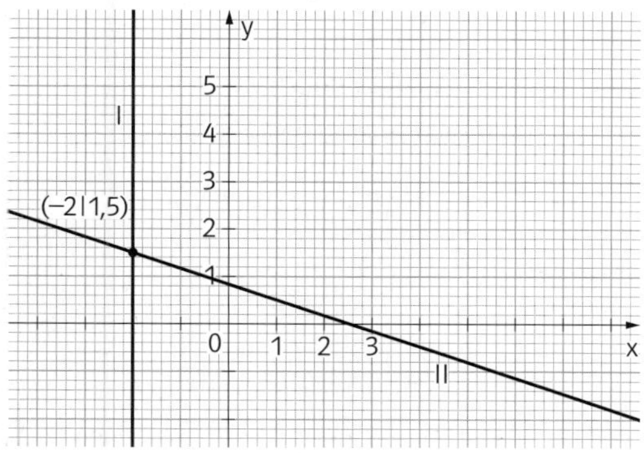

Lösung: (−2 | 1,5)

f)

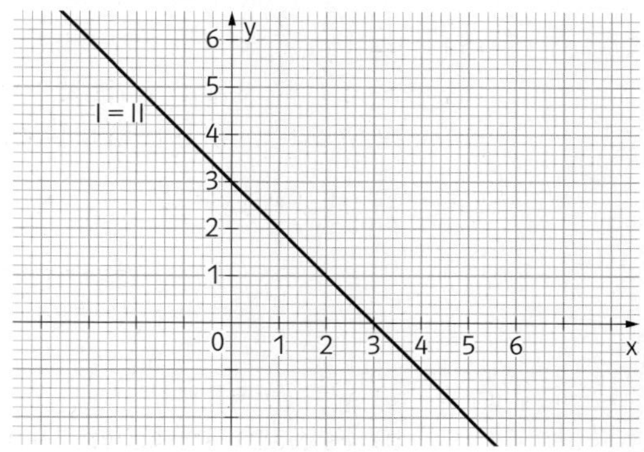

unendlich viele Lösungen

10.28 a) keine Lösung
b) (2 | 4)
c) unendlich viele Lösungen
d) (0,5 | 1,2)
e) unendlich viele Lösungen
f) (4 | −2,5)
g) keine Lösung
h) unendlich viele Lösungen
i) (2 | −1)

10.29 a) keine Lösung
b) genau eine Lösung $\left(\frac{4}{7} \middle| -\frac{6}{7}\right)$
c) unendlich viele Lösungen
d) genau eine Lösung (−5 | 2)
e) genau eine Lösung (3 | 1)
f) genau eine Lösung (−0,2 | 1)

10.30 a) genau eine Lösung (1 | 1)
b) genau eine Lösung (−1 | 1)
c) unendlich viele Lösungen

10.31 a) −14
b) 5
c) −2

10.32 a) genau eine Lösung (11,6 | 0,6)
b) keine Lösung
c) unendlich viele Lösungen
d) (−5,75 | 20,75)

10.33 a) genau eine Lösung (3 | −2)
b) keine Lösung
c) keine Lösung
d) genau eine Lösung (3 | 0)
e) genau eine Lösung $\left(\frac{10}{3} \middle| \frac{5}{2}\right)$
f) unendlich viele Lösungen

10.34 a) (2 | −0,5)
b) $\left(\frac{25}{4} \middle| \frac{20}{3}\right)$

10.35 a) Nein, denn die Punkte liegen nicht auf einer Geraden
b) Ja, denn die Punkte liegen auf der Geraden g: $y = 3x + 1$
c) Ja, denn die Punkte liegen auf der Geraden g: $y = x$
d) Nein, denn die Punkte liegen nicht auf einer Geraden .

10.36 Die erste Zahl lautet 21, die zweite Zahl lautet 43.

10.37 Der Minuend lautet 61, der Subtrahend lautet 30.

10.38 Die ursprüngliche Zahl lautet 89.

10.39 Es sind 12 Kaninchen und 23 Hühner im Stall.

10.40 Eigengeschwindigkeit = 16 km/h, Strömungsgeschwindigkeit = 10 km/h

10.41 A = (−2 | −1), B = (4 | 2), C = (−1 | 5)

10.42 Fenchelpreis = 24 €/kg, Anispreis = 8 €/kg

10.43 Lea lud bei MPMusic 18 Dateien und bei eLOAD 14 Dateien herunter.

10.44 Der Gesamtwert der mit 20 % Rabatt verkauften Artikel = 26 400 €.
Der Gesamtwert der mit 30 % Rabatt verkauften Artikel = 26 800 €.

10.45 60, 71, 82, 93

10.46 für k = 4: 93
für k = 5: 82
für k = 8: 71

10.48 Man muss $\frac{7}{18}$ l Milch mit 0,9 % Fettgehalt und $\frac{1}{9}$ l Milch mit 3,6 % Fettgehalt verwenden.

10.49 Lineare Gleichung in den zwei Variablen x und y:
Form: $ax + by = c$ (mit $a, b, c \in \mathbb{R}$, a und b nicht zugleich 0)
Lösung: Paar $(x \mid y)$ reeller Zahlen, das die Gleichung erfüllt
Die Lösungsmenge L ist eine Gerade in $\mathbb{R}^2$.

10.50 Lineares Gleichungssystem mit 2 Gleichungen in zwei Variablen x und y:

Form: $\begin{cases} a_1 \cdot x + a_2 \cdot y = a_0 & (a_1, a_2, a_0 \in \mathbb{R}, \quad a_1 \text{ und } a_2 \text{ nicht beide } 0) \\ b_1 \cdot x + b_2 \cdot y = b_0 & (b_1, b_2, b_0 \in \mathbb{R}, \quad b_1 \text{ und } b_2 \text{ nicht beide } 0) \end{cases}$

Lösung: Paar $(x \mid y)$ reeller Zahlen, wobei x und y beide Gleichungen erfüllen.

10.51 Ein lineares Gleichungssystem in zwei Variablen wird grafisch gelöst, indem man die Lösungsmengen der beiden Gleichungen als Geraden in einem gemeinsamen Koordinatensystem darstellt und die gegenseitige Lage der Geraden feststellt.
Ein lineares Gleichungssystem in zwei Variablen hat
- keine Lösung, falls die zugehörigen Geraden parallel, aber nicht zusammenfallend sind,
- genau eine Lösung, falls die zugehörigen Geraden nicht parallel sind,
- unendlich viele Lösungen, falls die zugehörigen Geraden zusammenfallen.

10.52 Siehe Seite 198!

10.53 Eine Gerade g in $\mathbb{R}^2$ ist eine Punktmenge der Form:
$g = \{(x \mid y) \in \mathbb{R}^2 \mid a \cdot x + b \cdot y = c \land a, b, c \in \mathbb{R} \land a \text{ und } b \text{ nicht zugleich } 0\}$
Gleichung in impliziter Form: $ax + by = c$
Gleichung in expliziter Form: $y = -\frac{a}{b}x + \frac{c}{b}$ $(b \neq 0)$

10.55 1)

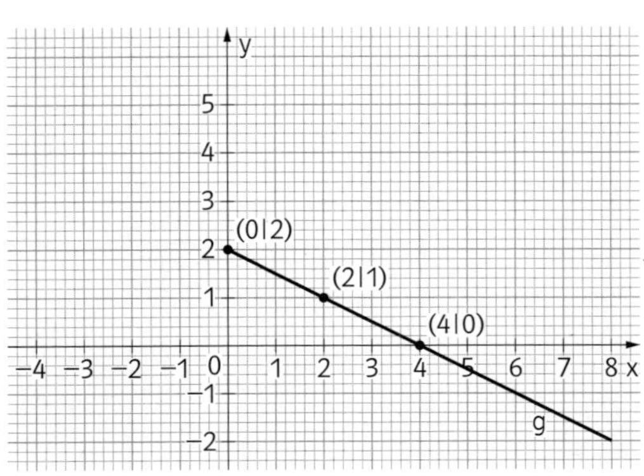

2) $L = \{(0 \mid 2), (2 \mid 1), (4 \mid 0)\}$

10.56 **1)** $a = 2$; $b = -1$; implizite Form: $2x - y = 2$; explizite Form: $y = 2x - 2$
2) $y = 2x - 2$; Steigung der Geraden $= 2$

10.57 Das 1. Gleichungssystem hat keine Lösung.
Das 2. Gleichungssystem hat unendlich viele Lösungen.
Das 3. Gleichungssystem hat genau eine Lösung.

10.58 Ein lineares Gleichungssystem mit zwei Gleichungen in zwei reellen Variablen kann nicht genau drei Lösungen besitzen, denn die den beiden Gleichungen zugehörigen Geraden können einander nicht in genau drei Punkten schneiden.

10.59 Zum Beispiel:
1) $a = 1{,}5$; $b = 3{,}5$ **2)** $a = 1{,}5$; $b \neq 3{,}5$ **3)** $a \neq 1{,}5$; b beliebig

10.60 Der größere Durchmesser beträgt 30 cm, der kleinere Durchmesser misst 21 cm.

11 Vektoren

11.01 Zum Beispiel:
- Ortsangabe (geografische Länge, geografische Breite)
- Polarkoordinaten eines Punktes
- Mathematiknoten in den beiden Halbjahren

11.02 a) $\in$ b) $\notin$ c) $\notin$ d) $\in$

11.03 $x = 9 \wedge y = 2$

11.04 a) $(15 \mid 18)$ b) $(13 \mid 16)$ c) $(15 \mid 13)$ d) $(18 \mid 16)$

11.05 a) $(412 \mid 228)$ b) $(125 \mid 287)$ c) $(57 \mid 171)$ d) $(182 \mid 458)$

11.06 a) $A = (798 \mid 544)$, $B = (855 \mid 380)$ b) $P = (1\,653 \mid 924)$

11.07 1) $S = (115 \mid 135)$, $L = (728 \mid 644)$, $B = (811 \mid 620)$, $Z = (3{,}5 \mid 5{,}0)$, $K = (65 \mid 70)$
2) $S' = (120 \mid 140)$, $L' = (546 \mid 483)$, $B' = (755 \mid 508)$, $Z' = (3{,}5 \mid 5{,}0)$, $K' = (70 \mid 75)$

11.10 a) $(8 \mid 2)$ b) $(-10 \mid 4)$ c) $(-8 \mid 7)$ d) $(14 \mid 4)$

11.11 a) $(4 \mid -8)$ b) $(-6 \mid 12)$ c) $(-6 \mid 0)$ d) $(3 \mid -6)$ e) $(30 \mid -12)$ f) $(2 \mid -28)$ g) $(0 \mid -4)$ h) $(9 \mid -14)$

11.12 a) $X = (4 \mid 5)$ b) $X = (-4 \mid -13)$ c) $X = (12 \mid -7)$

11.13 $B = \left(\frac{8}{3} \middle| 4\right)$

11.14 a) $C = A + B = (72 \mid 44)$ b) $D = B - A = (8 \mid 8)$

11.15 1) $C = A + B$
2) $B - A$ gibt an, um wie viel Stück jeder Ware im zweiten Lager mehr liegen.

11.16 1) Ausgaben von beiden zusammen für den ersten bzw. zweiten Schilift.
2) $D = F - H = (f_1 - h_1 \mid f_2 - h_2)$
3) $D = (-3 \mid 6)$. Die negative Koordinate in D bedeutet, dass Hans am ersten Lift mehr ausgegeben hat als Felix.

11.17 a) $R = 0{,}35 \cdot V = (16{,}80 \mid 12{,}25)$ b) $V' = 0{,}65 \cdot V = (31{,}20 \mid 22{,}75)$

11.18 a) $V = 1{,}35 \cdot E$ b) $V' = 1{,}2 \cdot V$ c) $V' = 1{,}62 \cdot V$

11.19 Der Vektor P gebe die Preise vor der Einschränkung an, der Vektor P' nach der Einschränkung.
$P' = 0{,}85 \cdot P$

11.20 a) $P' = 1{,}03 \cdot P$ b) $P' = (39{,}90 \mid 42{,}88)$

11.21 1) $J = 12 \cdot M$ 2) $J = 14 \cdot M$

11.22 a) $G' = (g_1 + 50 \mid g_2 + 50)$ b) $G'' = (1{,}02g_1 \mid 1{,}02g_2) = 1{,}02 \cdot G$

11.23 a) $S' = (s_1 + 2 \mid s_2 - 1)$ b) $S'' = (s_1 - 5 \mid s_2 + 5)$

11.24 a) $P = (7 \mid 8)$ b) $P' = a \cdot P = (7a \mid 8a)$ Ersparnis $= 8a - 7a = a$

11.25 1) $A = (a \mid b)$ 2) $A' = (a + 5 \mid b - 5)$ 3) $A'' = (0{,}5a \mid 0{,}5b) = 0{,}5 \cdot A$ (für $a, b \in \mathbb{N}_g$)

11.26 1) $P' = 4 \cdot P$ 2) $P = (500 \mid 150)$ (in Cent) 3) nein

11.27 **1)** $G = (g \mid g)$, $S = (s_1 \mid s_2)$

2) $I = (50s_1 \mid 50s_2)$, $S = \frac{1}{50} \cdot I$, $T = G + 3 \cdot S$, $T = G + 0{,}06 \cdot I$

11.30 **a)** $(-8 \mid -6)$ **b)** $(7 \mid -5)$ **c)** $(22 \mid -26)$ **d)** $(1 \mid 1)$ **e)** $(-8 \mid 2)$ **f)** $(0 \mid 0)$ **g)** $(-3 \mid -2)$

11.31 **a)** $-A = (-2 \mid -3)$ **b)** $-A = (6 \mid -9)$ **c)** $-A = (4 \mid 3)$ **d)** $-A = (5 \mid 0)$ **e)** $-A = (-a \mid a)$ **f)** $-A = (-u \mid 2u)$ **g)** $-A = (0 \mid -r)$ **h)** $-A = (0 \mid 0)$

11.32 **a)** $-B + 2C$ **b)** $2B$ **c)** $B - 3C$ **d)** $A - B - 2C$

11.33 **a)** $A = (a_1 \mid b_1)$, $B = (b_1 \mid b_2)$, $C = (c_1 \mid c_2) \Rightarrow$
$(A + B) + C = (a_1 + b_1 \mid a_2 + b_2) + (c_1 \mid c_2) = ((a_1 + b_1) + c_1 \mid (a_2 + b_2) + c_2) =$
$= (a_1 + (b_1 + c_1) \mid a_2 + (b_2 + c_2)) = (a_1 \mid a_2) + (b_1 + c_1 \mid b_2 + c_2) = A + (B + C)$
b), c): Gehe analog zu a) vor!

11.34 **a)** $A = (a_1 \mid b_1)$, $B = (b_1 \mid b_2) \Rightarrow$
$r \cdot (A + B) = r \cdot (a_1 + b_1 \mid a_2 + b_2) = (r \cdot (a_1 + b_1) \mid r \cdot (a_2 + b_2)) = (r \cdot a_1 + r \cdot b_1 \mid r \cdot a_2 + r \cdot b_2) =$
$= (r \cdot a_1 \mid r \cdot a_2) + (r \cdot b_1 \mid r \cdot b_2) = r \cdot (a_1 \mid a_2) + r \cdot (b_1 \mid b_2) = r \cdot A + r \cdot B$
b), c), d): Gehe analog zu a) vor!

11.36 **a)** -12 **b)** 4 **c)** 0 **d)** -2 **e)** 16 **f)** -436 **g)** 2 **h)** $7/15$ **i)** 0

11.37 **a)** -7 **b)** -15 **c)** 15 **d)** -41 **e)** -34 **f)** 17 **g)** 4 **h)** 2

11.38 $a_1 = 7$

11.39 Zum Beispiel: $B = (2{,}5 \mid 0)$, $B = (-2 \mid 3)$, $B = (4 \mid -1)$, …

11.40 **a)** $X = (2 \mid -1)$ **b)** $X = (7 \mid -4)$

11.41 Lösungen sind zum Beispiel: $X = (5 \mid 0)$, $X = (3 \mid 4)$, $X = (-4 \mid 3)$, $X = (-4 \mid -3)$, $X = (0 \mid 5)$, …
(Alle diese Punkte liegen auf einem Kreis mit dem Mittelpunkt $(0 \mid 0)$ und dem Radius 5.)
Keine Lösungen sind zum Beispiel: $X = (1 \mid 2)$, $X = (0 \mid 6)$, …

11.42 $S = (3 \mid 125)$, $P = (50 \mid 1)$, $S \cdot P = 275$ ist der Gesamtpreis aller Waren.

11.43 $A = (70 \mid 30)$, $M = (10 \mid 50)$, $A \cdot M = 2\,200$ ist die Gesamtmasse aller Säcke.

11.44 $G = A \cdot S = a_1 \cdot s_1 + a_2 \cdot s_2$

11.45 $G = A \cdot P$

11.46 **1)** $A = (a_1 \mid a_2)$, $B = (b_1 \mid b_2)$, $U = (u_1 \mid u_2)$, $V = (v_1 \mid v_2)$
2) $T_1 = A \cdot U$, $T_2 = B \cdot V$
3) $T = A \cdot U + B \cdot V$

11.47 2 Fässer

11.48 **1)** $G_1 = S_1 \cdot P$, $G_2 = S_2 \cdot P$ **2)** $P = (2 \mid 4)$

11.49 P gibt die Produktionskosten pro Stück für die 1. Ware und die 2. Ware an.
$P = (1312{,}5 \mid 1208{,}\dot{3})$

11.50 **a)** $A = (a_1 \mid b_1)$, $B = (b_1 \mid b_2) \Rightarrow A \cdot B = a_1b_1 + a_2b_2 = b_1a_1 + b_2a_2 = B \cdot A$
b) $(r \cdot A) \cdot B = (r \cdot a_1) \cdot b_1 + (r \cdot a_2) \cdot b_2 = r \cdot (a_1b_1) + r \cdot (a_2b_2) = r \cdot (a_1b_1 + a_2b_2) = r \cdot (A \cdot B)$

11.51 **a)** **1)** -21 **2)** 19 **3)** -2 **4)** 2 **5)** 16 **6)** 20
b) **1)** 3 **2)** -3 **3)** 0 **4)** 0 **5)** 2 **6)** 2

11.52 a) $(A+B)\cdot(C+D) \overset{(SP2)}{=} A\cdot(C+D)+B\cdot(C+D) \overset{(1)}{=} A\cdot C+A\cdot D+B\cdot C+B\cdot D$
b) falsch, zB: $A=(2|1)$, $B=(-1|2)$, $C=(3|4) \Rightarrow (A\cdot B)\cdot C=(0|0)$, $A\cdot(B\cdot C)=(10|5)$
c) $(r\cdot A+B)\cdot C \overset{(SP2)}{=} (r\cdot A)\cdot C+B\cdot C \overset{(SP3)}{=} r\cdot(A\cdot C)+B\cdot C$
d) falsch, zB: $A=(2|1)$, $B=(-1|2) \Rightarrow (A\cdot B)^2=0$, $A^2\cdot B^2=25$

11.53 Siehe Seite 204!

11.54 Siehe Seite 206! $A-B=A+(-1)\cdot B$

11.55 Siehe Seite 209 und 210!

11.56 Weil analoge Rechengesetze gelten. Ein Unterschied: Vektoren können nicht dividiert werden.

11.57 Siehe Seite 210 und Aufgabe 11.33!

11.58 Siehe Seite 210!

11.59 Siehe zum Beispiel Aufgabe 11.15!

11.60 Ein Vektor ist ein geordnetes Zahlenpaar, ein Skalar ist eine reelle Zahl.

11.61 Siehe Seite 211! Man darf von einem Produkt sprechen, weil es eine Verallgemeinerung des Produkts reeller Zahlen ist und teilweise die gleichen Rechengesetze gelten. Es heißt Skalarprodukt, weil das Ergebnis ein Skalar ist.

11.62 Siehe Seite 213 und Aufgabe 11.50!

11.64 a) $(1|3)$ b) $(6|18)$ c) $(40|-40)$

11.65 a) $(-11|-33)$ b) $(10|22)$ c) $\left(1\middle|\frac{177}{40}\right)$

11.66 a) $-(-A)=-\left[-\begin{pmatrix}a_1\\a_2\end{pmatrix}\right]=-\begin{pmatrix}-a_1\\-a_2\end{pmatrix}=\begin{pmatrix}a_1\\a_2\end{pmatrix}=A$
b) $A+(-B)=\begin{pmatrix}a_1\\a_2\end{pmatrix}+\begin{pmatrix}-b_1\\-b_2\end{pmatrix}=\begin{pmatrix}a_1+(-b_1)\\a_2+(-b_2)\end{pmatrix}=\begin{pmatrix}a_1-b_1\\a_2-b_2\end{pmatrix}=\begin{pmatrix}a_1\\a_2\end{pmatrix}-\begin{pmatrix}b_1\\b_2\end{pmatrix}=A-B$
c) $A-(-B)=\begin{pmatrix}a_1\\a_2\end{pmatrix}-\begin{pmatrix}-b_1\\-b_2\end{pmatrix}=\begin{pmatrix}a_1-(-b_1)\\a_2-(-b_2)\end{pmatrix}=\begin{pmatrix}a_1+b_1\\a_2+b_2\end{pmatrix}=\begin{pmatrix}a_1\\a_2\end{pmatrix}+\begin{pmatrix}b_1\\b_2\end{pmatrix}=A+B$

11.67 a) $U=S+2\cdot T$ b) $U=\frac{1}{5}\cdot T-4\cdot S$

11.68 a) $(2|-1)$ b) $(-4|-3)$ c) $(-4|-3)$ d) $(-6|-7)$ e) $(-6|-2)$

11.69 a) $B=1{,}22\cdot P=(18\,910|3\,965)$ c) $B=1{,}2\cdot(1{,}02\cdot P)=(18\,972|3\,978)$
b) $B=1{,}02\cdot(1{,}2\cdot P)=(18\,972|3\,978)$

11.70 1) $G=a\cdot b$
2) $S=(a_1|a_2)$, $P=(b_1|b_2)$, $G=S\cdot P=a_1b_1+a_2b_2$

11.71 1) $T=A\cdot P=1700$
2) $A'=1{,}2\cdot A$, $P'=0{,}9\cdot P$, $T'=A'\cdot P'=1{,}08\cdot A\cdot P$

11.72 $G=1500\cdot(A-B+C)$

11.73 1) $A=(a_1|a_2)$, $B=(b_1|b_2)$, $P=(p_1|p_2)$, $Q=(q_1|q_2)$
$E_1=A\cdot P=a_1p_1+a_2p_2$, $E_2=B\cdot Q=b_1q_1+b_2q_2$, $E=A\cdot P+B\cdot Q=a_1p_1+a_2p_2+b_1q_1+b_2q_2$
2) $E'=1{,}05\cdot A\cdot P+1{,}1\cdot B\cdot Q$

12 Geometrische Darstellung von Vektoren und deren Rechenoperationen

12.01 a)

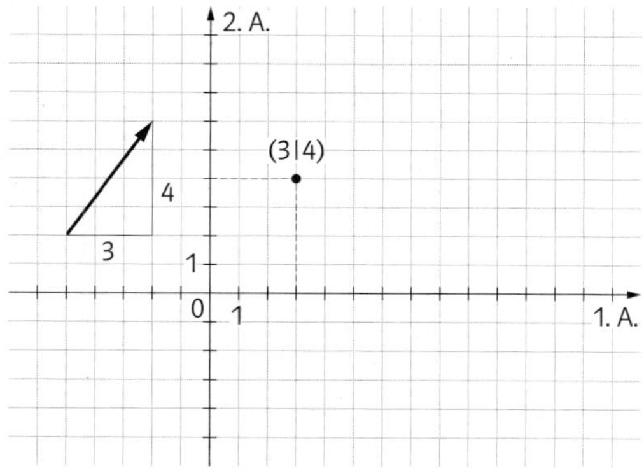

b)

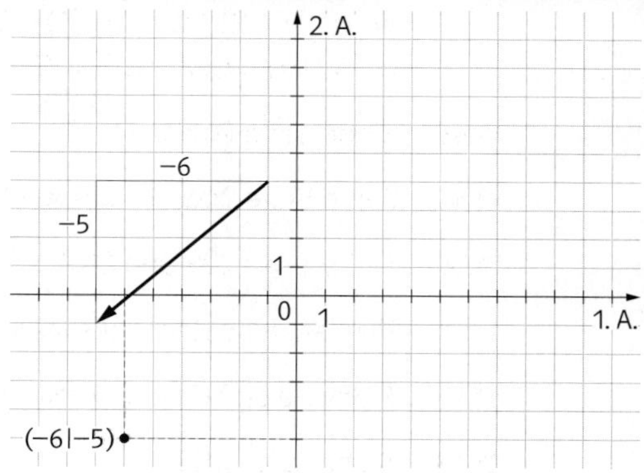

c) d) e) analog

12.02 a)

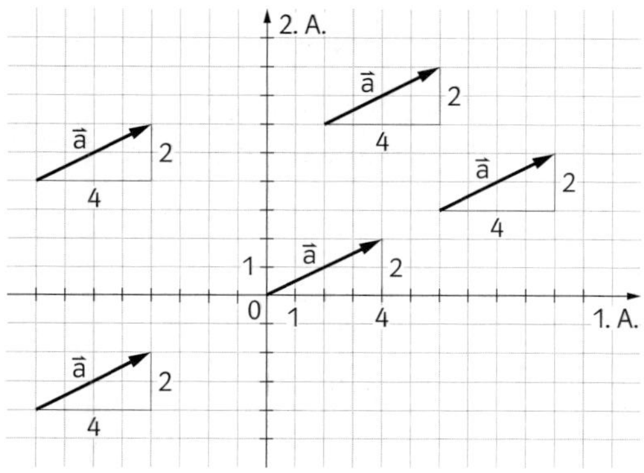

b) bis h) analog

12.03 a) (4|2) b) (−2|5) c) (−6|−3) d) (4|−5) e) (4|0) f) (0|−6) g) (−3|0) h) (0|4)

12.04 1. Figur: $\overrightarrow{AB} = (4|0)$, $\overrightarrow{AC} = (5|4)$, $\overrightarrow{BC} = (1|4)$, $\overrightarrow{BD} = (-2|6)$, $\overrightarrow{CD} = (-3|2)$, $\overrightarrow{DE} = (-3|-2)$,
$\overrightarrow{DA} = (-2|-6)$, $\overrightarrow{EA} = (1|-4)$, $\overrightarrow{EB} = (5|-4)$

2. Figur: $\overrightarrow{AB} = (6|0)$, $\overrightarrow{BC} = (0|4)$, $\overrightarrow{CD} = (-3|3)$, $\overrightarrow{ED} = (3|3)$, $\overrightarrow{EA} = (0|-4)$,
$\overrightarrow{CA} = (-6|-4)$, $\overrightarrow{EB} = (6|-4)$, $\overrightarrow{CE} = (-6|0)$

12.05
a) $\overrightarrow{AB} = \overrightarrow{BC} = \overrightarrow{DE} = \overrightarrow{EF} = \overrightarrow{GH} = \overrightarrow{HI}$
b) $\overrightarrow{AD} = \overrightarrow{BE} = \overrightarrow{CF} = \overrightarrow{DG} = \overrightarrow{EH} = \overrightarrow{FI}$
c) $\overrightarrow{BD} = \overrightarrow{CE} = \overrightarrow{EG} = \overrightarrow{FH}$
d) $\overrightarrow{AG} = \overrightarrow{BH} = \overrightarrow{CI}$
e) $\overrightarrow{AC} = \overrightarrow{DF} = \overrightarrow{GI}$
f) $\overrightarrow{HF} = \overrightarrow{GE} = \overrightarrow{EC} = \overrightarrow{DB}$

12.08
a) $\overrightarrow{AB} = (4|6)$
b) $\overrightarrow{AB} = (4|6)$
c) $\overrightarrow{AB} = (9|-6)$
d) $\overrightarrow{AB} = (11|-4)$
e) $\overrightarrow{AB} = (-6|6)$
f) $\overrightarrow{AB} = (-9|5)$
g) $\overrightarrow{AB} = (-3|-6)$
h) $\overrightarrow{AB} = (-5|-5)$
i) $\overrightarrow{AB} = (-1{,}7|-2{,}1)$

12.09
a) $\overrightarrow{AB} = (7|2)$, $\overrightarrow{BC} = (-4|6)$, $\overrightarrow{CA} = (-3|-8)$
b) $\overrightarrow{AB} = (9|3)$, $\overrightarrow{BC} = (-6|9)$, $\overrightarrow{CA} = (-3|-12)$
c) $\overrightarrow{AB} = (9|3)$, $\overrightarrow{BC} = (1|6)$, $\overrightarrow{CA} = (-10|-9)$
d) $\overrightarrow{AB} = (2|-14)$, $\overrightarrow{BC} = (4|7)$, $\overrightarrow{CA} = (-6|7)$
e) $\overrightarrow{AB} = (7|6)$, $\overrightarrow{BC} = (-2|4)$, $\overrightarrow{CA} = (-5|-10)$
f) $\overrightarrow{AB} = (3{,}5|-2{,}5)$, $\overrightarrow{BC} = (-4{,}5|8{,}5)$, $\overrightarrow{CA} = (1|-6)$

12.10
a) $\overrightarrow{AB} = (8|0)$, $\overrightarrow{BC} = (2|4)$, $\overrightarrow{CD} = (-7|4)$, $\overrightarrow{DE} = (-5|-5)$, $\overrightarrow{EA} = (2|-3)$,
$\overrightarrow{AC} = (10|4)$, $\overrightarrow{AD} = (3|8)$, $\overrightarrow{BD} = (-5|8)$, $\overrightarrow{BE} = (-10|3)$, $\overrightarrow{CE} = (-12|-1)$
b) $\overrightarrow{AB} = (4|-4)$, $\overrightarrow{BC} = (5|4)$, $\overrightarrow{CD} = (0|4)$, $\overrightarrow{DE} = (-5|3)$, $\overrightarrow{EA} = (-4|-7)$,
$\overrightarrow{AC} = (9|0)$, $\overrightarrow{AD} = (9|4)$, $\overrightarrow{BD} = (5|8)$, $\overrightarrow{BE} = (0|11)$, $\overrightarrow{CE} = (-5|7)$

c) $\overrightarrow{AB}=(3|-5)$, $\overrightarrow{BC}=(6|3)$, $\overrightarrow{CD}=(1|5)$, $\overrightarrow{DE}=(-8|3)$, $\overrightarrow{EA}=(-2|-6)$,
$\overrightarrow{AC}=(9|-2)$, $\overrightarrow{AD}=(10|3)$, $\overrightarrow{BD}=(7|8)$, $\overrightarrow{BE}=(-1|11)$, $\overrightarrow{CE}=(-7|8)$

12.13 a) $B=(5|5)$ b) $B=(6|-5)$ c) $B=(4|6)$ d) $B=(3|4)$ e) $B=(3|7)$ f) $B=(-2|-2)$ g) $B=(2|-3)$ h) $B=(4|5)$ i) $B=(-2|-3)$

12.14 a) $B=(4|5)$, $C=(8|0)$ b) $B=(0|-2)$, $C=(3|6)$ c) $B=(-3|2)$, $C=(4|4)$ d) $B=(-3|4)$, $C=(-6|-3)$ e) $B=(-3|2)$, $C=(5|4)$ f) $B=(-3|0)$, $C=(0|0)$

12.15 a) $C=(4|3)$ b) $D=(6|4)$ c) $B=(0|1)$ d) $A=(-8|-18)$ e) $C=(6|21)$ f) $C=(8|5)$ g) $D=(2|8)$ h) $B=(3|-2)$

12.16 $D=(0|5)$, $E=(4|4)$, $F=(8|3)$, $G=(7|0)$, $H=(1|8)$, $I=(5|7)$, $J=(9|6)$, $K=(10|9)$

12.17 $E=(3|-2)$, $F=(3|1)$, $G=(-3|-3)$, $H=(-3|2)$, $I=(-3|5)$, $J=(-1|6)$, $K=(1|5)$,
$L=(3|6)$, $M=(5|5)$, $N=(7|6)$, $P=(5|2)$, $Q=(7|1)$, $R=(7|-2)$, $S=(5|-3)$

12.19 $\overrightarrow{AB}+\overrightarrow{BC}+\overrightarrow{CD}+\overrightarrow{DE}=(\overrightarrow{AB}+\overrightarrow{BC})+(\overrightarrow{CD}+\overrightarrow{DE})=\overrightarrow{AC}+\overrightarrow{CE}=\overrightarrow{AE}$

12.20 a) $\overrightarrow{AC}$ b) $\overrightarrow{AB}$ c) $\overrightarrow{EH}$ d) $\overrightarrow{UW}$ e) $\overrightarrow{KN}$ f) $\overrightarrow{XZ}$ g) $\overrightarrow{AF}$ h) $\overrightarrow{RU}$ i) $\overrightarrow{XW}$

12.21 $\overrightarrow{BC}=\vec{b}$, $\overrightarrow{CD}=-\vec{a}$, $\overrightarrow{AC}=\vec{a}+\vec{b}$, $\overrightarrow{DB}=\vec{a}-\vec{b}$

12.22 1) $\overrightarrow{MA}=-\frac{1}{2}(\vec{a}+\vec{b})$, $\overrightarrow{MB}=\frac{1}{2}(\vec{a}-\vec{b})$, $\overrightarrow{MC}=\frac{1}{2}(\vec{a}+\vec{b})$, $\overrightarrow{MD}=\frac{1}{2}(\vec{b}-\vec{a})$

2) $\overrightarrow{AB}=\vec{v}-\vec{u}$, $\overrightarrow{BC}=-\vec{v}-\vec{u}$, $\overrightarrow{CD}=\vec{u}-\vec{v}$, $\overrightarrow{DA}=\vec{u}+\vec{v}$, $\overrightarrow{AC}=-2\vec{u}$, $\overrightarrow{DB}=2\vec{v}$

12.23 1) $\overrightarrow{AC}=\vec{a}+\vec{b}$, $\overrightarrow{CE}=-\vec{a}$, $\overrightarrow{EB}=\vec{a}-\vec{b}$, $\overrightarrow{BD}=-\vec{a}+\vec{b}+\vec{c}$, $\overrightarrow{DA}=-\vec{b}-\vec{c}$

2) 1. Art: $\overrightarrow{AC}+\overrightarrow{CE}+\overrightarrow{EB}+\overrightarrow{BD}+\overrightarrow{DA}=\vec{a}+\vec{b}-\vec{a}+\vec{a}-\vec{b}-\vec{a}+\vec{b}+\vec{c}-\vec{b}-\vec{c}=\vec{o}$

2. Art: $\overrightarrow{AC}+\overrightarrow{CE}+\overrightarrow{EB}+\overrightarrow{BD}+\overrightarrow{DA}=\overrightarrow{AA}=\vec{o}$

3) $\overrightarrow{AC}=\vec{d}$, $\overrightarrow{CE}=-\vec{a}$, $\overrightarrow{EB}=2\vec{a}-\vec{d}$, $\overrightarrow{BD}=-\vec{a}+\vec{e}$, $\overrightarrow{DA}=-\vec{e}$

1. Art: $\overrightarrow{AC}+\overrightarrow{CE}+\overrightarrow{EB}+\overrightarrow{BD}+\overrightarrow{DA}=\vec{d}-\vec{a}+2\vec{a}-\vec{d}-\vec{a}+\vec{e}-\vec{e}=\vec{o}$

2. Art: $\overrightarrow{AC}+\overrightarrow{CE}+\overrightarrow{EB}+\overrightarrow{BD}+\overrightarrow{DA}=\overrightarrow{AA}=\vec{o}$

12.24 Zum Beispiel:

1. Art: $\vec{a}=\overrightarrow{AB}$, $\vec{b}=\overrightarrow{AE}$, $\vec{c}=\overrightarrow{ED}$, $\vec{d}=\overrightarrow{DC}$
$\overrightarrow{BC}=-\vec{a}+\vec{b}+\vec{c}+\vec{d}$, $\overrightarrow{AC}=\vec{b}+\vec{c}+\vec{d}$, $\overrightarrow{AD}=\vec{b}+\vec{c}$, $\overrightarrow{BD}=-\vec{a}+\vec{b}+\vec{c}$,
$\overrightarrow{BE}=-\vec{a}+\vec{b}$, $\overrightarrow{CE}=-\vec{c}-\vec{d}$

2. Art: $\vec{a}=\overrightarrow{AB}$, $\vec{b}=\overrightarrow{AC}$, $\vec{c}=\overrightarrow{AD}$, $\vec{d}=\overrightarrow{AE}$
$\overrightarrow{BC}=-\vec{a}+\vec{b}$, $\overrightarrow{CD}=-\vec{b}+\vec{c}$, $\overrightarrow{DE}=-\vec{c}+\vec{d}$, $\overrightarrow{BD}=-\vec{a}+\vec{c}$, $\overrightarrow{BE}=-\vec{a}+\vec{d}$, $\overrightarrow{CE}=-\vec{b}+\vec{d}$

12.27 Fertige die Zeichnungen jeweils selbst an!

a) $\vec{a}=(-5|-4)$, $\vec{b}=(-2|-5)$, $\vec{a}+\vec{b}=(-7|-9)$, $\vec{a}-\vec{b}=(-3|1)$

b) $\vec{a}=(-3|3)$, $\vec{b}=(3|2)$, $\vec{a}+\vec{b}=(0|5)$, $\vec{a}-\vec{b}=(-6|1)$

c) $\vec{a}=(5|3)$, $\vec{b}=(3|-2)$, $\vec{a}+\vec{b}=(8|1)$, $\vec{a}-\vec{b}=(2|5)$

d) $\vec{a}=(-5|3)$, $\vec{b}=(0|-3)$, $\vec{a}+\vec{b}=(-5|0)$, $\vec{a}-\vec{b}=(-5|6)$

e) $\vec{a}=(-1|5)$, $\vec{b}=(-5|5)$, $\vec{a}+\vec{b}=(-6|10)$, $\vec{a}-\vec{b}=(4|0)$

f) $\vec{a}=(-2|-4)$, $\vec{b}=(2|-4)$, $\vec{a}+\vec{b}=(0|-8)$, $\vec{a}-\vec{b}=(-4|0)$

12.28 $\overrightarrow{BC}=\vec{b}$, $\overrightarrow{CD}=-\vec{a}$, $\overrightarrow{AC}=\vec{a}+\vec{b}$, $\overrightarrow{DB}=\vec{a}-\vec{b}$

12.29 $\overrightarrow{BC}=\vec{c}-\vec{b}$, $\overrightarrow{CD}=\vec{d}-\vec{c}$, $\overrightarrow{DE}=\vec{e}-\vec{d}$, $\overrightarrow{BD}=\vec{d}-\vec{b}$, $\overrightarrow{BE}=\vec{e}-\vec{b}$

12.30 1) $\overrightarrow{AB}=\overrightarrow{DC}=(3|0) \Rightarrow$ ABCD ist ein Parallelogramm

2) $\overrightarrow{AB}+\overrightarrow{AD}=(3|0)+(2|2)=(5|2)=\overrightarrow{AC}$

12.31 a) mit der Geschwindigkeit $\vec{u}+\vec{v}=(0{,}8|2)$; 37,5 s
b) mit der Geschwindigkeit $\vec{u}+\vec{v}=(2{,}5|1{,}5)$; 50 s
c) mit der Geschwindigkeit $\vec{u}+\vec{v}=(0{,}9|2)$; 37,5 s
d) mit der Geschwindigkeit $\vec{u}+\vec{v}=(0{,}4|1{,}8)$; ca. 41,7 s

12.32 1) $\overrightarrow{AB}=\overrightarrow{DC}=(a|0) \Rightarrow$ ABCD ist ein Parallelogramm
2) $\overrightarrow{AB}+\overrightarrow{AD}=(a|0)+(b|2)=(a+b|2)=\overrightarrow{AC}$

12.34 Fertige jeweils die Zeichnungen selbst an! $\vec{a}=(4|0)$, $\vec{b}=(4|6)$, $\vec{c}=(-2|5)$
a) $4\vec{a}=(16|0)$, $-3\vec{a}=(-12|0)$, $2\vec{b}=(8|12)$, $-2\vec{b}=(-8|-12)$, $3\vec{c}=(-6|15)$, $-2\vec{c}=(4|-10)$
b) $\frac{1}{2}\vec{a}=(2|0)$, $-\frac{5}{2}\vec{a}=(-10|0)$, $\frac{1}{2}\vec{b}=(2|3)$, $-\frac{3}{2}\vec{b}=(-6|-9)$, $\frac{3}{2}\vec{c}=(-3|7{,}5)$, $-\frac{3}{2}\vec{c}=(3|-7{,}5)$
c) $2\vec{a}+\vec{b}=(12|6)$, $\frac{1}{2}\vec{b}-2\vec{c}=(6|-7)$, $3\vec{a}+2\vec{c}=(20|12)$, $4\vec{a}+\frac{1}{2}\vec{b}=(18|3)$, $\vec{b}+\frac{3}{2}\vec{c}=(1|13{,}5)$
d) $2\vec{a}-3\vec{b}+2\vec{c}=(-8|-8)$, $-2\vec{a}+\frac{1}{2}\vec{b}-\vec{c}=(-4|-2)$, $3\vec{a}+\frac{1}{2}(\vec{b}+\vec{c})=(13|5{,}5)$, $\frac{1}{2}(\vec{a}+\vec{b})-2\vec{c}=(8|-7)$

12.35 $\vec{a}=(2|-3)$, $\vec{b}=(2|1)$
a) $\frac{1}{2}\vec{a}=(1|-1{,}5)$, $-\frac{3}{4}\vec{a}=(-1{,}5|2{,}25)$, $3\vec{b}=(6|3)$, $-\vec{b}=(-2|-1)$
b) $\vec{a}+2\vec{b}=(6|-1)$, $-\vec{a}+3\vec{b}=(4|6)$, $2\vec{a}-3\vec{b}=(-2|-9)$
c) $2\left(\frac{1}{2}\vec{a}+\vec{b}\right)=(6|-1)$, $\frac{1}{2}(\vec{a}-\vec{b})=(0|-2)$, $\vec{b}+\left(\vec{a}-\frac{1}{2}\vec{b}\right)=(3|-2{,}5)$
d) $\vec{a}+\frac{1}{2}(\vec{b}-\vec{a})=(2|-1)$, $\frac{1}{2}(\vec{a}+\vec{b})=(2|-1)$

12.36 a) $\overrightarrow{BJ}=2\cdot\vec{a}$, $\overrightarrow{EH}=3\cdot\vec{b}$, $\overrightarrow{EJ}=\vec{a}+\vec{b}$
b) $\overrightarrow{LB}=-2\cdot(\vec{a}+\vec{b})$, $\overrightarrow{CI}=2\cdot(\vec{a}-\vec{b})$, $\overrightarrow{KH}=\vec{b}-\vec{a}$
c) $\overrightarrow{BL}=2\cdot(\vec{a}+\vec{b})$, $\overrightarrow{GJ}=\vec{a}-\vec{b}$, $\overrightarrow{IC}=2\cdot(\vec{b}-\vec{a})$
d) $\overrightarrow{KF}=-(\vec{a}+\vec{b})$, $\overrightarrow{JD}=2\cdot(\vec{b}-\vec{a})$, $\overrightarrow{JE}=-(\vec{a}+\vec{b})$
e) $\overrightarrow{HC}=-(\vec{a}+\vec{b})$, $\overrightarrow{EB}=\vec{b}-\vec{a}$, $\overrightarrow{CK}=2\cdot\vec{a}$
f) $\overrightarrow{HE}=-3\cdot\vec{b}$, $\overrightarrow{GL}=\vec{a}+\vec{b}$, $\overrightarrow{DJ}=2\cdot(\vec{a}-\vec{b})$

12.37 a) $\overrightarrow{AK}=\frac{2}{3}\cdot(\vec{a}+\vec{b})$, $\overrightarrow{CI}=\frac{2}{3}\cdot(\vec{b}-\vec{a})$, $\overrightarrow{FH}=\frac{2}{3}\cdot\vec{a}$
b) $\overrightarrow{PN}=-\frac{2}{3}\cdot\vec{a}$, $\overrightarrow{LB}=-\frac{2}{3}\cdot(\vec{a}+\vec{b})$, $\overrightarrow{NH}=\frac{2}{3}\cdot(\vec{a}-\vec{b})$
c) $\overrightarrow{EO}=\frac{2}{3}\cdot(\vec{a}+\vec{b})$, $\overrightarrow{DM}=\vec{b}-\vec{a}$, $\overrightarrow{AP}=\vec{a}+\vec{b}$
d) $\overrightarrow{EB}=\frac{1}{3}\cdot(\vec{a}-\vec{b})$, $\overrightarrow{CH}=\frac{1}{3}\cdot(\vec{a}+\vec{b})$, $\overrightarrow{FP}=\frac{2}{3}\cdot(\vec{a}+\vec{b})$
e) $\overrightarrow{IN}=\frac{1}{3}\cdot(\vec{a}+\vec{b})$, $\overrightarrow{GM}=\frac{2}{3}\cdot(\vec{b}-\vec{a})$, $\overrightarrow{KC}=-\frac{2}{3}\cdot\vec{b}$
f) $\overrightarrow{JD}=\frac{2}{3}\cdot(\vec{a}-\vec{b})$, $\overrightarrow{EJ}=\frac{1}{3}\cdot(\vec{a}+\vec{b})$, $\overrightarrow{BG}=\frac{1}{3}\cdot(\vec{a}+\vec{b})$

12.39 $Q=A+2\cdot B$, $R=-2\cdot B$, $S=-3\cdot A$

12.40 $\overrightarrow{AC}=-2\cdot\vec{u}$, $\overrightarrow{BD}=-2\cdot\vec{v}$, $\overrightarrow{EC}=-\frac{3}{2}\cdot\vec{u}-\frac{1}{2}\cdot\vec{v}$, $\overrightarrow{ED}=-\frac{1}{2}\cdot\vec{u}-\frac{3}{2}\cdot\vec{v}$

12.41
$O+2\cdot\vec{a}+2\cdot\vec{b}=A$
$O-3\cdot\vec{a}+\vec{b}=D$
$O+3\cdot\vec{a}-\vec{b}=H$
$O-3\cdot\vec{a}-3\cdot\vec{b}=E$
$O+\vec{a}+3\cdot\vec{b}=B$
$O+2\cdot\vec{a}-3\cdot\vec{b}=G$
$O-2\cdot\vec{a}+2\cdot\vec{b}=C$
$O-\vec{a}-\vec{b}=F$

12.44 a) $M=(1|1)$ b) $M=(3|3)$ c) $M=(-1|3)$ d) $M=(-0{,}5|-1{,}5)$

12.45 a) $B=(-8|-2)$ b) $A=(-6|-11)$ c) $B=(5|-6)$ d) $A=(-6|6)$

12.46 a) $C=(0|4)$, $D=(-6|2)$
b) $C=(1{,}5|3)$, $D=(-4|4{,}5)$
c) $C=(9|4)$, $D=(2|6)$
d) $C=(0|5)$, $D=(-7|1)$

12.47 $M_1=(3|0{,}5)$, $M_2=(5|3)$, $M_3=(3|4)$, $M_4=(1|1{,}5)$
Mittelpunkt von $M_1M_3=(3|2{,}25)=$ Mittelpunkt von M_2M_4

12.49 a) $S=(1|2)$ b) $S=(-1|1)$ c) $S=(3|2)$ d) $S=\left(-\frac{2}{3}\middle|-\frac{1}{3}\right)$

12.50 a) A = (–1 | 3) c) C = (0 | 5) e) B = (7 | –4)
b) B = (–1 | 0) d) A = (–1 | –8) f) C = (5 | 5)

12.52 a) T = (6 | 4) b) T = (–1 | 5) c) T = (7 | 2) d) T = (2,5 | 0,7)

12.53 a) T = (2 | 12) c) $T = \left(\frac{1}{4} \middle| \frac{17}{2}\right)$ e) $T = \left(\frac{1}{2} \middle| 9\right)$
b) T = (0 | 8) d) $T = \left(\frac{8}{3} \middle| \frac{40}{3}\right)$ f) $T = \left(\frac{1}{5} \middle| \frac{42}{5}\right)$

12.55 a) $T = \frac{1}{5} \cdot (3 \cdot A + 2 \cdot B)$ b) $T = \frac{1}{7} \cdot (4 \cdot A + 3 \cdot B)$ c) $T = \frac{1}{9} \cdot (5 \cdot A + 4 \cdot B)$

12.56 a) A = (4 | 6) b) A = (8 | –25) c) A = (–13 | –1) d) A = (3 | 7)

12.57 a) B = (28 | 27) b) B = (51 | –24) c) B = (6 | 12) d) $B = \left(\frac{5}{3} \middle| \frac{5}{3}\right)$

12.58 ☐ ☒ ☐ ☐

12.59 T = (–8 | –3)

12.60 a) $T = \left(\frac{5}{4} \middle| \frac{13}{4}\right)$ b) $T = \left(-\frac{3}{2} \middle| \frac{5}{4}\right)$ c) $T = \left(-\frac{5}{4} \middle| -\frac{5}{4}\right)$ d) $T = \left(-\frac{17}{4} \middle| -\frac{21}{4}\right)$

12.61 a) C = (9 | 11) b) $B = \left(-\frac{13}{3} \middle| -\frac{11}{3}\right)$ c) A = (–8 | 6) d) C = (10 | 7)

12.62 $C = \frac{1}{4} \cdot (A + 3 \cdot B)$, $D = \frac{1}{2} \cdot (3 \cdot B - A)$

12.63 a) $S = \frac{1}{a+1} \cdot (A + a \cdot B)$ b) $T = \frac{1}{a-1} \cdot (a \cdot B - A) = \frac{1}{1-a} \cdot (A - a \cdot B)$

12.64 a) $T_1 = (1 | 2)$, $T_2 = (2 | 4)$ b) $T_1 = (-1 | 0)$, $T_2 = (1 | 1)$ c) $T_1 = (0 | 3)$, $T_2 = (3 | 4)$

12.65 a) B = (12 | 10) b) B = (7 | –9) c) B = (–8 | –5)

12.68 a) T = (3 | 1), T' = (–3 | 4) c) T = (1,5 | 5), T' = (9 | –10)
b) T = (4 | –2), T' = (6,5 | –7) d) T = (3,4 | –1,4), T = (–5 | –3,5)

12.69 a) A teilt die Strecke TT' innen im Verhältnis 1 : 2, B teilt sie außen im Verhältnis 1 : 2.
b) A teilt die Strecke TT' außen im Verhältnis 2 : 3, B teilt sie innen im Verhältnis 2 : 3.
c) A teilt die Strecke TT' außen im Verhältnis 1 : 4, B teilt sie innen im Verhältnis 1 : 4.
d) A teilt die Strecke TT' innen im Verhältnis 2 : 5, B teilt sie außen im Verhältnis 2 : 5.

12.70 a) $T = \frac{1}{5} \cdot (4A + B)$, $T' = \frac{1}{3} \cdot (4A - B)$ d) $T = \frac{1}{7} \cdot (3A + 4B)$, $T' = 4B - 3A$
b) $T = \frac{1}{11} \cdot (7A + 4B)$, $T' = \frac{1}{3} \cdot (7A - 4B)$ e) $T = \frac{1}{7} \cdot (A + 6B)$, $T' = \frac{1}{5} \cdot (6B - A)$
c) $T = \frac{1}{7} \cdot (4A + 3B)$, $T' = 4A - 3B$ f) $T = \frac{1}{11} \cdot (3A + 8B)$, $T' = \frac{1}{5} \cdot (8B - 3A)$

12.71 a) T = (–3 | 4,5), T' = (32 | –13)
b) $\overrightarrow{TB} = \begin{pmatrix} 5 \\ -2{,}5 \end{pmatrix}$, $\overrightarrow{BT'} = \begin{pmatrix} 30 \\ -15 \end{pmatrix} \Rightarrow \overrightarrow{TB} = \frac{1}{6} \cdot \overrightarrow{BT'}$ und $\overrightarrow{TA} = \begin{pmatrix} -7 \\ 3{,}5 \end{pmatrix}$, $\overrightarrow{T'A} = \begin{pmatrix} -42 \\ 21 \end{pmatrix} \Rightarrow \overrightarrow{TA} = \frac{1}{6} \cdot \overrightarrow{T'A}$

12.73 $\overrightarrow{SA} + \overrightarrow{SB} + \overrightarrow{SC} = A - S + B - S + C - S$. Fasse zusammen und benütze die Formel für S!

12.74 $P = \frac{1}{2} \cdot (A + B)$, $Q = \frac{1}{2} \cdot (B + C)$, $R = \frac{1}{2} \cdot (A + C)$
$S = \frac{1}{3} \cdot (P + Q + R) = \ldots = \frac{1}{3} \cdot (A + B + C)$

12.75 a) $P = \frac{1}{4} \cdot (A + 3 \cdot B)$, $Q = \frac{1}{4} \cdot (B + 3 \cdot C)$, $R = \frac{1}{4} \cdot (C + 3 \cdot A)$
Dreieck ABC: $S_1 = \frac{1}{3} \cdot (A + B + C)$
Dreieck PQR: $S_2 = \frac{1}{3} \cdot (P + Q + R) = \ldots = \frac{1}{3} \cdot (A + B + C)$

b) $P = \frac{1}{k+1} \cdot (A + k \cdot B),\ Q = \frac{1}{k+1} \cdot (B + k \cdot C),\ R = \frac{1}{k+1} \cdot (C + k \cdot A)$

Dreieck ABC: $S_1 = \frac{1}{3} \cdot (A + B + C)$

Dreieck PQR: $S_2 = \frac{1}{3} \cdot (P + Q + R) = \ldots = \frac{1}{3} \cdot (A + B + C) = S_1$

12.76 $P = \frac{1}{2} \cdot (A + B),\ Q = \frac{1}{2} \cdot (B + C),\ R = \frac{1}{2} \cdot (C + D),\ S = \frac{1}{2} \cdot (D + A)$

$\overrightarrow{PQ} = Q - P = \ldots = \frac{1}{2} \cdot AC$ $\qquad \overrightarrow{SR} = R - S = \ldots = \frac{1}{2} \cdot \overrightarrow{AC} = \overrightarrow{PQ}$

12.77 $M_1 = \frac{1}{2} \cdot (A + B),\ M_2 = \frac{1}{2} \cdot (B + C),\ M_3 = \frac{1}{2} \cdot (C + D),\ M_4 = \frac{1}{2} \cdot (D + A)$
$M_1 + M_2 + M_3 + M_4 = \ldots = A + B + C + D$

12.78 $S_1 = \frac{1}{3} \cdot (B + C + D),\ S_2 = \frac{1}{3} \cdot (A + C + D),\ S_3 = \frac{1}{3} \cdot (E + D + A),\ S_4 = \frac{1}{3} \cdot (A + B + C)$

$\overrightarrow{S_1S_2} = S_2 - S_1 = \ldots = \frac{1}{3} \cdot \overrightarrow{BA}$ $\qquad \overrightarrow{S_3S_4} = S_4 - S_3 = \ldots = \frac{1}{3} \cdot \overrightarrow{DC}$

$\overrightarrow{S_2S_3} = S_3 - S_2 = \ldots = \frac{1}{3} \cdot \overrightarrow{CB}$ $\qquad \overrightarrow{S_4S_1} = S_1 - S_4 = \ldots = \frac{1}{3} \cdot \overrightarrow{AD}$

Die Seitenlängen verhalten sich wie 1 : 3.

12.79 $M_1 = \frac{1}{2} \cdot (A + B),\ M_2 = \frac{1}{2} \cdot (B + C),\ M_3 = \frac{1}{2} \cdot (C + D),\ M_4 = \frac{1}{2} \cdot (D + A)$

Mittelpunkt der Strecke $M_1M_3 = \frac{1}{2} \cdot (M_1 + M_3) = \ldots = \frac{1}{4} \cdot (A + B + C + D)$

Mittelpunkt der Strecke $M_2M_4 = \frac{1}{2} \cdot (M_2 + M_4) = \ldots = \frac{1}{4} \cdot (A + B + C + D)$

12.80 **1)**

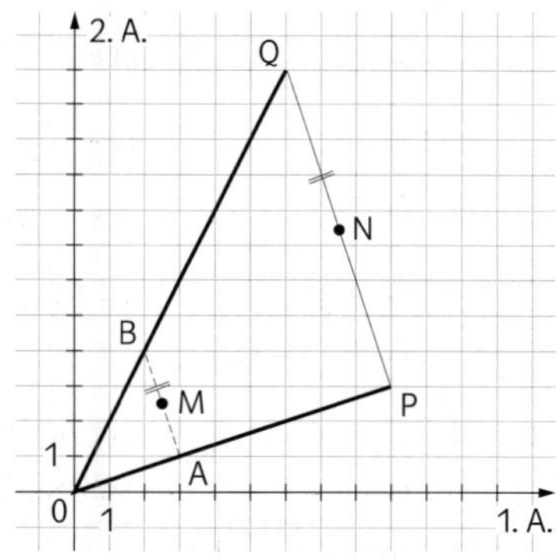

2) $\overrightarrow{PQ} = k \cdot B - k \cdot A = k \cdot \overrightarrow{AB}$

3) $M = \frac{1}{2} \cdot (A + B),\ N = \frac{1}{2} \cdot (P + Q) = \frac{1}{2} \cdot (k \cdot A + k \cdot B)$
$= k \cdot \frac{1}{2} \cdot (A + B) = k \cdot M$

12.81 **1)** $\overrightarrow{AT} = \frac{a}{b} \cdot \overrightarrow{TB} \Rightarrow T - A = \frac{a}{b} \cdot (B - T)$

$\Rightarrow T \cdot \left(1 + \frac{a}{b}\right) = A + \frac{a}{b} \cdot B \Rightarrow T = \frac{1}{1 + \frac{a}{b}} \cdot \left(A + \frac{a}{b} \cdot B\right)$

2) $\overrightarrow{AT'} = \frac{a}{b} \cdot \overrightarrow{BT'} \Rightarrow T' - A = \frac{a}{b} \cdot (T' - B)$

$\Rightarrow T' \cdot \left(1 - \frac{a}{b}\right) = A - \frac{a}{b} \cdot B \Rightarrow T' = \frac{1}{1 - \frac{a}{b}} \cdot \left(A - \frac{a}{b} \cdot B\right)$

12.82 Aus 12.81 folgt: $T = \frac{1}{a+b} \cdot (b \cdot A + a \cdot B)$ und $T' = \frac{1}{a-b} \cdot (a \cdot B - b \cdot A)$. Daher ist

$\overrightarrow{TB} = B - \frac{1}{a+b} \cdot (b \cdot A + a \cdot B) = \ldots = \frac{1}{a+b} \cdot (b \cdot B - b \cdot A) = \frac{b}{a+b} \cdot (B - A) = \frac{b}{a+b} \cdot \overrightarrow{AB}$

$\overrightarrow{BT'} = \frac{1}{a-b} \cdot (a \cdot B - b \cdot A) - B = \ldots = \frac{1}{a-b} \cdot (b \cdot B - b \cdot A) = \frac{b}{a-b} \cdot (B - A) = \frac{b}{a-b} \cdot \overrightarrow{AB}$

Also ist $\overrightarrow{TB} = \frac{a-b}{a+b} \cdot \overrightarrow{BT'}$, dh. B teilt die Strecke TT' innen im Verhältnis $(a - b) : (a + b)$.
Genauso zeigt man, dass $\overrightarrow{AT} = \frac{a-b}{a+b} \cdot \overrightarrow{AT'}$ ist.

12.83
a) ZB: (−3 | −5), (6 | 10), (−9 | −15)
b) ZB: (6 | −3), (−12 | 6), (18 | −9)
c) ZB: (−1 | −1), (2 | 2), (−3 | −3)
d) ZB: (1 | 0), (−1 | 0), (2 | 0)
e) ZB: (1 | −4), (−1 | 4), (6 | −24)
f) ZB: (1 | −1), (−1 | 1), (10 | −10)
g) ZB: (5 | −2), (−10 | 4), (20 | −8)
h) ZB: (−13 | 3), (13 | −3), (−6,5 | 1,5)

12.84 a) parallel b) nicht parallel c) nicht parallel d) nicht parallel e) nicht parallel f) parallel g) nicht parallel h) parallel

12.85 a) $a_2 = 1$ b) $a_1 = -8$ c) $b_2 = 6$ d) $b_1 = 4$ e) $a_1 = -2{,}5$ f) $a_2 = 3$ g) $b_1 = 0$ h) $b_2 = 4$

12.86 a) liegen nicht auf einer Geraden b) liegen nicht auf einer Geraden c) liegen auf einer Geraden d) liegen nicht auf einer Geraden e) liegen auf einer Geraden f) liegen nicht auf einer Geraden g) liegen nicht auf einer Geraden h) liegen auf einer Geraden

12.87 a) Parallelogramm b) Parallelogramm c) kein Parallelogramm d) Parallelogramm e) kein Parallelogramm f) kein Parallelogramm

12.88 a) Trapez b) kein Trapez c) Trapez d) kein Trapez e) kein Trapez f) Trapez

12.90 a) nicht parallel b) parallel c) nicht parallel

12.91 a) ZB: $(-4|1)$, $(4|-1)$ b) ZB: $(-3|-7)$, $(3|7)$ c) ZB: $(7|0)$, $(-7|0)$ d) ZB: $(-6|6)$, $(6|-6)$ e) ZB: $(3|2)$, $(-3|-2)$ f) ZB: $(5|5)$, $(-5|-5)$ g) ZB: $(-2|5)$, $(2|-5)$ h) ZB: $(1|6)$, $(-1|-6)$

12.92 a) ZB: $(-5|2)$, $(5|-2)$, $(-10|4)$, $(15|-6)$ b) ZB: $(4|-4)$, $(-4|4)$, $(1|-1)$, $(-1|1)$ c) ZB: $(3|12)$, $(-3|-12)$, $(1|4)$, $(-1|-4)$ d) ZB: $(-3{,}2|1{,}8)$, $(3{,}2|-1{,}8)$, $(-16|9)$, $(16|-9)$

12.93 Siehe Seite 217!

12.94 Siehe Seite 220–221!

12.95 Siehe Seite 225!

12.96 Siehe Seite 223!

12.97 Wahr sind die Aussagen (1), (4) und (6).

12.98 Siehe Seite 232–233!

12.100 $M = \frac{1}{2} \cdot (P + Q)$, $T = \frac{1}{3} \cdot (P + 2Q)$

12.101 a) $B - A$ b) $A - B$ c) $A + B$ d) $3A - B$ e) $2A - B$ f) $2A + B$

12.102 Richtig sind die Formeln (1), (5) und (7).

12.103 a) $\vec{x} = \overrightarrow{AA}$ b) $\vec{x} = \overrightarrow{ZY}$ c) $\vec{x} = \overrightarrow{CD}$ d) $\vec{x} = \overrightarrow{VS}$

12.104

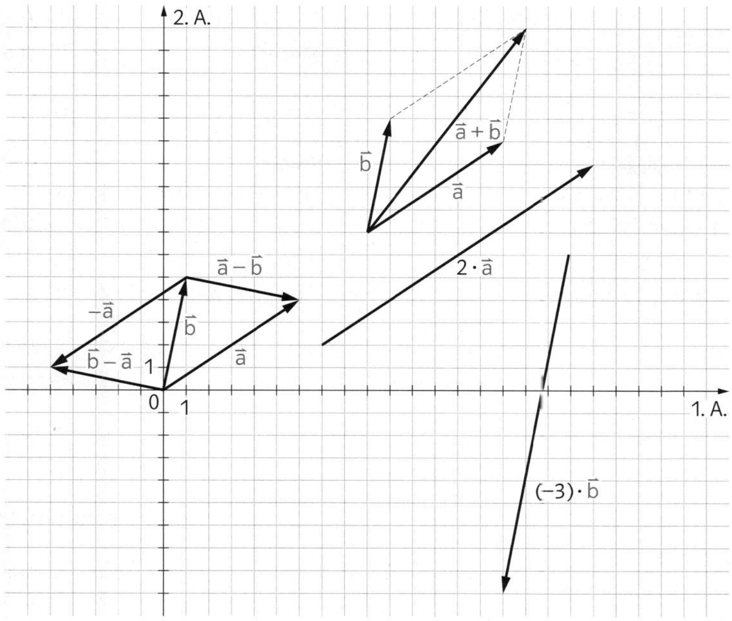

$\vec{a}+\vec{b}=(7|9)$, $\vec{a}-\vec{b}=(5|-1)$,
$2\vec{a}=(12|8)$, $-3\vec{b}=(-3|-15)$

12.105 $C=(13|6)$

12.106 in $O=(0|0)$

12.108 $M_{AC}=(1|3)=M_{BD}$. Die Diagonalen halbieren einander. Das Viereck ABCD ist daher ein Parallelogramm.

12.109 **a)** $S=(5|6)$ **b)** Zum Beispiel: $A=(0|0)$, $B=(6|5)$, $C=(-3|10)$

12.110 Drücke U, V und W durch A, B und C aus. Man erhält:
$U=(4|2)$, $V=(7|5)$, $W=(4|5)$; $S_{ABC}=(5|4)=S_{UVW}$

12.111 **a)** $T=\frac{1}{2}\cdot(A+B)$ **b)** $T=\frac{1}{5}\cdot(3A+2B)$ **c)** $T=\frac{1}{a+b}\cdot(b\cdot A+a\cdot B)$

12.112 **a)** $T=\frac{1}{3}\cdot(A+2B)$, $T'=2B-A$ **b)** $T=\frac{1}{5}\cdot(4A+B)$, $T'=\frac{1}{3}\cdot(4A-B)$

12.113 **a)** $\overrightarrow{AE}=\vec{a}+\frac{1}{3}\vec{b}$, $\overrightarrow{AF}=\frac{2}{5}\vec{a}+\vec{b}$, $\overrightarrow{BE}=\frac{1}{3}\vec{b}$

b) $\overrightarrow{BF}=-\frac{3}{5}\vec{a}+\vec{b}$, $\overrightarrow{GE}=\frac{4}{5}\vec{a}+\frac{1}{3}\vec{b}$, $\overrightarrow{GF}=\frac{1}{5}\vec{a}+\vec{b}$

c) $\overrightarrow{DE}=\vec{a}-\frac{2}{3}\vec{b}$, $\overrightarrow{DF}=\frac{2}{5}\vec{a}$, $\overrightarrow{EF}=-\frac{3}{5}\vec{a}+\frac{2}{3}\vec{b}=\frac{2}{3}\vec{b}-\frac{3}{5}\vec{a}$

12.114 **a)** $\overrightarrow{EG}=\vec{b}$, $\overrightarrow{HE}=\frac{1}{2}\vec{a}-\frac{1}{2}\vec{b}$, $\overrightarrow{EF}=\frac{1}{2}\vec{a}+\frac{1}{2}\vec{b}$

b) $\overrightarrow{AM}=\frac{1}{2}\vec{a}+\frac{1}{2}\vec{b}$, $\overrightarrow{MD}=-\frac{1}{2}\vec{a}+\frac{1}{2}\vec{b}$, $\overrightarrow{MG}=\frac{1}{2}\vec{b}$

c) $\overrightarrow{KC}=\frac{1}{3}\vec{a}+\frac{2}{3}\vec{b}$, $\overrightarrow{KD}=-\frac{2}{3}\vec{a}+\frac{2}{3}\vec{b}$, $\overrightarrow{KM}=-\frac{1}{6}\vec{a}+\frac{1}{6}\vec{b}$

12.115 **a)** normal **c)** nicht normal **e)** normal
b) nicht normal **d)** nicht normal **f)** nicht normal

12.116 Trapeze sind das 1., das 3. und das 4. Viereck.

13 Betrag eines Vektors

13.02 a) $|\vec{a}| = 5$ b) $|\vec{a}| = 13$ c) $|\vec{a}| = 17$ d) $|\vec{a}| = 7$ e) $|\vec{a}| = \sqrt{82} \approx 9{,}06$ f) $|\vec{a}| = \sqrt{73} \approx 8{,}5$ g) $|\vec{a}| = a\sqrt{2}$ h) $|\vec{a}| = a\sqrt{2}$

13.03 a) Ja b) Ja c) Nein d) Nein e) Ja f) Ja

13.04 a) $|-2 \cdot \vec{a}| = 4$ b) $|-\vec{a}| = 2$ c) $\left|\vec{a} - \frac{1}{5}\vec{a}\right| = 1{,}6$ d) $\left|\frac{1}{2\sqrt{3}}\vec{a}\right| = \frac{1}{\sqrt{3}}$

13.05 a) $|r \cdot \vec{a}| = 2, |r| \cdot |\vec{a}| = 2$ b) $|r \cdot \vec{a}| = 10, |r| \cdot |\vec{a}| = 10$ c) $|r \cdot \vec{a}| = 0, |r| \cdot |\vec{a}| = 0$ d) $|r \cdot \vec{a}| = 1, |r| \cdot |\vec{a}| = 1$

13.06 a) $3b,\ \frac{2}{3}b$ b) $2b,\ 0$ c) $\frac{1}{2}b,\ (1+\sqrt{2})b$

13.07 a) $x = 4 \lor x = -4$ b) $x = 6 \lor x = -6$ c) $x = 3 \lor x = -3$

13.08 $|\vec{a}|^2 + |\vec{b}|^2 = |\vec{c}|^2 \Leftrightarrow \vec{a}^2 + \vec{b}^2 = \vec{c}^2$

13.10 a) $|\overrightarrow{PQ}| = 37$ b) $|\overrightarrow{PQ}| = 29$ c) $|\overrightarrow{PQ}| = 41$

13.11 $d = \sqrt{(b_1 - a_1)^2 + (b_2 - a_2)^2}$

13.12 a) $\overline{AB} = 5{,}00;\ \overline{BC} = 13{,}00;\ \overline{CA} \approx 11{,}31$
b) $\overline{AB} \approx 3{,}61;\ \overline{BC} \approx 8{,}06;\ \overline{CA} \approx 7{,}21$
c) $\overline{AB} \approx 4{,}24;\ \overline{BC} \approx 5{,}39;\ \overline{CA} \approx 2{,}24$
d) $\overline{AB} \approx 6{,}32;\ \overline{BC} \approx 5{,}83;\ \overline{CA} \approx 11{,}40$

13.13 a) $\overrightarrow{AB} = \overrightarrow{DC} = (6|-7),\ \overrightarrow{BC} = \overrightarrow{AD} = (2|9),\ |\overrightarrow{AB}| = |\overrightarrow{DC}| = |\overrightarrow{BC}| = |\overrightarrow{AD}| = \sqrt{85}$
$e = \overline{AC} = \sqrt{68},\ f = \overline{BD} = \sqrt{272},\ A = 68$
b) $\overrightarrow{AB} = \overrightarrow{DC} = (2|-6),\ \overrightarrow{BC} = \overrightarrow{AD} = (2|6),\ |\overrightarrow{AB}| = |\overrightarrow{DC}| = |\overrightarrow{BC}| = |\overrightarrow{AD}| = \sqrt{40}$
$e = \overline{AC} = 4,\ f = \overline{BD} = 12,\ A = 24$

13.15 a) $\vec{a_0} = \frac{1}{\sqrt{13}} \cdot (2|3)$ b) $\vec{a_0} = (1|0)$ c) $\vec{a_0} = \left(\frac{3}{5}\middle|\frac{4}{5}\right)$

13.16 a) $\overrightarrow{AB_0} = \frac{1}{5} \cdot (3|4) = (0{,}6|0{,}8)$
b) $\overrightarrow{AB_0} = \frac{1}{\sqrt{101}} \cdot (1|10)$
c) $\overrightarrow{AB_0} = \frac{1}{\sqrt{18}} \cdot (3|-3) = \frac{1}{\sqrt{2}} \cdot (1|-1)$
d) $\overrightarrow{AB_0} = \frac{1}{\sqrt{2}} \cdot (1|-1)$
e) $\overrightarrow{AB_0} = \frac{1}{10} \cdot (8|6) = \frac{1}{5} \cdot (4|3) = (0{,}8|0{,}6)$
f) $\overrightarrow{AB_0} = \frac{1}{15} \cdot (9|-12) = \frac{1}{5} \cdot (3|-4) = (0{,}6|-0{,}8)$

13.17 a) $\vec{a_0} = (0|1)$ b) $\vec{a_0} = (-1|0)$ c) $\vec{a_0} = \frac{1}{\sqrt{2}} \cdot (1|1)$ d) $\vec{a_0} = (1|0)$ e) $\vec{a_0} = \frac{1}{b} \cdot \vec{b}$

13.18 a) $\vec{b} = \frac{1}{10} \cdot (-6|8) = \frac{1}{5} \cdot (-3|4) = (-0{,}6|0{,}8)$
b) $\vec{b} = \frac{1}{2} \cdot (-6|8) = (-3|4)$
c) $\vec{b} = (-6|8)$
d) $\vec{b} = \frac{6}{5} \cdot (-6|8) = \frac{12}{5} \cdot (-3|4) = (-7{,}2|9{,}6)$
e) $\vec{b} = \frac{k}{10} \cdot (-6|8) = \frac{k}{5} \cdot (-3|4) = \left(-\frac{3k}{5}\middle|\frac{4k}{5}\right)$

13.20 Fertige die Zeichnungen selbst an!
a) $Q = (5|3)$
b) $Q = \left(\frac{7}{5}\middle|\frac{1}{5}\right)$
c) $Q = (-2|2{,}5)$
d) $Q = (1|2{,}5)$

13.21 a) $\vec{a_0} = \frac{1}{5} \cdot (4|3) = (0{,}8|0{,}6),\ P = \left(\frac{9}{5}\middle|\frac{8}{5}\right) = (1{,}8|1{,}6)$ b) $\vec{a_0} = \frac{1}{\sqrt{5}} \cdot (2|-1),\ P = (-4|3{,}5)$

13.24 a) 1. Lösung: $C = (4|8),\ D = (-1|6)$ 2. Lösung: $C' = (8|-2),\ D' = (3|-4)$
b) 1. Lösung: $C = (8|1),\ D = (3|6)$ 2. Lösung: $C' = (-2|-9),\ D' = (-7|-4)$
c) 1. Lösung: $C = (0|10),\ D = (-4|6)$ 2. Lösung: $C' = (8|2),\ D' = (4|-2)$
d) 1. Lösung: $C = (-3|9),\ D = (-9|3)$ 2. Lösung: $C' = (9|-3),\ D' = (3|-9)$
e) 1. Lösung: $C = (-4|2),\ D = (-7|-1)$ 2. Lösung: $C' = (2|-4),\ D' = (-1|-7)$
f) 1. Lösung: $C = (4|6),\ D = (-1|5)$ 2. Lösung: $C' = (6|-4),\ D' = (1|-5)$

13.25 a) 1. Lösung: $C = (5|2)$, $D = (3|2)$ 2. Lösung: $C' = (5|-2)$, $D' = (3|-2)$
b) 1. Lösung: $C = (3{,}5|6)$, $D = (-0{,}5|3)$ 2. Lösung: $C' = (6{,}5|2)$, $D' = (2{,}5|-1)$
c) 1. Lösung: $A = (3|6)$, $D = (4|5)$ 2. Lösung: $A' = (-3|0)$, $D' = (-2|-1)$
d) 1. Lösung: $B = (-6|-5)$, $C = (-9|-1)$ 2. Lösung: $B' = (2|1)$, $C' = (-1|5)$

13.26 1) 1. Lösung: $A = (10|9)$, $D = (13|5)$ 2. Lösung: $A' = (-6|-3)$, $D' = (-3|-7)$
2) Erstes Rechteck: $M = (7{,}5|4)$ 2. Rechteck: $M' = (-0{,}5|-2)$

13.27 1) $B = (4|-3)$, $D = (6|1)$ 2) $u \approx 28{,}44$; $A = 30$

13.28 $B = (3|0)$, $D = (-1|2)$

13.29 1) $F = (a_1 - b_1 + e_1 | a_2 - b_2 + e_2)$, $G = (a_1 - c_1 + e_1 | a_2 - c_2 + e_2)$, $H = (a_1 - d_1 + e_1 | a_2 - d_2 + e_2)$
2) $\overline{AC} = \sqrt{(c_1 - a_1)^2 + (c_2 - a_2)^2}$, $\overline{AD} = \sqrt{(d_1 - a_1)^2 + (d_2 - a_2)^2}$,
$\overline{AE} = \sqrt{(e_1 - a_1)^2 + (e_2 - a_2)^2}$, $\overline{AF} = \sqrt{(e_1 - b_1)^2 + (e_2 - b_2)^2}$,
$\overline{AG} = \sqrt{(e_1 - c_1)^2 + (e_2 - c_2)^2}$

13.30 Mittelpunkt M der Seite AB: $M = (1|3{,}5)$, $\overrightarrow{AB} = (4|3)$, $\overrightarrow{MC} = (3|-4)$
Da $\overrightarrow{MC} \perp \overrightarrow{AB}$, ist das Dreieck ABC gleichschenkelig mit der Basis AB. $D = (7|-4{,}5)$
$\overline{AC} = \overline{BC} = \sqrt{31{,}25}$, $D = (7|-4{,}5)$

13.31 $(2|4)$

13.32 1) ZB: $C = (5|5)$, $D = (0|5)$ 2) ZB: $C = (8|4)$, $D = (3|4)$ 3) ZB: $C = (10|5)$, $D = (3|4)$

13.33 1) $B = (0|-5)$, $D = (0|5)$ 2) ZB: $B = (0|-3)$, $D = (0|3)$ 3) ZB: $B = (-1|-4)$, $D = (-1|4)$

13.34 $Q_1 = (1{,}5 + 2 \cdot \sqrt{3} | 2 - 1{,}5 \cdot \sqrt{3}) \approx (4{,}96|-0{,}60)$, $Q_2 = (1{,}5 - 2 \cdot \sqrt{3} | 2 + 1{,}5 \cdot \sqrt{3}) \approx (-1{,}96|4{,}60)$

13.36 a) $\varphi \approx 49{,}4°$ b) $\varphi \approx 131{,}6°$ c) $\varphi \approx 98{,}1°$

13.37 a) $\varphi \approx 40{,}2°$ b) $\varphi \approx 111{,}1°$ c) $\varphi \approx 32{,}5°$ d) $\varphi \approx 26{,}6°$ e) $\varphi = 90°$ f) $\varphi \approx 102{,}5°$

13.38 a) $\varphi = 180°$ b) $\varphi = 180°$ c) $\varphi = 0°$

13.39 a) $\varphi = 45°$ b) $\varphi \approx 116{,}57°$ c) $\varphi \approx 71{,}57°$ d) $\varphi \approx 26{,}57°$

13.40 a) $\alpha \approx 49{,}6°$, $\beta \approx 62{,}6°$, $\gamma \approx 67{,}8°$ d) $\alpha \approx 20{,}9°$, $\beta \approx 15{,}2°$, $\gamma \approx 143{,}9°$
b) $\alpha \approx 92{,}6°$, $\beta \approx 46{,}8°$, $\gamma \approx 40{,}6°$ e) $\alpha \approx 65{,}2°$, $\beta \approx 55{,}3°$, $\gamma \approx 59{,}5°$
c) $\alpha \approx 143{,}1°$, $\beta \approx 16{,}7°$, $\gamma \approx 20{,}2°$ f) $\alpha \approx 116{,}6°$, $\beta \approx 36{,}9°$, $\gamma \approx 26{,}5°$

13.41 a) $\alpha \approx 38{,}5°$, $\beta \approx 84{,}1°$, $\gamma \approx 57{,}3°$
b) $\alpha \approx 44{,}0°$, $\beta \approx 98{,}1°$, $\gamma \approx 37{,}9°$
c) $\alpha \approx 39{,}1°$, $\beta \approx 29{,}1°$, $\gamma \approx 111{,}8°$

13.42 a) $A = 40$ b) $A = 40$ c) $A = 12$ d) $A = 10{,}5$

13.43 a) spitz b) stumpf c) recht d) stumpf e) spitz f) recht

13.44 a) Wähle zB. $\vec{u} = (8|11)$ b) spitzer Winkel c) Wähle zB. $\vec{u} = \left(\frac{5}{4}\middle|\frac{4}{5}\right)$

13.45 a) ZB: $(4|1)$, $(1|4)$ b) ZB: $(-4|1)$, $(1|0)$ c) ZB: $(-4|1)$, $(1|4)$

13.46 a) normal b) nicht normal c) normal d) nicht normal e) nicht normal f) normal

13.47 a) kein Rechteck c) Rechteck e) kein Rechteck
b) kein Rechteck d) kein Rechteck f) Rechteck

13.48 a) b) c) d) Zeige zum Beispiel: $\overrightarrow{AB} = \overrightarrow{DC}$ und $|\overrightarrow{AB}| = |\overrightarrow{BC}|$ und $\overrightarrow{AB} \cdot \overrightarrow{BC} = 0$.

13.49 a) kein Quadrat b) Quadrat, $D = (0 | 4)$ c) kein Quadrat d) Quadrat, $D = (-0{,}5 | 4)$

13.50 a) $C = (4 | 4)$, $D = (1 | 3)$, $\overline{AB} = \overline{BC} = \overline{DC} = \overline{AD} = \sqrt{10} \approx 3{,}16$
b) $C = (1 | -1)$, $D = (-2 | 2)$, $\overline{AB} = \overline{DC} = \sqrt{18} \approx 4{,}24$; $\overline{BC} = \overline{AD} = \sqrt{2} \approx 1{,}41$
c) $C = (2 | 8)$, $D = (-2 | 9)$, $\overline{AB} = \overline{DC} = \sqrt{17} \approx 4{,}12$; $\overline{BC} = \overline{AD} = \sqrt{68} \approx 8{,}25$
d) $C = (2{,}4 | 2)$, $D = (-2{,}6 | 1)$, $\overline{AB} = \overline{DC} = \sqrt{26} \approx 5{,}10$; $\overline{BC} = \overline{AD} = \sqrt{9{,}36} \approx 3{,}06$

13.51 a) Trapez c) Rhombus e) Parallelogramm g) Deltoid
b) Quadrat d) Quadrat f) Rechteck h) Quadrat

13.52 1) $B' = (38 | 20)$ 2) ungefähr unter 32,7° bzw. 40,4°

13.53 Für $\vec{a}, \vec{b} \in \mathbb{R}^2$ und $r \in \mathbb{R}^*$ gilt:
$\vec{a} \perp \vec{b} \Leftrightarrow \vec{a} \cdot \vec{b} = 0 \Leftrightarrow r \cdot (\vec{a} \cdot \vec{b}) = 0 \Leftrightarrow (r \cdot \vec{a}) \cdot \vec{b} = 0 \Leftrightarrow (r \cdot \vec{a}) \perp \vec{b}$

13.54 $(\vec{a} + \vec{b}) \perp (\vec{a} - \vec{b}) \Leftrightarrow (\vec{a} + \vec{b}) \cdot (\vec{a} - \vec{b}) = 0 \Leftrightarrow \vec{a}^2 - \vec{b}^2 = 0 \Leftrightarrow \vec{a}^2 = \vec{b}^2 \Leftrightarrow |\vec{a}| = |\vec{b}|$
In einem Parallelogramm mit den Seitenvektoren $\vec{a}$ und $\vec{b}$ sind $\vec{a} + \vec{b}$ und $\vec{a} - \vec{b}$ die beiden Diagonalvektoren. Daher besagt die obige Aussage: Ein Parallelogramm ist genau dann ein Rhombus, wenn die Diagonalen aufeinander normal stehen.

13.55 Sei $\vec{a} = (a_1 | a_2)$ und $\vec{b} = (b_1 | b_2)$.
$-|\vec{a}| \cdot |\vec{b}| \leq \vec{a} \cdot \vec{b} \leq |\vec{a}| \cdot |\vec{b}| \Leftrightarrow (\vec{a} \cdot \vec{b})^2 \leq |\vec{a}|^2 \cdot |\vec{b}|^2 \Leftrightarrow$
$\Leftrightarrow (a_1b_1 + a_2b_2)^2 \leq (a_1^2 + a_2^2) \cdot (b_1^2 + b_2^2) \Leftrightarrow \ldots \Leftrightarrow 0 \leq (a_1b_2 - a_2b_1)^2$
Da die letzte Aussage richtig ist, ist auch die erste Aussage richtig.
$\vec{a} \cdot \vec{b} = |\vec{a}| \cdot |\vec{b}| \Leftrightarrow \vec{b} = k \cdot \vec{a}$ für ein $k \geq 0$
$\vec{a} \cdot \vec{b} = -|\vec{a}| \cdot |\vec{b}| \Leftrightarrow \vec{b} = k \cdot \vec{a}$ für ein $k \leq 0$

13.56 Da $|\vec{a_0}| = |\vec{b_0}| = 1$ ist, folgt die Aussage unmittelbar aus 13.55.
$\vec{a_0} \cdot \vec{b_0} = 1 \Leftrightarrow \vec{a_0} = \vec{b_0}$, $\vec{a_0} \cdot \vec{b_0} = -1 \Leftrightarrow \vec{a_0} = -\vec{b_0}$

13.57 $(a_1b_1 + a_2b_2)^2 \leq (a_1^2 + a_2^2) \cdot (b_1^2 + b_2^2) \Leftrightarrow \ldots \Leftrightarrow 0 \leq (a_1b_2 - a_2b_1)^2$
Da die letzte Aussage richtig ist, ist auch die erste Aussage richtig.

13.58 a) $\vec{a} \cdot \vec{b} = 1$ b) $\vec{a} \cdot \vec{b} = 2$

13.59 a) $B_1 = (1 | 8)$, $B_2 = (-5 | -4)$ b) $A_1 = (7 | 17)$, $A_2 = (-7 | -1)$

13.60 $\overrightarrow{PA} = \vec{s} - \vec{r}$, $\overrightarrow{PB} = \vec{s} + \vec{r} \Rightarrow \overrightarrow{PA} \cdot \overrightarrow{PB} = (\vec{s} - \vec{r}) \cdot (\vec{s} + \vec{r}) = \vec{s}^2 - \vec{r}^2 = r^2 - r^2 = 0$

13.61 2 Lösungen: $A_1 = (0 | 3)$, $A_2 = (0 | 5)$

13.62 1) ZB: $C = (9 | 8)$ 2) ZB: $C = (7 | 6)$ 3) ZB: $C = (10 | 9)$

13.63 Siehe Seite 236!

13.64 Siehe Seite 237!

13.65 Siehe Seite 238!

13.66 Siehe Seite 237–239!

13.67 Siehe Seite 241!

13.68 Siehe Seite 242!

13.69 $\vec{a} \perp \vec{b} \Leftrightarrow \vec{a} \cdot \vec{b} = 0$

13.70 Siehe den Satz auf Seite 243!

13.72 Nein, diese Gleichung gilt nur, wenn $\vec{b} = k \cdot \vec{a}$ für $k \in \mathbb{R}_0^+$.

13.73 $(7|-1) \perp (2|14)$, $(-7|-1) \perp (1|-7)$, $(-7|-1) \perp (2|-14)$

13.74 a) 1. Lösung: $C = (4|2)$, $D = (0|3)$, 2. Lösung: $C' = (2|-6)$, $D' = (-2|-5)$
b) 1. Lösung: $A = (10|2)$, $D = (8|-3)$, 2. Lösung: $A' = (0|6)$, $D' = (-2|1)$

13.75 $|\vec{a}| = |(5|10\sqrt{42})| = |(20\sqrt{10}|15)|$
$\vec{a}$ steht normal auf: $(-252|64)$, $(-126|32)$, $(504|-128)$

13.76 spitzer Winkel: $\vec{e}$, rechter Winkel: $\vec{c}$, stumpfer Winkel: $\vec{b}$, $\vec{d}$, $\vec{f}$, $\vec{g}$

13.77 $B' = (9|7)$, $C' = (7|9)$, $\overline{B'C'} = \sqrt{8} \approx 2{,}83$

14 Geraden in $\mathbb{R}^2$

14.02 a) ZB: $P=(-3|1)$, $Q=(0|3)$
b) ZB: $P=(2|1)$, $Q=(4|5)$
c) ZB: $P=(1|1)$, $Q=(4|0)$
d) ZB: $P=(-3|3)$, $Q=(1|1)$
e) ZB: $P=(3|0)$, $Q=(2|1)$
f) ZB: $P=(0|4)$, $Q=(2|3)$

14.03 a) $X=(3|0)+t\cdot(2|-4)$
b) $X=(2|2)+t\cdot(2|13)$
c) $X=(-8|3)+t\cdot(15|4)$
d) $X=(6|-2)+t\cdot(7|-10)$
e) $X=(11|1)+t\cdot(1|0)$
f) $X=(2{,}5|4{,}5)+t\cdot(-1{,}5|-10)$

14.04 a) $X=(2|8)+t\cdot(4|-4)$;
$t=0$: $(2|8)$, $t=2$: $(10|0)$, $t=5$: $(22|-12)$, $t=\frac{15}{2}$: $(32|-22)$, $t=-1$: $(-2|12)$,
$t=-\frac{3}{4}$: $(-1|11)$, $t=\sqrt{2}$: $(2+4\sqrt{2}|8-4\sqrt{2})\approx(7{,}66|2{,}34)$
b) $X=(-4|1)+t\cdot(8|4)$;
$t=0$: $(-4|1)$, $t=2$: $(12|9)$, $t=5$: $(36|21)$, $t=\frac{15}{2}$: $(56|31)$, $t=-1$: $(-12|-3)$,
$t=-\frac{3}{4}$: $(-10|-2)$, $t=\sqrt{2}$: $(-4+8\sqrt{2}|1+4\cdot\sqrt{2})\approx(7{,}31|6{,}66)$
c) $X=(5|-1)+t\cdot(-4|0)$;
$t=0$: $(5|-1)$, $t=2$: $(-3|-1)$, $t=5$: $(-15|-1)$, $t=15|2$: $(-25|-1)$, $t=-1$: $(9|-1)$,
$t=-\frac{3}{4}$: $(8|-1)$, $t=\sqrt{2}$: $(5-4\sqrt{2}|-1)\approx(-0{,}66|-1)$
d) $X=(10|11)+t\cdot(-10|-2)$;
$t=0$: $(10|11)$, $t=2$: $(-10|7)$, $t=5$: $(-40|1)$, $t=15|2$: $(-65|-4)$, $t=-1$: $(20|13)$,
$t=-\frac{3}{4}$: $(17{,}5|12{,}5)$, $t=\sqrt{2}$: $(10-10\sqrt{2}|11-2\sqrt{2})\approx(-4{,}14|8{,}17)$
e) $X=(6|1)+t\cdot(0|7)$;
$t=0$: $(6|1)$, $t=2$: $(6|15)$, $t=5$: $(6|36)$, $t=15|2$: $(6|53{,}5)$, $t=-1$: $(6|-6)$,
$t=-\frac{3}{4}$: $(6|-4{,}25)$, $t=\sqrt{2}$: $(6|1+7\sqrt{2})\approx(6|10{,}90)$
f) $X=(8|6{,}5)+t\cdot(-3{,}5|2{,}5)$,
$t=0$: $(8|6{,}5)$, $t=2$: $(1|11{,}5)$, $t=5$: $(-9{,}5|19)$, $t=\frac{15}{2}$: $(-18{,}25|25{,}25)$, $t=-1$: $(11{,}5|4)$,
$t=-\frac{3}{4}$: $(10{,}625|4{,}625)$, $t=\sqrt{2}$: $(8-3{,}5\sqrt{2}|6{,}5+2{,}5\sqrt{2})\approx(3{,}05|10{,}04)$

14.05 a) R: $t=2$; S: $t=4$; T: $t=-1$
b) R: $t=2$; S: $t=-0{,}5$; T: $t=-1$
c) R: $t=\frac{2}{3}$; S: $t=\frac{1}{3}{,}5$; T: $t=-\frac{1}{3}$

14.07 a) $\left\{X\in\mathbb{R}^2 \,\middle|\, X=A+t\cdot\overrightarrow{AB} \wedge \frac{3}{4}\leq t\leq 1\right\}$
b) $\left\{X\in\mathbb{R}^2 \,\middle|\, X=A+t\cdot\overrightarrow{AB} \wedge \frac{1}{3}\leq t\leq \frac{2}{3}\right\}$

14.08 $M_1=(4|2)$, $M_2=(6|6)$, $M_3=(3|5)$, $CM_1=\{X\in\mathbb{R}^2\,|\,X=(4|2)+t\cdot(1|7) \wedge 0\leq t\leq 1\}$
$AM_2=\{X\in\mathbb{R}^2\,|\,X=(1|1)+t\cdot(5|5) \wedge 0\leq t\leq 1\}$,
$BM_3=\{X\in\mathbb{R}^2\,|\,X=(3|5)+t\cdot(4|-2) \wedge 0\leq t\leq 1\}$

14.10 a) nein b) ja c) nein d) ja e) ja f) nein

14.11 a) ja b) nein

14.13 a) $a_2=0$; $b_1=12$
b) $q_1=-3$; $r_2=-3$
c) $u_1=17$; $v_1=-8$
d) $s_2=5$; $t_2=-3$
e) $y_1=-78$; $z_1=27$
f) $s_1=2$; $t_2=3$

14.14 a) $r_2=-3$ b) $r_1=-16$ c) $r_2=-2$ d) $r_1=-3$

14.16 a) nach 0,1 s: $(115|120)$, nach 0,5 s: $(175|200)$, nach 2 s: $(400|500)$,
nach t s: $(100|100)+t\cdot(150|200)=(100+150\,t|100+200t)$
b) nach 2 s in $P=(400|500)$, nach 3 s in $Q=(550|700)$
c) $\overrightarrow{AR}\nparallel\overrightarrow{AB}$

14.17 1) Flugzeug 1 ist nach 3 h im Punkt $(2200|2120)$, Flugzeug 2 nach 3,6 h.
2) Nein. Die beiden Flugzeuge sind zu verschiedenen Zeitpunkten im Punkt $(2200|2120)$.

14.18 a) $X=t\cdot(-4|3)$
b) $X=t\cdot(2|2)$
c) $X=t\cdot\left(\frac{3}{2}\middle|\frac{15}{2}\right)$

14.19 a) $X = t \cdot (1|0)$ b) $X = t \cdot (0|1)$ c) $X = t \cdot (1|1)$

14.20 a) $X = (1|2) + t \cdot (1|0)$ b) $X = (1|2) + t \cdot (0|1)$

14.23 a) ZB: $X = (2|-4) + s \cdot (-3|7)$, $X = (-1|3) + t \cdot (3|-7)$,
$X = (-1|3) + u \cdot (6|-14)$, $X = (2|-4) + v \cdot (3|-7)$
b) ZB: $X = (2|9) + s \cdot (5|-9)$, $X = (7|0) + t \cdot (-5|9)$,
$X = (2|9) + u \cdot (-5|9)$, $X = (4{,}5|4{,}5) + v \cdot (5|-9)$
c) ZB: $X = (1|1) + s \cdot (-6|1)$, $X = (-5|2) + t \cdot (6|-1)$,
$X = (-5|2) + u \cdot (-6|1)$, $X = (-2|1{,}5) + v \cdot (6|-1)$
d) ZB: $X = (8|7) + s \cdot (1|2)$, $X = (9|9) + t \cdot (-1|-2)$,
$X = (9|9) + u \cdot (1|2)$, $X = (8|7) + v \cdot (2|4)$
e) ZB: $X = (11|-5) + s \cdot (-5|8)$, $X = (6|3) + t \cdot (5|-8)$,
$X = (6|3) + u \cdot (-5|8)$, $X = (11|-5) + v \cdot (5|-8)$,
f) ZB: $X = s \cdot (1|1)$, $X = t \cdot (-1|-1)$, $X = (1|1) + u \cdot (-1|-1)$, $X = (2|2) + v \cdot (-1|-1)$
g) ZB: $X = (3|4) + s \cdot (5|0)$, $X = (8|4) + t \cdot (-5|0)$,
$X = (8|4) + u \cdot (5|0)$, $X = (5{,}5|4) + v \cdot (5|0)$
h) ZB: $X = (-3|-4) + s \cdot (6|8)$, $X = (3|4) + t \cdot (-6|-8)$, $X = u \cdot (6|8)$, $X = v \cdot (3|4)$
i) ZB: $X = (-2|-3) + s \cdot (0|10)$, $X = (-2|7) + t \cdot (0|10)$,
$X = (-2|7) + u \cdot (0|1)$, $X = (-2|0) + v \cdot (0|1)$

14.24 a) $X = (0|3) + t \cdot (2|1)$ b) $X = (4|2) + t \cdot (3|7)$ c) $X = (2|2) + t \cdot (2|5)$ d) $X = (35|45) + t \cdot (7|-9)$ e) $X = (0|16) + t \cdot (31|-20)$ f) $X = (5|-5) + t \cdot (2|-1)$ g) $X = (3|0) + t \cdot (0|1)$ h) $X = (4|0) + t \cdot (0|1)$ i) $X = t \cdot (1|-7)$

14.25 a) $X = (3|-1) + t \cdot (3|4)$ b) $X = (4|5) + t \cdot (7|2)$ c) $X = (11|0) + t \cdot (3|-2)$

14.26 a) $X = (1|2) + s \cdot (2|4)$. Einfacher: $X = t \cdot (1|2)$
b) $X = (-2|5) + s \cdot (4|-10)$. Einfacher: $X = t \cdot (2|-5)$
c) $X = (1|4) + s \cdot (2|8)$. Einfacher: $X = t \cdot (1|4)$
d) $X = (3|-1) + s \cdot (6|-2)$. Einfacher: $X = t \cdot (3|-1)$
e) $X = (-2|-2) + s \cdot (4|4)$. Einfacher: $X = t \cdot (1|1)$
f) $X = \left(1\middle|\frac{5}{4}\right) + s \cdot \left(5\middle|\frac{25}{4}\right)$. Einfacher: $X = t \cdot (4|5)$

14.27 $g_1 \neq g_4$, $g_2 = g_5$, $g_3 \neq g_5$, $g_1 \neq g_6$, $g_2 \neq g_4$, $g_3 = g_6$

14.28 1. Abb.: $X = (1{,}5|1{,}5) + t \cdot (3|1)$ und $X = (6|3) + t \cdot (-6|-2)$
2. Abb.: $X = (6|0) + t \cdot (12|-7)$
3. Abb.: $X = (0|2) + t \cdot (7|0)$

14.29 a) Man erhält eine zu g parallele Gerade durch den Punkt $(p_1|2p_2)$
b) Die Lage von g ändert sich nicht.

14.30 Wenn die Gerade durch O geht, weil dann auch $k \cdot P$ auf der Geraden liegt.

14.31 1) $t \in [a; b]$: Strecke; $t \in \mathbb{R}$: Gerade 2) $t \in \mathbb{N}$: Punkte auf der Geraden g

14.34 a) parallel b) nicht parallel c) parallel d) parallel

14.35 a) normal b) nicht normal c) nicht normal d) nicht normal

14.36 $a = -2$: parallel, $a = 7$: weder parallel noch normal, $a = 18$: normal

14.37 $g_1 \perp g_3$, $g_3 \perp g_4$, $g_1 \parallel g_4$, $g_3 \perp g_5$, $g_2 \perp g_6$, $g_1 \parallel g_5$

14.38 a) h: $X = s \cdot (3|2)$ b) h: $X = s \cdot (0|1)$ c) h: $X = s \cdot (4|7)$ d) h: $X = s \cdot (1|-2)$

14.39 a) 1) g_1: $X = (7|4) + s \cdot (4|-1)$, $S \in g_1$, 2) g_2: $X = (7|4) + s \cdot (1|4)$, $S \notin g_2$
b) 1) g_1: $X = (6|2) + s \cdot (3|5)$, $S \in g_1$, 2) g_2: $X = (6|2) + s \cdot (5|-3)$, $S \notin g_2$
c) 1) g_1: $X = (3|-4) + s \cdot (3|2)$, $S \notin g_1$, 2) g_2: $X = (3|-4) + s \cdot (2|-3)$, $S \notin g_2$
d) 1) g_1: $X = (4|7) + s \cdot (5|-2)$, $S \in g_1$, 2) g_2: $X = (4|7) + s \cdot (2|5)$, $S \notin g_2$

14.40 h: $X = (4|3) + u \cdot (1|1)$, k: $X = (-4|0) + v \cdot (1|-1)$

14.43 ☐ ☒ ☐ ☐

14.44 a) sie schneiden einander
b) sie fallen zusammen
c) sie sind parallel und verschieden
d) sie schneiden einander
e) sie sind parallel und verschieden
f) sie schneiden einander

14.45 a) $S = (-1|2)$ b) $S = (2|2)$ c) $S = \left(\frac{54}{19}\middle|-\frac{18}{19}\right)$ d) $S = (10|2)$

14.46 a) $S = (-4|2)$ b) $S = (5|-2)$

14.47 a) $(5|6)$, $(1|2)$, $(3|8)$ b) $(4|1)$, $(-5|-3)$, $(-3|5)$

14.48 a) $S = (0|2)$ b) $S = (3|-4)$

14.52 a) $P_1 = (5|-2)$, $P_2 = (-3|4)$
b) $P_1 = (15|13)$, $P_2 = (5|-11)$
c) $P_1 = (43|120)$, $P_2 = (-13|-72)$
d) $P_1 = (7|-1)$, $P_2 = (-5|3)$

14.53 a) $P_1 = (8|0)$, $P_2 = (0|4)$ b) $P_1 = (6|4)$, $P_2 = (0|-4)$

14.54 a) $P_1 = (5|1)$ b) $P_1 = (2|-5)$ c) $P_1 = (9|-4)$ d) $P_1 = (10|7)$

14.55 a) $X = (7|13) + u \cdot (-3|4)$, $X = (-9|1) + v \cdot (-3|4)$
b) $X = (-1|1) + u \cdot (1|1)$, $X = (1|-1) + v \cdot (1|1)$
c) $X = (0|9) + u \cdot (2|-1)$, $X = (-2|5) + v \cdot (2|-1)$
d) $X = (0|a) + u \cdot (1|0)$, $X = (0|-a) + u \cdot (1|0)$

14.56 $A = (1|4)$, $B = (5|1)$, $C = (8|5)$, $D = (4|8)$

14.57 $C = (5|3)$, $A_1 = (11|-3)$, $A_2 = (-1|9)$, $B_1 = (1|11)$, $B_2 = (9|-5)$
Es gibt vier Dreiecke: A_1CB_2, A_1B_1C, A_2CB_1, A_2B_2C

14.58 $C = (-5|5)$, $A_1 = (10|10)$, $A_2 = (-20|0)$, $B_1 = (0|-10)$, $B_2 = (-10|20)$
Es gibt vier Dreiecke: A_1B_2C, A_1CB_1, A_2B_1C, A_2CB_2

14.59 $A = (3|2)$, $B_1 = (11|8)$, $B_2 = (-5|-4)$, $D_1 = (13|2)$, $D_2 = (-7|2)$
Es gibt vier Rhomben, nämlich: $AD_1C_1B_1$ mit $C_1 = (21|8)$, $AB_1C_2D_2$ mit $C_2 = (1|8)$, $AD_2C_3B_2$ mit $C_3 = (-15|-4)$, $AB_2C_4D_1$ mit $C_4 = (5|-4)$

14.60 1) $(9|6)$, $(3|-2)$, $(10|5)$, $(2|-1)$
2) Seitenlängen: $\sqrt{2}$ und $\sqrt{98}$, Flächeninhalt: 14

14.61 $A = (-3|1)$, $B = (2|2)$, $D = (4|-1)$, $C = (9|0)$
$\overline{AC} = \sqrt{145} \approx 12{,}0$, $\overline{BD} = \sqrt{13} \approx 3{,}6$

14.62 a) $I = (2|2)$ b) $I = (2|2)$ c) $I = (4|3{,}5)$ d) $I = (3|4)$

14.67 a) $2x + y = 8$ b) $x + y = 5$ c) $-3x + 7y = 47$ d) $x = 7$ e) $2x - 5y = 6$ f) $x - y = 0$

14.68 a) $x + y = 4$ b) $x = 2$ c) $2x + y = 0$ d) $y = -2$ e) $2x - 3y = 18$ f) $2x - 3y = 0$

14.69 a) $x+5y=11$ c) $x=2$ e) $x-y=0$
b) $x+8y=72$ d) $x-y=-9$ f) $x+y=0$

14.70 a) ZB: $X=(2|0)+t\cdot(3|2)$ g) ZB: $X=t\cdot(1|-1)$
b) ZB: $X=(2|0)+t\cdot(4|-1)$ h) ZB: $X=t\cdot(1|0)$
c) ZB: $X=(4|0)+t\cdot(2|1)$ i) ZB: $X=(0|3)+t\cdot(1|1)$
d) ZB: $X=(0|-1)+t\cdot(1|2)$ j) ZB: $X=(1|1)+t\cdot(5|2)$
e) ZB: $X=(2|0)+t\cdot(0|1)$ k) ZB: $X=(-6|0)+t\cdot(1|-1)$
f) ZB: $X=(4|-1)+t\cdot(3|-2)$ l) ZB: $X=t\cdot(2|-9)$

14.71 a) $y=0$ b) $x=0$ c) $y=1$ d) $x=1$

14.72 a) $x=2$ c) $2x-3y=18$ e) $3x+2y=0$ g) $x+2y=4$
b) $y=4$ d) $2x-3y=-2$ f) $4x-y=25$ h) $y=7$

14.73 a) $X=(4|0)+t\cdot(3|2)$, $2x-3y=8$ c) $X=(-2|3)+t\cdot(-1|1)$, $x+y=1$
b) $X=(2|3)+t\cdot(1|0)$, $y=3$

14.74 a) $P\notin g$, $Q\notin g$, $R\in g$ b) $P\notin g$, $Q\in g$, $R\notin g$

14.75 a) $X=(2|-1)+t\cdot(3|-7)$ b) $7x+3y=11$

14.76 a) $X=(2|10)+t\cdot(9|-8)$ b) $8x+9y=106$

14.77 1) ZB: $4x-10y=14$ 2) ZB: $2x-5y=6$ 3) ZB: $5x+2y=7$

14.78 $P=(3|1)$, $Q=(18|7)$, $R=(15{,}5|6)$, $S=(0{,}5|0)$

14.79 $X=P+t\cdot\vec{g} \Rightarrow \vec{n}\cdot X=\vec{n}\cdot P+t\cdot\underbrace{(\vec{n}\cdot\vec{g})}_{=0} \Rightarrow \vec{n}\cdot X=\vec{n}\cdot P$

14.81 a) $S=(2|7)$ b) $g\parallel h$ c) $g=h$ d) $S=(8|-4)$

14.82 $r=1$, $s=1$: $g\cap h=(1|-1)$ $r=-1$, $s=-1$: $g\cap h=(1{,}5|2)$ $r=-3$, $s=3$: $g\cap h=\{\}$
$r=1$, $s=-1$: $g\cap h=\{\}$ $r=3$, $s=-3$: $g\cap h=g$

14.83 a) $g\cap h\cap m=\{(3|5)\}$ b) nein

14.84 a) $\varphi=90°$ b) $\varphi=45°$ c) $\varphi\approx 18{,}43°$

14.85 a) $\varphi\approx 11{,}3°$ b) $\varphi\approx 34{,}5°$ c) $\varphi=90°$

14.86 a) $A=(6|3)$, $B=(1|2)$, $C=(4|9)$, $\alpha\approx 82{,}9°$, $\beta\approx 41{,}6°$, $\gamma\approx 55{,}5°$
b) $A=(-2|2)$, $B=(2|1)$, $C=(10|7)$, $\alpha\approx 36{,}7°$, $\beta\approx 129{,}1$, $\gamma\approx 14{,}3°$

14.87 a) $\varphi\approx 57{,}1°$ b) $\varphi\approx 34{,}5°$

14.91 a) $H=(6|-2)$, $U=(5|5)$, $r=\sqrt{130}\approx 11{,}4$
b) $H=(5|12)$, $U=(2|-1)$, $r=\sqrt{50}\approx 7{,}1$
c) $H=(4|6)$, $U=(2|1)$, $r=\sqrt{65}\approx 8{,}1$
d) $H=(12|6)$, $U=(-3|2)$, $r=\sqrt{85}\approx 9{,}2$

14.92 a) $I=(5|6{,}5)$ b) $I=(3|1)$ c) $I=(5|2)$ d) $I=(1|1)$

14.93 a) $H=(-2|3)$, $U=(2{,}5|\,1{,}5)$, $S=(1|2)$, $\overrightarrow{HS}=(3|-1)=2\cdot\overrightarrow{SU}$
b) $H=(10|4)$, $U=(-2|1)$, $S=(2|2)$, $\overrightarrow{HS}=(-8|-2)=2\cdot\overrightarrow{SU}$
c) $H=(7|4)$, $U=(1|1)$, $S=(3|2)$, $\overrightarrow{HS}=(-4|-2)=2\cdot\overrightarrow{SU}$
d) $H=(2|6)$, $U=(0{,}5|-4{,}5)$, $S=(1|-1)$, $\overrightarrow{HS}=(-1|-7)=2\cdot\overrightarrow{SU}$

14.94 $D=(9|2)$, $I=\left(\frac{17}{3}\middle|-\frac{4}{3}\right)$

14.95 $A=(-5|-4)$, $B=(7|-10)$, $S=(4|-1)$, $H=(2|-5)$, $U=(5|1)$

14.96 $A=(-3|2)$, $B=(6|-1)$, $C=(5|6)$, $A=30$

14.99 a) 3,8 b) ca. 4,02 c) ca. 2,03

14.100 Ein Normalvektor von g ist $\vec{n}=(3|-2)$. Berechne den Betrag der Normalprojektion von $\vec{v}$ auf $\vec{n}$!
Es ergibt sich $|\vec{v}_n| \approx 1{,}66$.

14.102 a) $d \approx 4{,}47$ b) $d=0$ c) $d \approx 3{,}13$ d) $d=1$ e) $d=0{,}2$ f) $d \approx 5{,}69$

14.103 a) $d \approx 5{,}27$ b) $d \approx 5{,}57$

14.104 a) $h_a=\frac{60}{\sqrt{90}} \approx 6{,}32$, $h_b=\frac{60}{\sqrt{80}} \approx 6{,}71$, $h_c=\frac{60}{\sqrt{50}} \approx 8{,}49$
$\alpha \approx 71{,}57°$, $\beta \approx 63{,}43°$, $\gamma=45°$
b) $h_a=\frac{66}{\sqrt{45}} \approx 9{,}84$, $h_b=\frac{66}{13} \approx 5{,}08$, $h_c=6{,}6$
$\alpha \approx 30{,}51°$, $\beta \approx 100{,}3°$, $\gamma \approx 49{,}18°$
c) $h_a=h_b=4{,}8$, $h_c=4$ (gleichschenkeliges Dreieck)
$\alpha \approx 53{,}13°$, $\beta \approx 53{,}13°$, $\gamma \approx 73{,}74°$
d) $h_a=5{,}6$, $h_b=12$, $h_c=4{,}2$
$\alpha \approx 36{,}87°$, $\beta \approx 16{,}26°$, $\gamma \approx 126{,}87°$

14.105 a) $A'=(0|5)$, $d \approx 2{,}24$ b) $A'=(-1{,}2|-2{,}6)$, $d \approx 3{,}48$ c) $A'=(6|0)$, $d=1$ d) $A'=(10|6)$, $d \approx 7{,}21$

14.106 a) $d \approx 0{,}45$ b) $d=4$ c) $d=2$ d) $d \approx 2{,}83$

14.107 1) $d \approx 3{,}61$ 2) $(3|2)$

14.108 a) $c=-2 \lor c=38$ b) $p_1=8 \lor p_1=0{,}5$

14.109 a) $\approx 10{,}36$ b) 33,6

14.113 a) Flächeninhalt = 23 b) Flächeninhalt = 34 c) Flächeninhalt = 50

14.114 a) Flächeninhalt = 26,5 b) Flächeninhalt = 93

14.115 a) Flächeninhalt = 30 b) Flächeninhalt = 33 c) Flächeninhalt = 12 d) Flächeninhalt = 42 d) $A=42$

14.116 a) $S=(2|3)$, $A_{ABS}=A_{ACS}=A_{BCS}=16$ b) $S=(2|1)$, $A_{ABS}=A_{ACS}=A_{BCS}=22$ c) $S=(1|4)$, $A_{ABS}=A_{ACS}=A_{BCS}=68$ d) $S=(5|3)$, $A_{ABS}=A_{ACS}=A_{BCS}=20$
Hinweis: Diese Aufgabe veranschaulicht die folgende Dreieckseigenschaft: Der Schwerpunkt S eines Dreiecks ABC zerlegt das Dreieck in drei flächengleiche Teildreiecke ABS, ACS und BCS.

14.117 $A=|u_1v_2-u_2v_1|=\sqrt{\vec{u}^2 \cdot \vec{v}^2-(\vec{u} \cdot \vec{v})^2}$
a) $A=27$ b) $A=57$ c) $A=60$

14.119 a) keine Lösung b) unendlich viele Lösungen c) genau eine Lösung

14.120 a) 1) $a \neq 9$, b beliebig 2) $a=9 \land b \neq 15$, 3) $a=9 \land b=15$
b) 1) $a \neq 14$, b beliebig 2) $a=14 \land b \neq 18$, 3) $a=14 \land b=18$
c) 1) $a \neq \frac{2}{3}$, b beliebig 2) $a=\frac{2}{3} \land b \neq -\frac{4}{3}$, 3) $a=\frac{2}{3} \land b=-\frac{4}{3}$

14.121 **a)** Für $p = 6$ unendlich viele Lösungen, für $p \neq 6$ genau eine Lösung.
b) Für $p = -10$ unendlich viele Lösungen, für $p \neq -10$ genau eine Lösung.
c) Für $p = -2$ unendlich viele Lösungen, für $p \neq -2$ genau eine Lösung.
d) Für $p = 3$ unendlich viele Lösungen, für $p \neq 3$ genau eine Lösung.

14.122 **a)** Keine Lösung zum Beispiel für $a = 5$, $b = 1$.
Genau eine Lösung zum Beispiel für $a = 10$, $b = 1$.
Unendlich viele Lösungen für $a = 10$, $b = 2$.
b) Keine Lösung zum Beispiel für $a = 2$, $b = 1$.
Genau eine Lösung zum Beispiel für $a = 1$, $b = 1$.
Unendlich viele Lösungen für $a = 2$, $b = 6$.
c) Keine Lösung zum Beispiel für $a = -0{,}25$, $b = 1$.
Genau eine Lösung zum Beispiel für $a = 1$, $b = 1$.
Unendlich viele Lösungen für $a = -0{,}25$, $b = -4$.
d) Keine Lösung zum Beispiel für $a = 3$, $b = -3$.
Genau eine Lösung zum Beispiel für $a = 1$, $b = 1$.
Unendlich viele Lösungen für $a = 2$, $b = -2$.

14.123 $a = -36$, $b = 42$, $c = 28$: keine Lösung
$a = 30$, $b = -35$, $c = 17{,}5$: unendlich viele Lösungen
$a = 24$, $b = 28$, $c = 14$: genau eine Lösung

14.124 **a)** Gegebenes Gleichungssystem: $x = 2$, $y = -1$
Gerundetes Gleichungssystem: $x = -2$, $y = 14{,}5$
b) Gegebenes Gleichungssystem: $x = -321{,}4375$, $y = -878{,}1875$
Gerundetes Gleichungssystem: $x = 1468$, $y = 3958$
Erläuterung zu a) und b): Die Steigungen der beiden Geraden unterscheiden sich nur wenig (schleifender Schnitt). Bereits geringe Änderungen der Steigungen können den Schnittpunkt stark verschieben.

14.125 Jedem Parameterwert $t \in \mathbb{R}$ entspricht genau ein Punkt auf der Geraden und umgekehrt.
Wenn t ganz $\mathbb{R}$ durchläuft, durchläuft X (laufender Punkt) die ganze Gerade.
P: $t = 0$, Q: $t = 1$

14.126 Eine Gerade kann unendlich viele Parameterdarstellungen haben.
Eine Parameterdarstellung kann vereinfacht werden, indem man ein geeignetes Vielfaches des Richtungsvektors $\vec{g}$ nimmt. Denn auf die Länge des Richtungsvektors kommt es nicht an.

14.127 **a)** ja **b)** ja Siehe zum Beispiel Aufgabe 14.21!

14.128 ja, zum Beispiel: $X = (5 \mid 1) + t \cdot (5 \mid 1)$ und $X = t \cdot (5 \mid 1)$

14.129 Siehe zum Beispiel Aufgabe 14.64!

14.130 $\vec{n} = (n_1 \mid n_2)$. Einen Punkt findet man zum Beispiel dadurch, dass man einen Wert für x wählt und den dazugehörigen Wert für y aus der Gleichung ausrechnet.

14.131 **a)** Ein Punkt A liegt genau dann auf g: $X = P + t \cdot \vec{g}$, wenn $\overrightarrow{PA} \parallel \vec{g}$ ist.
b) Ein Punkt A liegt genau dann auf g: $\vec{n} \cdot X = \vec{n} \cdot P$, wenn $\vec{n} \cdot A = \vec{n} \cdot P$ ist, dh., wenn die Koordinaten von A die Gleichung erfüllen.

14.132 **a)** Man nimmt P als festen Punkt und als Richtungsvektor einen Richtungsvektor von g.
b) Man nimmt P als festen Punkt und als Richtungsvektor einen Normalvektor von g.

14.133 **1)** Seien P und Q die vorgegebenen Punkte. Man ermittelt den Vektor $\overrightarrow{PQ}$ und einen dazugehörigen Normalvektor $\vec{n}$. Eine Gleichung der Geraden lautet dann $\vec{n} \cdot X = \vec{n} \cdot P$.
2) Man ermittelt einen Normalvektor $\vec{n}$ der gegebenen Geraden. Dieser ist auch Normalvektor der gesuchten Parallelen. Eine Gleichung der Parallelen lautet dann $\vec{n} \cdot X = \vec{n} \cdot P$.
3) Ein Richtungsvektor der gegebenen Geraden ist ein Normalvektor $\vec{n}$ der gesuchten Normalen. Eine Gleichung der Normalen lautet dann $\vec{n} \cdot X = \vec{n} \cdot P$.

14.134 **a)** Siehe die Aufgaben 14.41 und 14.42! **b)** Siehe Aufgabe 14.80!

14.135 Siehe den Satz auf Seite 265!

14.137 **a)** Die Richtungsvektoren sind identisch und $(5|-3) - (2|1) = (3|-4)$ ist zum gemeinsamen Richtungsvektor parallel.
b) Siehe a)

14.138 **a)** $U = (10|-4)$, $V = (-6|2)$ **b)** $U = (-5|4)$, $V = (15|-6)$

14.139 **a)** $P \notin g$, $Q \in g$ **b)** $P \in g$, $Q \notin g$

14.140 **a)**

b)

c)
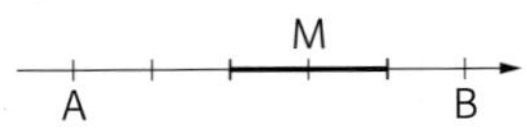

d)
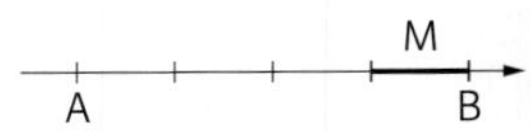

14.141 **a)**
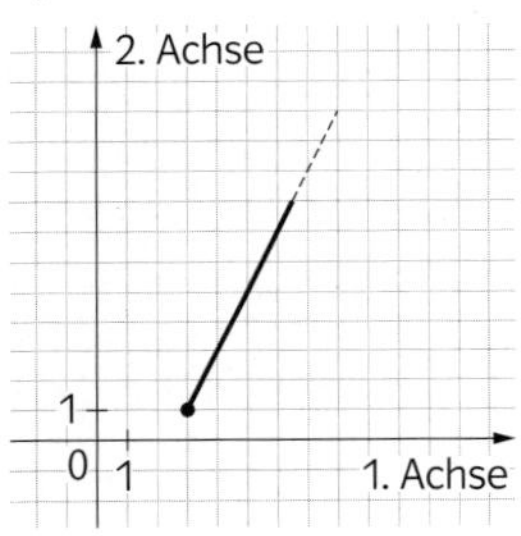

b)
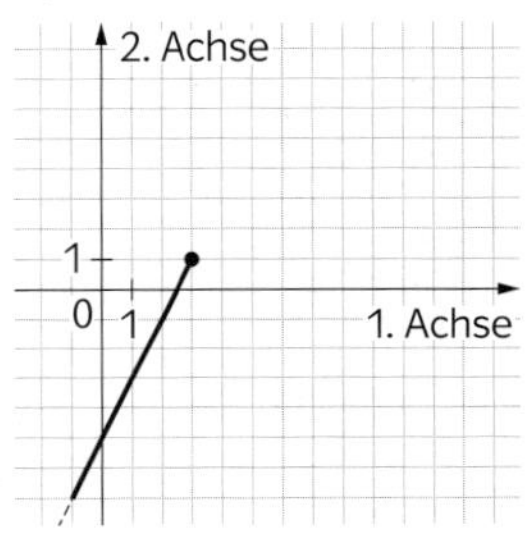

c)
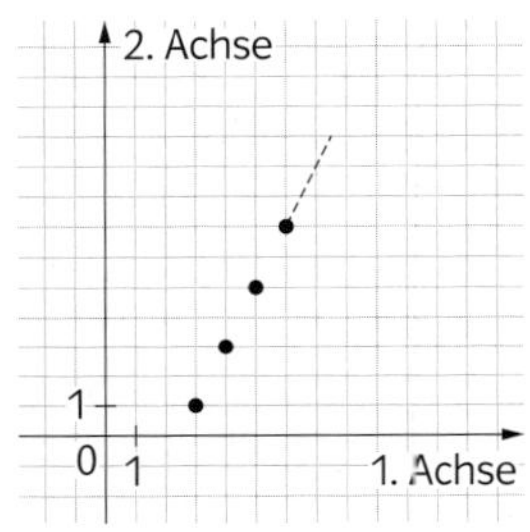

d)
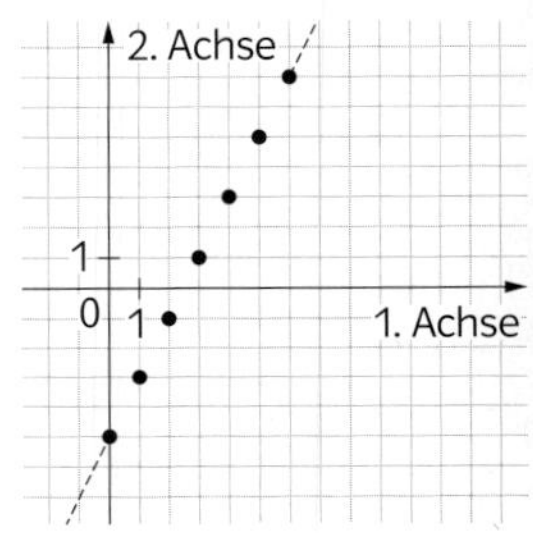

14.142 **a)** $\{X \in \mathbb{R}^2 \mid X = t \cdot (2|1) \wedge 0 \leq t \leq 2\}$ **c)** $\{X \in \mathbb{R}^2 \mid X = (0|3) + t \cdot (1|-1) \wedge 0 \leq t \leq 3\}$
b) $\{X \in \mathbb{N}^2 \mid X = t \cdot (1|1) \wedge 1 \leq t \leq 3\}$ **d)** $\{X \in \mathbb{N}^2 \mid X = (0|1) + t \cdot (1|0) \wedge 1 \leq t \leq 3\}$

14.143 **a)** $X = (5|4) + s \cdot (2|3)$ **c)** $X = (0|1) + s \cdot (2|3)$
b) $X = (-2|1) + s \cdot (2|3)$ **d)** $X = s \cdot (2|3)$

14.144 **a)** $S = (-2|2)$ **b)** $S = (3|2)$ **c)** $S = (0|-0{,}5)$

14.145 **1)** Körper 1: nach 60 s in (150 | 160), nach t Sekunden in: $(30|100) + t \cdot (2|1)$
Körper 2: nach 60 s in (630 | 400), nach t Sekunden in: $(750|460) - t \cdot (2|1)$
2) Nach 180 s im Punkt (390 | 280)

14.146 **1)** $g_1 \cap g_2 = \{(1|-2)\}$, $g_1 \parallel g_3$, $g_2 \cap g_3 = \{(3|-3)\}$
2) g_2: $-1{,}5x + 2y = -3$

14.147 $S = (5|1)$

14.148 **a)** $P_1 = (15|-5)$, $P_2 = (-13|11)$ **b)** $P_1 = (4|4)$, $P_2 = (-14|-20)$

14.149 Richtig: 2. Aussage, 3. Aussage